A TRIBUTAÇÃO DOS TRUSTS

VERÔNICA SCRIPTORE FREIRE E ALMEIDA
Mestre em Direito Económico
Professora de Direito
Advogada

A TRIBUTAÇÃO DOS TRUSTS

Dissertação apresentada à Faculdade de Direito da Universidade de Coimbra, para obtenção do título de Mestre em Direito, Área de Especialização em Ciências Jurídico-Económicas, sob a Orientação do Professor Doutor DIOGO LEITE DE CAMPOS.

A TRIBUTAÇÃO DOS TRUSTS

AUTORA
VERÔNICA SCRIPTORE FREIRE E ALMEIDA

EDITOR
EDIÇÕES ALMEDINA. SA
Av. Fernão Magalhães, n.º 584, 5.º Andar
3000-174 Coimbra
Tel.: 239 851 904
Fax: 239 851 901
www.almedina.net
editora@almedina.net

PRÉ-IMPRESSÃO I IMPRESSÃO I ACABAMENTO
G.C. GRÁFICA DE COIMBRA, LDA.
Palheira – Assafarge
3001-453 Coimbra
producao@graficadecoimbra.pt

Março, 2009

DEPÓSITO LEGAL
290799/09

Os dados e as opiniões inseridos na presente publicação
são da exclusiva responsabilidade do(s) seu(s) autor(es).

Toda a reprodução desta obra, por fotocópia ou outro qualquer
processo, sem prévia autorização escrita do Editor, é ilícita
e passível de procedimento judicial contra o infractor.

Biblioteca Nacional de Portugal – Catalogação na Publicação

ALMEIDA, Verónica Scriptore Freire e

A tributação dos Trusts. – (Teses de
mestrado)
ISBN 978-972-40-3747-9

CDU   347
          336

DEDICATÓRIA

Dedico o presente trabalho ao meu marido Daniel e aos meus pais Ailton e Dirce (*in memorian*).

AGRADECIMENTOS

Inicialmente, agradeço a Deus pela oportunidade ímpar de cursar o Mestrado, na melhor e mais tradicional Faculdade de Direito.

Com profunda gratidão, respeito e admiração, devo, com enorme carinho, mencionar meu especial agradecimento ao meu Orientador, **Professor Doutor Diogo Leite de Campos**, a quem devo as linhas mestras do Direito dos *Trusts*. É importante destacar, que meu interesse no tema despertou-se após a leitura, ainda na Graduação, de sua obra *"A Propriedade Fiduciária (Trust), Estudo para a sua Consagração no Direito Português"*. Desde então, através do magnífico Professor, tive a honraria de, sob sua Douta orientação, escrever o presente estudo, que foi conduzido de forma estimulante, paciente e sábia.

Aos Professores do Curso de Mestrado da Faculdade de Direito da Universidade de Coimbra, em especial, ao Professor Doutor Filipe Cassiano Nunes Santos e ao Professor Doutor José Casalta Nabais, com os quais tive o privilégio de cursar disciplinas.

Indubitavelmente, agradeço com carinho especial, ao meu marido Daniel Freire e Almeida, por todos os ensinamentos e auxílios, apoiando-me incansavelmente, sempre visando meu aprimoramento, desde os tempos de minha graduação, e concedendo todas as condições necessárias para que eu concluísse com louvor essa etapa de minha vida.

Não posso deixar de mencionar, com imensa consideração e apreço, o querido amigo Doutor José Francisco, pelo fundamental apoio e incentivo.

Aos meus irmãos, Samantha e Ailton, ao meu cunhado Fernando Augusto e aos meus sogros, Ana Maria e Fernando, que contribuíram com otimismo, amizade e apoio no dia-a-dia, para a conclusão do presente trabalho e consequente realização desse sonho.

Por derradeiro, agradeço aos meus pais e professores nesta vida, Ailton e Dirce (*in memorian*), pela educação, amizade, fé incondicional e amor, dispensados a mim sempre, me provendo de determinação, paciência, compreensão e forças para superar os obstáculos encontrados com sucesso!

PREFÁCIO

O "trust" é apresentado nos Direitos anglo-saxónicos, assentes na "common law", como a principal invenção dos seus juristas, tal como o instituto da boa fé figura nos Direitos de raiz romano-germânica como o instituto de maior engenho e potencialidades.

O "trust" é pois uma figura típica da "common law", não só quanto à sua origem como, e sobretudo, pelas sua dinâmica e plasticidade.

Revela, bem como a boa fé, um espaço fundamental do Direito: o que é deixado ao sujeito honesto, confiável – e é suposto serem todos os sujeitos de Direito – e que se deve portar honestamente, sobretudo fora dos cânones do Direito estrito. É, se quisermos, o Direito a funcionar fora do espaço do Direito enquanto norma pré-definida.

A maneira de ser da fidúcia, essencial ao "trust", converte este num instrumento extremamente adaptável, presente em todos os ramos do Direito, ajudando a reconfigurar outros institutos mais rígidos, indo da titularização de créditos, à sucessão por morte, das liberalidades à gestão de patrimónios.

Sendo um instituto basilar para a compreensão dos sistemas de "common law", não se tem fechado nestes. Foi importado por diversos Direitos romanistas, umas vezes com aplicações específicas, outras vezes com carácter geral. Sempre necessitando a sua consagração de uma explicação, não só quanto à sua utilidade como no que se refere ao seu modo de actuação e à sua não rejeição pelo tecido dos Direitos romanistas. Não tendo a sua consagração levantado problemas, antes fornecendo soluções, tal é a sua utilidade para o comércio jurídico e para a gestão dos bens.

É esta explicação de utilidade e de adaptabilidade que a Mestre Verônica Scriptore Freire e Almeida faz, com muito rigor científico e sucesso, no presente trabalho. Mas não se limita ao "trust" enquanto instituto. Projecta as suas estrutura e maneira de ser no seu regime fiscal, atingindo neste difícil percurso o mesmo elevado grau de êxito.

Espero que esta obra de tanta qualidade contribua também para apressar a consagração do "trust", enquanto instituto autónomo e geral, nos Direitos português e brasileiro.

DIOGO LEITE DE CAMPOS
Professor Catedrático da Faculdade de Direito de Coimbra
Coordenador da Secção de Ciências Jurídico-Civilísticas

INTRODUÇÃO

As diversas transformações nas relações empresariais, alavancadas pela velocidade dos negócios, têm se caracterizado tanto pela inovação como pela constante integração de sistemas jurídicos os mais distintos.

Em alinhamento, um passo, fundamental e inovador na integração jurídica dos países da *Common Law* e da *Civil Law,* tem sido dado através do reconhecimento do instituto dos *Trusts.*

Inicialmente, a introdução do *Trust* no Direito interno português, *in casu,* revelava-se extremamente complexa, pois não se tratava de alterar alguns dispositivos legais, mas, sim, de positivar uma instituição totalmente nova e quase desconhecida dos juristas.

Além disso, outra dificuldade residia no facto de o *Trust* ser susceptível de possibilitar uma polemização com noções preexistentes no Direito português, como a gestão de uma sociedade comercial, a administração de empresas, a securitização, as fundações, as técnicas de protecção dos menores e dos incapazes, aspectos do Direito das sucessões, compra e venda, entre outras. Ademais, as regras do *Trust,* por vezes, pareciam incompatíveis com alguns princípios do Direito lusitano.

No mesmo passo, por mais que a importância do presente trabalho fosse ressaltada, alguns leitores mais desatentos poderiam questionar a razão de se dar tanta atenção aos *Trusts,* particularmente em países da *Civil Law,* quando estes países possuem um sistema jurídico sem o instituto, e tão bem assentado.

Contudo, um importante, inovador e esclarecedor estudo realizado por LEITE DE CAMPOS e VAZ TOMÉ (1999) tornou a consagração dos *Trusts* em Portugal como possível, e demonstrou as vantagens da aproximação ao instituto nos planos jurídico e económico[1].

Do ponto de vista jurídico, permitiria, por exemplo, fornecer as ferramentas necessárias para a plena utilização da figura em Portugal, ampliando as possibilidades de integração com os sistemas que admitem este novo quadro.

Do ponto de vista económico, uma vez instaurado, permitiria a Portugal e aos operadores portugueses os benefícios nos mais variados campos do Direito, além dos privilégios financeiros, excepcionais, que constituem, por exemplo, os fluxos de investimentos transfronteiriços dos tipos de *Trusts* de carácter internacional.

Por outro lado, além da ideia de competitividade que se coloca a Portugal no cenário internacional, o maior benefício do reconhecimento dos *Trusts* é a possibilidade das autoridades estabelecerem regras que facilitem a sua tributação.

Como sabemos, nós estamos em uma era na qual os adventos da integração económica estão cada vez mais sendo estruturados no plano internacional. Isto é, em grande parte, possibilitado pela movimentação de bens, capitais, serviços e pessoas, com o concomitante aumento no número de transacções, incluindo aquelas envolvendo o uso dos *Trusts*.

Dado que muitas jurisdições estão sendo requeridas agora a confrontar numerosas noções dos *Trusts*, como vem ocorrendo em Portugal, o objecto deste trabalho é promover, inicialmente, uma aproximação, de forma geral, às noções do Direito dos *Trusts*, em sua Estrutura e Administração.

Tais noções, em verdade, estão cada vez mais próximas das necessidades das pessoas e das empresas, tornando-se, pois, a atenção ao tema oportuna e decisiva.

Como consequência, o objectivo principal desta Dissertação é tratar do desafio de cuidar da convergência e interacção de duas áreas complexas e interessantes: os *Trusts* e a tributação.

---

[1] LEITE DE CAMPOS, Diogo; VAZ TOMÉ, Maria João. *A Propriedade Fiduciária (Trust), Estudo para a sua Consagração no Direito Português*. Coimbra: Almedina, 1999.

Introdução 13

Para atingirmos tal desiderato, principiaremos pelos aspectos fundamentais do instituto, demonstrando sua origem, sua evolução, bem como suas características, que avançaram no sentido da criação de um sistema compreensível, de regras precisas, através do qual o Direito da administração dos bens por conta de outrem se tornou o aspecto mais relevante do *Trust*.

Em prosseguimento, vamos nos dedicar à estrutura do *Trust*, em suas vertentes objectiva e subjectiva, que, como veremos, será primordial no desafio da compreensão do referido instituto.

No mesmo sentido, concentraremos nossa análise nas formas de constituição do *Trust* e em suas consequentes classificações.

A partir daí, vislumbraremos como se dá a administração do instituto, através dos deveres e poderes do *trustee*.

Logo, não se perquire, por patente, pela análise exauriente do Direito dos *Trusts*, mas, sim, dos aspectos principais que podem ser concebidos em relação ao instituto, nos pontos antes mencionados.

Neste passo, então, revela-se de todo coerente nos dedicarmos ao panorama internacional dos *Trusts*, através da análise da Convenção de Haia sobre o Direito aplicável aos *Trusts* e o seu Reconhecimento.

Em prosseguimento, por fundamental aos objectivos deste trabalho, analisaremos os principais aspectos do *Trust* e de sua tributação em alguns países da União Europeia em que o instituto é reconhecido.

Propositadamente, principiaremos pelo Reino Unido, que concentra a maior, a mais antiga, bem como a mais consistente utilização do instituto dos *Trusts* na União Europeia.

Após, investigaremos a utilização do *Trust* na Itália, que, após ratificar a Convenção de Haia sobre o Direito Aplicável aos *Trusts* e o seu Reconhecimento, de 1985, vem comportando progressiva inovação em seu sistema de Direito Tributário.

Finalmente, averiguaremos a situação tributária do *Trust* em França, que, embora não tenha ratificado a Convenção de Haia, aprovou a Lei da *Fiducie*, passo que consideramos essencial para o breve e natural reconhecimento do *Trust*.

Pois bem, após tais estudos, analisaremos alguns dos assuntos principais que podem ser vislumbrados em relação à tributação dos *Trusts* em Portugal.

Neste sentido, nos dedicaremos à verificação das possíveis hipóteses de incidência tributária do instituto, bem como a identificação do eventual sujeito passivo da relação jurídica em *Trust*.

Nesta parte, devemos individualizar as suas características específicas, e evidenciar os momentos fiscalmente relevantes.

Desta forma, procuraremos através deste estudo, *concessa venia*, contribuir com vistas à aproximação e à futura criação de um sistema tributário ao instituto do *Trust*. Tudo, pois, em um carácter construtivo, e humildemente sugestivo.

PARTE I
TRUST

1. Introdução

Tem a primeira parte do presente trabalho endereço preciso: contribuir para a compreensão do Direito dos *Trusts* por parte daqueles que estejam a dar passos investigativos na leitura e entendimento de tão fascinante e inovador segmento. Em verdade, com o objectivo final de alcançar a sua meta maior: a compreensão de sua Tributação.

Deve-se proceder, assim, a uma aproximação, de forma geral, das noções do Direito dos *Trusts*, em sua Estrutura e Administração.

Por primeiro, destacaremos os aspectos fundamentais do Instituto. Neste sentido, ganham destaque, o estudo de sua origem, evolução e características. Depois, em máxima importância, nos dedicaremos à Estrutura do *Trust*, primordial no desafio da compreensão tributária do referido instituto.

Aliás, também explícita é a importância, seguidamente, da análise das formas de constituição do *Trust* e de suas consequentes classificações.

Por conseguinte, vislumbraremos como se dá a Administração do Instituto, através dos deveres e poderes do *trustee*, e destacaremos, também, as formas de extinção do instituto dos *Trusts*.

Por fim, para o mesmo foco de estudos nos dedicaremos ao panorama internacional dos *Trusts*, através da análise da Convenção de Haia sobre o Direito aplicável aos *Trusts* e o seu Reconhecimento.

Deve-se enfatizar, entretanto, que os *Trusts*, que reivindicam a atenção dos operadores do Direito, não são *Trusts* ajustados de maneira distante dos contextos das vidas diárias de muitos povos.

Na verdade, pelo contrário, estão cada vez mais próximos das necessidades das pessoas e das empresas, tornando-se, pois, a atenção ao tema oportuna e decisiva.

É de nosso desejo, então, que a presente parte do trabalho possa servir para amparar – *verdade que com simplicidade* – na consideração de alguns pontos que podem ser de importância particular às autoridades que endereçam a legislação aos *Trusts* pela primeira vez, como ocorre neste momento em Portugal.

CAPÍTULO I
Aspectos fundamentais do *Trust*

1. A Origem do *Trust*

De todo coerente iniciarmos o nosso estudo sobre o *Trust* pela história do Direito na Inglaterra medieval, que proporcionou um sistema jurídico *sui generis*, que é a chamada *Common Law*, Direito costumeiro, baseado nos precedentes judiciais, que foi adoptado pelos reis ingleses.

De facto, para compreendermos a estrutura do *Trust*, o elemento histórico tem inevitável importância, visto que o *Trust* surgiu no início da Idade Média[2].

Naquela época, no Direito inglês, o *Trust* era conhecido como *use*. O *use* foi introduzido na Inglaterra após a conquista normanda no ano de 1066, ocasião em que as terras da nobreza foram tomadas por Guilherme I, que as reuniu em sua propriedade e formou o sistema feudal, passando a concedê-las, directa ou indirectamente, em forma de *tenures*.

Em suma a respeito, o sistema feudal impunha ao vassalo (*tenant*) um conjunto de obrigações perante o seu suserano (*lord*), que variava em conformidade ao tipo de relação estabelecida entre eles por ocasião da concessão da terra (*tenure*)[3].

---

[2] Nesse sentido *vide*: VAN RHEE, C.H., *Trusts, Trust-like Concepts and Ius Commune*. European Review of Private Law, Dordrecht, v. 8, nº 3, p. 453-462, 2000. *Vide* também: LENER, Raffaele. *La Circolazione del Modello del "trust" nel Diritto Continentale del Mercato Mobiliare,* Rivista delle società, Milano, a.34, n. 5, Settembre-Ottobre, 1989, p. 1052.

[3] Completam LEITE DE CAMPOS e VAZ TOMÉ (1999) que entre os deveres do *tenant*, alguns comuns a diversos tipos de *tenure* encontravam-se o *Escheat* (o regresso da terra na

20   *A Tributação dos Trusts*

Todavia, essas restrições foram contornadas com a prática do *use*, meio encontrado para evitar as obrigações feudais que "prendiam" os bens ao suserano[4]. Efectivamente, o proprietário fundiário não podia dispor, por via testamentária, da sua terra e o seu herdeiro legítimo era sempre obrigado a pagar ao suserano a renda de um ano pelo privilégio da sucessão. Portanto, o instituto do *use* permitiu evitar os vínculos que afectavam o Direito de sucessão do vassalo[5].

Essencialmente, destaca-se que, com a prática do *use*, o vassalo transferia o seu património a amigos (*trustee*) em *use*, que se vinculavam a tê-lo em *use* para os *"cestui que use"* (beneficiários), que era o disponente durante a sua vida, e após a sua morte o seu filho, até que este atingisse a maioridade. Deste modo, a propriedade fundiária passava para a esfera do herdeiro mediante a prática de um acto jurídico *inter vivos* e não por via sucessória, nunca chegando a nascer os Direitos do suserano feudal[6].

Porém, embora considerado uma estrutura hábil de transferência de terras, e apesar do recurso generalizado desse mecanismo, o *use* não tinha ainda tutela jurídica adequada.

Em razão disso, o *use* passou a enfrentar sérios problemas, na medida em que não existia nenhuma acção na Justiça que permitisse ao beneficiário levar o *use* aos Tribunais da *Common Law*.

Destaca-se, neste ponto, que o *trustee* (terceiro) recebia a propriedade em "confiança" porém, era carente de quaisquer deveres ou

---

esfera do *lord* no caso de o *tenant* sucumbir sem herdeiros ou de ser condenado por delitos de particular gravidade), a *Homage* (o reconhecimento da supremacia do *lord* acompanhado de juramento de fidelidade e de assistência económica em dadas circunstâncias), a *Wardship* (aquisição, por parte do *lord*, do poder de tutela sobre os herdeiros menores do *tenant*, com a consequência do poder de gozar a terra sem a obrigação de prestação de contas até a maioridade de pupilo) e o *Marriage* (a atribuição ao *lord* do direito de, à morte do *tenant*, escolher um cônjuge para o herdeiro solteiro, ou de obter um montante pecuniário a título de indemnização no caso de ausência de casamento). Leite de Campos, Diogo; Vaz Tomé, Maria João. *A Propriedade Fiduciária (Trust), Estudo para a sua Consagração no Direito Português*. Coimbra: Almedina, 1999, p. 22.

[4] Reutlinger, Mark. *Wills, Trusts, and Estates, Essencial Terms and Concepts*. Second Edition, New York: Aspen Publishers, 1998, p. 148.

[5] Leite de Campos, Diogo; Vaz Tomé, Maria João. *A Propriedade Fiduciária (Trust), Estudo para a sua Consagração no Direito Português*. Coimbra: Almedina, 1999, p. 22.

[6] Leite de Campos, Diogo; Vaz Tomé, Maria João. *A Propriedade Fiduciária (Trust), Estudo para a sua Consagração no Direito Português*. Coimbra: Almedina, 1999, p. 21.

responsabilidades sérias de administração. Destaque-se, também, que na maioria das vezes os afectados pelo comportamento fraudulento do *trustee* eram os *"cestui que use"* (beneficiários).

Por conseguinte, caso o *trustee* (terceiro) não actuasse de acordo com o pactuado, e não devolvesse a propriedade aos beneficiários do vassalo, estes não obtinham tutela judicial efectiva dos Tribunais da *Common Law*[7].

De facto, para a *Common Law*, embora a atribuição de propriedade possuísse uma finalidade específica, decorrente de um vínculo que comprometia o *trustee* perante o beneficiário, não gerava para o *trustee* a obrigação de restituição da propriedade. Abriam-se, desta forma, caminhos para que se praticassem actos considerados injustos, para os quais não havia remédio no sistema vigente[8].

Em tais casos, a única alternativa, para a época, era que os afectados por tal injustiça se dirigissem ao Rei, considerado fonte última de justiça, para que ele remediasse as arbitrariedades resultantes da inactividade dos Tribunais da *Common Law*[9].

Realmente, em decorrência da popularidade do *use*, tornou-se habitual a procura pelo Rei para a solução dos conflitos. Assim, prontamente, o Rei delegou uma pessoa responsável para essas petições, dando origem à intervenção do *chanceler,* conselheiro do Rei, que passou a obrigar[10] a utilização dos termos do *use*.

Com efeito, a estável intervenção do *chanceler*, nos primeiros anos do século XV, fez com que o *use* obtivesse uma tutela jurídica completa. Neste passo, o número crescente de petições, agora já dirigidas directamente ao *chanceler,* resultou na instalação de uma nova corte, separada dos Tribunais da *Common Law, a Court of Chancery*[11].

---

[7] PETTIT, Philip, H., *Equity and the Law of Trusts*. London: Butterworths, 1993, p. 25.

[8] CHALHUB, Melhim Namem. *Trust.* Rio de Janeiro: Renovar, 2001, p. 20.

[9] BEILFUSS, Cristina González. *El Trust – La Instituición Anglo-Americana y el Derecho Internacional Privado Español*. Barcelona: Bosch, 1997, p. 27.

[10] Ainda, sobre este assunto, explica BEILFUSS (1997), que primeiramente o chanceler apelava para a consciência do *trustee*, e se, ainda assim, ele não remediasse a sua conduta ele era multado, encarcerado e tinha, ainda, o sequestro de seus bens. BEILFUSS, Cristina González. *El Trust – La Instituición Anglo-Americana y el Derecho Internacional Privado Español*. Barcelona: Bosch, 1997, p. 27.

[11] FONSECA, Rodrigo Garcia. *Considerações sobre o Trust (fidúcia) no Direito Comparado*. Revista Forense, Rio de Janeiro, v. 334, 1996, p. 157.

Ressalta-se, que a posição do *trustee* era considerada diferentemente nas duas jurisdições. Para a *Common Law*, era ele o único e verdadeiro proprietário dos bens, enquanto que para a *Court of Chancery* o *trustee* não passava de simples intermediário, ou, quando muito, proprietário provisório.

Por conseguinte, uma vez que o *chanceler* era, nesta época, um membro do clero[12], a consciência não lhe consentia admitir a injustiça de permitir que o *trustee* não cumprisse um compromisso voluntariamente assumido[13].

Em razão disso, a *Court of Chancery*, introduziu a possibilidade de se distinguir a propriedade legal (*legal estate*) da propriedade equitativa *(equitable estate)*, garantindo, dessa forma, os interesses dos beneficiários contra eventuais inadimplementos do *trustee*[14]. De facto, por força dessa duplicidade, admitiu-se o desdobramento do Direito de propriedade, ficando o título da propriedade (*legal title*) com o *trustee*, e o domínio útil (*beneficial use*) com o beneficiário.

Dentro desse contexto, a *Court of Chancery* assumiu características tais como: jurisdição secular, autónoma, paralela e concorrente da corte da *Common Law*[15]. Aliás, teve como principal finalidade, preencher a lacuna e amenizar o rigor do Direito positivo da época[16].

---

[12] Nesse sentido, MARTIN (1997), explica, *in verbis*: " *In the medieval period the Chancellor was the most important person in the country next to the King himself."(...)"* *One very important function of the Chancery was to issue the royal writs which began an action at law* ". MARTIN, Jill E., *Modern Equity*. Fifteenth Edition. London: Sweet & Maxwell, 1997, p. 05.

[13] PENNER, J. E., *The Law of Trusts*. Fifth Edition, Londres: Oxford University Press, 2006, p. 02.

[14] SALVATORE, Vicenzo. *IL Trust – Profili di Diritto Internazionale e Comparato*. Univ. di Pavia studi nelle scienze giurid. e sociali, Padova, 1996, p. 09.

[15] SALVATORE, Vicenzo. *IL Trust – Profili di Diritto Internazionale e Comparato*. Univ. di Pavia studi nelle scienze giurid. e sociali, Padova, 1996, p. 09.

[16] Diante dos acontecimentos, o *chanceler* começou a desenvolver ao lado da *Common Law,* considerado à época arcaico, um outro conjunto de regras jurídicas, ou seja, um sistema rival. Desta evolução resultou a equidade como um novo ramo do Direito, a *equity*, que era aplicada pelas jurisdições do *chanceler*. Em complemento, límpida a mensagem de PENNER (2006): " *The term 'equity' does not contrast with 'common law' when the latter is understood to distinguish judge-made law from legislation by Parliament. From that perspective, both equity and the common law are creations of 'common law', bodies of rules and principles developed over time as judges gave reasons for their decisions in actual cases"*. PENNER, J. E., *The Law of Trusts*. Fifth Edition, London: Oxford University Press, 2006, p. 01.

Esse "novo tribunal" aplicaria um Direito complementar aos tribunais da *Common Law*, denominado *Equity*, e sua maior criação seria precisamente o *Trust*[17].

Por conseguinte, estabeleceu-se o reconhecimento dos Direitos dos *cestui que use* (beneficiários) pelo Tribunal da Equidade, tornando-os semelhantes àqueles reconhecidos *at law*[18], surgindo uma nova terminologia: os Direitos do *trustee at law* foram designados como *legal ownership* e os do *cestui que use* (beneficiários) sobre os bens constituídos em *Trust* como *equitable ownership*[19].

Portanto, passa a coexistir dois sistemas de Direito diferentes, administrados por Tribunais distintos e garantidores de um conjunto de Direitos e poderes sobre o mesmo "objecto" a várias pessoas.

É fundamental, pois, o embasamento histórico da divisão do Direito de propriedade entre o *trustee* e o beneficiário, resultando no sistema dualístico. Em verdade, tal aspecto é apontado, inclusive, como sendo a principal característica do *Trust*[20].

---

[17] BEILFUSS, Cristina González. *El Trust- La Instituición Anglo-Americana y el Derecho Internacional Privado Español*. Barcelona: Bosch, 1997, p. 26. *Vide* no mesmo sentido, PENNER, J. E., *The Law of Trusts*. Fifth Edition, Londres: Oxford University Press, 2006, p. 8.

[18] Realmente, enquanto o beneficiário do *Trust* possui um *"equitable title"*, o *trustee* possui o *"legal title"*. Tecnicamente e historicamente, o *"equitable title"* (ou interesse) é o que seria protegido pela *"court of equity"* e o *"legal title"* pela *"court of law"*. REUTLINGER, Mark. *Wills, Trusts, and Estates, Essencial Terms and Concepts*. Second Edition, New York: Aspen Publishers, 1998, p. 151.

[19] Explicam ainda, LEITE DE CAMPOS e VAZ TOMÉ (1999) que esse direito passou a ser reconhecido perante os herdeiros do *trustee* e, assim por qualquer terceiro adquirente a título gratuito dos bens constituídos em *use*, consagrando por último a oponibilidade dos direitos dos beneficiários a terceiros adquirentes a título oneroso que conhecessem ou fosse para si cognoscível que a transmissão dos bens e Direitos violava o *Trust*. Em virtude de também serem considerados titulares de direitos sobre os bens, os beneficiários podiam opor os seus direitos a um leque alargado de pessoas e exigir a adopção dos remédios adequados. Por outro lado, como a função do *trustee* consistia em administrar os bens fiduciados, a existência do *Trust* não obstava a sua alienação. LEITE DE CAMPOS, Diogo; VAZ TOMÉ, Maria João. *A Propriedade Fiduciária (Trust), Estudo para a sua Consagração no Direito Português*. Coimbra: Almedina, 1999, p. 24.

[20] *Vide* neste sentido, GARDNER, Simon. *An Introduction to the Law of Trusts*. Oxford University Press, UK, 2003; PETTIT, Philip, H., *Equity and the Law of Trusts*. London: Butterworths, 1993, p. 25.

24   *A Tributação dos Trusts*

De facto, não se pode compreender efectivamente o *Trust* sem adentrar aos domínios gerais do Direito de propriedade inglês, na dualidade de ordenamentos jurídicos e ordens jurisdicionais, que têm caracterizado a coexistência da equidade e da *Common Law*[21].

Indubitavelmente, as decisões dos tribunais da equidade, tornaram-se a "base" do *Trust,* contendo inúmeras normas sobre a administração dos bens constituídos em *Trust,* princípios sobre a conduta do *trustee* perante a existência de conflitos de interesses entre diversos beneficiários e, ainda, sobre o período máximo de tempo permitido para a constituição de bens em *Trust*[22].

Posto tudo isso, concluímos, que ao lado das regras da *Common Law* que são obras dos tribunais, o Direito Inglês apresentou soluções de *equity,* que vieram a complementar e aperfeiçoar as regras da *Common Law.* Em verdade, historicamente, o *Trust* tem uma origem longínqua baseada na justiça, onde o titular do Direito de propriedade exerce-o em benefício de outra pessoa.

Saliente-se, que o Direito inglês conservou uma estrutura dualista até 1875, quando os dois sistemas foram parcialmente fundidos por uma reforma organizacional judiciária[23]. Por outro lado, permitia-se que cada Corte pudesse aplicar, caso a caso, conforme fosse mais apropriado, uma solução ou julgamento de *Common Law* ou de *Equity*[24].

É de se destacar, por fim, que o *Trust* foi passado dos ingleses aos norte-americanos assim como sua cultura jurídica e social[25]. Hodiernamente, praticamente todos os estados norte-americanos prevêem os *Trusts.* Fenómeno semelhante vem assistindo alguns países da Europa, o que justifica nosso interesse no presente estudo.

---

[21] BEILFUSS, Cristina González. *El Trust – La Instituición Anglo-Americana y el Derecho Internacional Privado Español.* Barcelona: Bosch, 1997, p. 21.

[22] LEITE DE CAMPOS, Diogo; VAZ TOMÉ, Maria João. *A Propriedade Fiduciária (Trust), Estudo para a sua Consagração no Direito Português.* Coimbra: Almedina, 1999, p. 25.

[23] PENNER, J. E., *The Law of Trusts.* Fifth Edition, London: Oxford University Press, 2006, p. 7.

[24] FONSECA, Rodrigo Garcia. *Considerações sobre o Trust (fidúcia) no Direito Comparado.* Revista Forense, Rio de Janeiro, v. 334, 1996, p. 157.

[25] FREIRE E ALMEIDA, Daniel. *Os Trusts – Securitization em Direito nos Estados Unidos da América.* Revista do Instituto de Pesquisas e Estudos, Bauru, v. 31, 2001, p. 318.

2. Evolução Histórica

No desenrolar de seu desenvolvimento legal, o *Trust* deixou de ser um mecanismo de transmissão do Direito de propriedade sobre a terra com a função de simplesmente ladear as restrições feudais. Desta forma, o *Trust*, actualmente, não se limita, tão-somente, às suas funções tradicionais no seio familiar[26].

Nesta linha, na opinião de MARTIN (1997), *in verbis*:

> *"Trusts are primarily about money and the preservation of wealth"* [27].

Em prosseguimento, hoje a maior importância da distinção de *equitable* e *legal title* é que o primeiro representa um interesse benéfico na *trust property*, ou seja, a satisfação imediata de seus "frutos", visto que o último representa o título oficial. Em verdade, o *"legal title"* dá geralmente ao *trustee* o direito de vender ou de negociar com a propriedade, embora para o benefício de outrem[28].

O *trustee* abandonou o carácter familiar ou de amigo do *settlor*, administrando escrupulosamente e gratuitamente os bens em *Trust*. Com efeito, a figura do *trustee* foi paulatinamente substituída pela ideia de administração por uma *Trust Corporation*[29]. Assim, não obstante existirem ainda muitos *trustees* individuais, o paradigma do *trustee* actual é aquele do profissional remunerado[30], cuja actividade consiste em constituir e cumprir *Trusts*[31].

Realmente, os *trustees* actuais assumem a responsabilidade da boa gestão dos activos que lhe foram confiados[32].

---

[26] *Vide* BENNETT, Tim. *Evolution And Uses Of Purpose Trusts*. United Kingdom: Trusts & Trustees, Gostick Hall, Volume 1, Issue 8, 1996.

[27] MARTIN, Jill E., *Modern Equity*. Fifteenth Edition. London: Sweet & Maxwell, 1997, p. 39.

[28] REUTLINGER, Mark. *Wills, Trusts, and Estates, Essencial Terms and Concepts*. Second Edition, New York: Aspen Publishers, 1998, p. 151.

[29] *Vide* BOLEAT, David. *Who would be a Professional Trustee?*. United Kingdom: Trusts & Trustees, Gostick Hall, Volume 2, Issue 4, 1996.

[30] *Vide* MARKHAM, Anthony. *Remuneration for professional trustees*. United Kingdom: Trusts & Trustees, Gostick Hall, Volume 1, Issue 8, 1995.

[31] LEITE DE CAMPOS, Diogo; VAZ TOMÉ, Maria João. *A Propriedade Fiduciária (Trust), Estudo para a sua Consagração no Direito Português*. Coimbra: Almedina, 1999, p. 27.

[32] BRAZ DA SILVA, José Manuel. *Os Paraísos Fiscais*. Coimbra: Almedina, 2000, p. 200.

Logo, de acordo com o regime da responsabilidade estabelecido no Direito dos *Trusts*, o *trustee* arrisca ilimitadamente o seu património pessoal no caso de não cumprir as suas obrigações[33].

Impõe-se, nesta matéria, a regra que estabelece o critério de diligência do profissional razoável. Este risco assumido pelo *trustee* apoia o *Trust* moderno, garantindo efectivamente, o beneficiário contra uma multiplicidade de violações. Acresce, que este risco de responsabilidade gera um incentivo adicional para o *trustee* cumprir, de boa-fé, o *Trust*[34].

De seu turno, ao *settlor*, hodiernamente, é permitido estabelecer as cláusulas dispositivas do acto constitutivo do *Trust*, com um leque de opções nas negociações, bem como, uma maior flexibilidade na acumulação, distribuição ou dispêndio dos fundos constituídos em *Trust* em prol dos beneficiários[35].

Nesse contexto, no Reino Unido a Tributação vem sendo avaliada para reduzir a responsabilidade do *settlor* com os impostos e tornar os *Trusts* mais populares. Assim, os Tribunais trabalham para uma melhor recomendação em matéria Tributária, com o objectivo de tornar os *Trusts* mais apropriados e atraentes aos desejos do *settlor*[36].

Agora, em sede dos beneficiários, destaca-se, que gradativamente lhes foram concedidos uma série de Direitos que lhes protegem contra actos do *trustee* em desacordo com as suas obrigações de equidade.

Assim, actualmente, pode o beneficiário compelir judicialmente o *trustee* a lhe entregar os bens dados em *Trust* se já tiver decorrido o prazo, termo, ou houver sido implementada condição extintiva do *Trust*[37]. Ainda, ao beneficiário foram assegurados Direitos, como

---

[33] *Vide* MASTERS, Colin. *The Powers and Duties of Trustees under English Law*. United Kingdom: Trusts & Trustees, Gostick Hall, Volume 2, Issue 1, 1996.

[34] LEITE DE CAMPOS, Diogo; VAZ TOMÉ, Maria João. *A Propriedade Fiduciária (Trust), Estudo para a sua Consagração no Direito Português*. Coimbra: Almedina, 1999, p. 27.

[35] LEITE DE CAMPOS, Diogo; VAZ TOMÉ, Maria João. *A Propriedade Fiduciária (Trust), Estudo para a sua Consagração no Direito Português*. Coimbra: Almedina, 1999, p. 26.

[36] MARTIN, Jill E., *Modern Equity*. Fifteenth Edition. London: Sweet & Maxwell, 1997, p. 41.

[37] FONSECA, Rodrigo Garcia. *Considerações sobre o Trust (fidúcia) no Direito Comparado*. Revista Forense, Rio de Janeiro, v. 334, 1996, p. 162.

verdadeiro titular que é, de um equiparado estado de concorrência sobre os bens, podendo desta forma, exigir que o *trustee* se atenha ao estipulado no instrumento do *Trust,* bem como nas formas legais e jurisprudenciais aplicáveis a instituição do *Trust*[38].

Vale destacar, que a intervenção judicial é elemento decisivo hoje nos *Trusts,* visto que a efectividade do *Trust* torna-se possível em razão da protecção assegurada aos beneficiários pelo sistema judicial, que tem como alvo a fiscalização e o controlo da actuação do *trustee,* mantendo-o rigorosamente dentro dos limites estabelecidos no acto constitutivo do *Trust*[39].

Hoje, os diferentes tipos de *Trusts* podem ser criados para realizar objectivos específicos. Cada um pode variar em seu grau de flexibilidade e controlo que oferece[40]. Podem, por exemplo, utilizar os seus benefícios fornecendo protecções pessoais e financeiras para a família e outros beneficiários, estabelecer meios de controlar ou de administrar a propriedade, bem como reunir outros objectivos sociais ou comerciais[41].

Certamente, o *Trust* assumiu novas e variadas funções sendo considerado instrumento eficaz, nomeadamente na administração dinâmica e especializada de bens e activos financeiros, e ainda, na transmissão de riqueza familiar[42].

Fundamentalmente, recorre-se ao *Trust,* para proteger o beneficiário, facilitar a gestão do património de incapazes e a administração em benefício de diversos destinatários, preservar o património para beneficiários sucessivos, atribuir os benefícios de acordo com as circunstâncias, para substituir o testamento por *Trusts* revogáveis e

---

[38] BEILFUSS, Cristina González. *El Trust – La Instituición Anglo-Americana y el Derecho Internacional Privado Español.* Barcelona: Bosch, 1997, p. 30.

[39] WORTLEY, B.A., *Le Trust et Sés Applications Modernes en Droit Anglais.* Revue Internacionale de Droit Comparé, Paris, Janv-Mars, 1962, p. 703.

[40] Nesse sentido, *vide*: DEIANA. Anna Paola. *Paradisi Fiscali: Le Isole Del Canale.* Commercio Internazionale, Milano, n.19, 1995, p. 940.

[41] WSBA. *Trusts.* Disponível em: http://www.wsba.org/media/publications/pamphlets/trusts.htm. Acesso em 3/2/2006.

[42] *Vide* BENNETT, Tim. *Evolution and Uses of Purpose Trusts.* United Kingdom: Trusts & Trustees, Gostick Hall, Volume 1, Issue 8, 1996.

ademais, o *Trust* tem sido o principal instrumento jurídico para a *Securitization*[43].

Em verdade, nas últimas décadas, o *Trust* passou a assumir uma maior relevância, tanto nos países que sofreram a influência directa ou a colonização inglesa, como também em numerosos outros de formação vinculada ao Direito romano.

Ainda, o crescimento do comércio internacional e a internacionalização progressiva dos negócios bancários, assim como a maior importância desempenhada pelas instituições financeiras, tanto na gestão da fortuna, como nas participações accionárias, tornaram a utilização do *Trust* um verdadeiro e inadiável imperativo[44].

Assim, devido a imensa eficácia do *Trust* e a sua expressiva significação económica, a sua adaptação a sistemas jurídicos diversos, como por exemplo o Português, já esta sendo objecto de estudo. (conforme mencionamos em sede introdutória, especial importância assume o estudo realizado por LEITE DE CAMPOS e VAZ TOMÉ).

Por fim, conclui-se que o quadro jurídico do *Trust* possui uma extraordinária versatilidade, viabilizando sua utilização nas mais variadas modalidades de negócios, desde os mais simples até a administração de grandes fortunas, tornando possível o máximo aproveitamento do potencial económico dos bens, conforme observaremos claramente no decorrer de nosso trabalho.

Veremos em Capítulo específico, que em 1987 a Convenção de Haia sobre o Direito Aplicável aos *Trusts* e o seu Reconhecimento estabeleceu princípios comuns entre os Estados sobre a lei que governa os *Trusts* e fornece directrizes para o seu reconhecimento. Em suma, a Convenção busca estabelecer uma uniformidade nos princípios legais para resolução de possíveis conflitos e também auxiliar os Estados de *Civil Law* em como tratar os *Trusts* que surgirem em sua jurisdição[45].

---

[43] LEITE DE CAMPOS, Diogo; VAZ TOMÉ, Maria João. *A Propriedade Fiduciária (Trust), Estudo para a sua Consagração no Direito Português*. Coimbra: Almedina, 1999, p. 31-34. *Vide* também: LUZZATTO, Ricardo. *Legge Applicabile e Riconoscimento Di Trusts Secondo La Convenzione Dell'Aja del 1 ° Luglio 1985*. Rivista di Diritto Internazionale Privato e Processuale, Padova, v. 35, 1999, p. 08.

[44] WALD, Arnoldo. *Algumas considerações a respeito da utilização do "trust" no direito brasileiro*. Revista dos Tribunais, São Paulo, v. 34, nº 99, Julho-Set, 1995, p.107.

[45] MARTIN, Jill E., *Modern Equity*. Fifteenth Edition. London: Sweet & Maxwell, 1997, p. 43.

3. Conceito

Inicialmente, o *"Trust"* é um conceito originário do Direito Inglês, que se espalhou na jurisdição da *Common Law*[46]. Podemos definir o *Trust*, como sendo uma relação jurídica de origem anglo-saxónica que permite a uma pessoa (*settlor*), proprietária de bens ou direitos, passar a propriedade dos seus bens ou direitos, em *Trust*, para uma outra pessoa (*trustee*) administrá-los. Além disso, o rendimento desses bens ou direitos será repassado para um beneficiário[47].

Aliás, muito bem exprime a ideia LEITE DE CAMPOS e VAZ TOMÉ (1999), quando definem o *Express Trust* como sendo uma relação fiduciária voluntariamente constituída por convenção ou por decorrência de lei, relativamente a bens cujo título legal pertence a determinado sujeito, o *trustee*. Porém, o benefício da titularidade do direito é atribuído a uma outra pessoa: o beneficiário. Ainda, o *Trust* impõe deveres fiduciários ao *trustee*, pois este terá a obrigação de administrar a *trust res* em favor de outrem, que poderá exigir o cumprimento desta obrigação[48].

Por igual, também elogiosa a definição de *Trust* indicada por REUTLINGER (1998), *in verbis*:

> *"A fiduciary relationship with respect to property, in which one person (the trustee) holds property (the trust res) for the benefit of another person (the beneficiary) with specific duties attaching to the manner in which the trustee deals with the property"*[49].

---

[46] MARTIN, Jill E., *Modern Equity*. Fifteenth Edition. London: Sweet & Maxwell, 1997, p. 43.

[47] No mesmo sentido, para XAVIER (2005) o *Trust* é essencialmente um desmembramento da propriedade que se opera pelo acto pelo qual alguém (*settlor*) confia um bem ou conjunto de bens a outrem (*trustee*), com a finalidade de fazer beneficiar um terceiro (*cestui que trust*). XAVIER, Alberto. *Direito Tributário Internacional do Brasil*. Rio de Janeiro: Forense, 2005, p. 163. *Vide* também: OPPETIT, Bruno. *Le trust dans le droit du commerce internacional*. Revue critique de droit international privé, Paris, t.62, n.1, Janv-Mars, 1973, p. 01.

[48] LEITE DE CAMPOS, Diogo; VAZ TOMÉ, Maria João. *A Propriedade Fiduciária (Trust), Estudo para a sua Consagração no Direito Português*. Coimbra: Almedina, 1999, p. 19.

[49] REUTLINGER, Mark. *Wills, Trusts, and Estates, Essencial Terms and Concepts*. Second Edition, New York: Aspen Publishers, 1998, p. 145.

30   *A Tributação dos Trusts*

Oportuno aludir aqui, que não existe nos países da *Civil Law* uma definição universalmente admitida de *Trust,* ao passo que o sistema anglo-saxão não sofre desta lacuna dado que o *Trust* nasceu de uma concepção de equidade[50]. No entanto, para fixar as ideias, especial importância assume a definição[51] do artigo 2º da Convenção de Haia sobre o Direito Aplicável aos *Trusts* e o seu Reconhecimento, de 1985, nestes termos:

> *Art. 2º. "For the purposes of this Convention, the term "trust" refers to the legal relationships created – inter vivos or on death – by a person, the settlor, when assets have been placed under the control of a trustee for the benefit of a beneficiary or for a specified purpose"[52].*

O *Trust* é, portanto, em linhas gerais, a transferência da propriedade de bens a um administrador, por um determinado período de tempo, em certas condições, para que o património seja gerido e reverta em favor de um beneficiário, que pode inclusive, ser o proprietário original[53].

---

[50] De acordo com TRIPET (1999), se reconhece no sistema anglo-americano um surpreendente pragmatismo, estranho aos juristas da *Civil Law*, que são mais rigorosos quanto às definições. TRIPET, François. *Trust Patrimoniaux Anglo-Saxons et Droit Fiscal Français.* Paris: Litec, 1989, p. 03.

[51] Complementarmente, justa a preocupação de BEILFUSS (1997) que se detém na dificuldade em definir o *Trust* por receio em categorizar, e, com isso reduzir sua flexibilidade. A autora adverte sobre a importância da descrição dada ao *Trust* na Convenção de Haia, posto que proporciona uma primeira ideia acerca do que é o *Trust* e ampara quem se aproxima do *Trust* pela primeira vez. BEILFUSS, Cristina González. *El Trust – La Instituición Anglo-Americana y el Derecho Internacional Privado Español.* Barcelona: Bosch, 1997, p. 16. Por sua vez, TRIPET (1989) acha interessante aproximar a definição proposta pela Convenção de Haia de uma definição geralmente admitida na Grã-Bretanha: *"Une obligation équitable par laquelle le trustee est appelé à détenir des biens déterminés au profit de bénéficiaires, en se conformant au deed of trust et à la law of trust".* (intertax numero 3, avril 1977) Ele ainda compara com a definição de um juiz norte-americano: *"De son côté le juge américain a parfois défini le trust comme un accord de nature fiduciaire, né d'une volonté testamentaire ou d'une déclaration inter vivos, par laquelle un ou plusieurs trustees sont investis de titres de propriété de biens déterminés, et ont la responsabilité de les gérer équitablement en vue de leur protection ou de leur conservation, au profit de tiers bénéficiaires".* TRIPET, François. *Trust Patrimoniaux Anglo-Saxons et Droit Fiscal Français.* Paris: Litec, 1989, p. 3/4.

[52] HCCH. *Convention on the Law Applicable to Trusts and on their Recognition.* Disponível em: http://hcch.e-vision.nl/index_en.php?act=conventions.text&cid=59. Acesso em 13.03.2006.

[53] Ainda, sobre isso WALD (1995) explica que o *Trust* é um negócio construído em torno da confiança (*trust*) que o *settlor* deposita no *trustee*, e que a titularidade da propriedade

4. Características Principais do *Trust*

Neste breve tópico, vêm a lume as principais características do *Trust*. Porém, desde já deve ser mencionado que tais características serão aprofundadas no decorrer do presente trabalho em tópicos oportunos.

Em verdade, a multiplicidade de aplicações a que se presta o *Trust* pode sugerir que as suas características sejam investigadas em cada finalidade, nas particulares espécies de *Trust*.

No entanto, podemos recorrer a numerosas espécies de *Trust*, que concretamente se realizam e que apresentam algumas características comuns[54].

Inicialmente, podemos apontar, entre elas, a propriedade dualística. Com efeito, insta relembrar que a divisão da propriedade entre o *trustee* e o beneficiário constitui o traço distintivo do *Trust*, a apartá-lo e destacá-lo, inconfundivelmente, dos demais Institutos da seara do Direito Civil.

Por conseguinte, destaque-se, que o *Trust* também se caracteriza pela administração especializada exercida pelo *trustee*, por conta de outrem[55].

Ainda, outra característica fundamental é que os bens ou direitos do *Trust* formam um património separado. De facto, o *Trust* é um instrumento de administração de bens e direitos através do qual é possível isolar os bens de determinado negócio e com ele constituir património autónomo (que não se confunde com o património do *trustee*), de modo que eventuais insucessos dessa gestão não atingem os direitos dos beneficiários[56].

---

se desdobra em duas pessoas, sem que haja condomínio. WALD, Arnoldo. *Algumas considerações a respeito da utilização do "trust" no direito brasileiro*. Revista dos Tribunais, São Paulo, v. 34, nº 99, Julho-Set, 1995, p.109.

[54] PANICO, Paolo. *La Funzione del Trustee in Italia*. Il Trust nel Diritto delle Persone e della Famiglia, Milano, 2003, p. 76.

[55] BEILFUSS, Cristina González. *El Trust – La Instituición Anglo-Americana y el Derecho Internacional Privado Español*. Barcelona: Bosch, 1997, p. 32. Convidamos a leitura de: BOLEAT, David. *Who would be a Professional Trustee?*. United Kingdom: Trusts & Trustees, Gostick Hall, Volume 2, Issue 4, 1996.

[56] CHALHUB, Melhim Namem. *A Regularização do Trust no Direito Brasileiro*. São Paulo: Gazeta Mercantil, p. 4, 30.03.2000.

Neste passo, também podemos apontar que o *Trust* é constituído pelo *settlor* ao abrigo do princípio geral da liberdade de forma que, nesta sede, sofre escassas limitações (redução a escrito quando se trate de imóveis e de testamento).

Ainda, relativamente à identificação dos beneficiários, um *Trust* pode ter mais do que um beneficiário do rendimento, podendo estes ser simultâneos ou sucessivos. Além disso, insta mencionar que o acto constitutivo pode, na vigência do *Trust*, permitir unicamente a distribuição do rendimento ou consentir também a distribuição do *corpus*.

À derradeira, deve-se enfatizar que, em sede de duração do *Trust*, vigora a regra que proíbe a sua perpetuidade, a *Rule Against Perpetuites*[57].

---

[57] REUTLINGER, Mark. *Wills, Trusts, and Estates, Essencial Terms and Concepts.* Second Edition, New York: Aspen Publishers, 1998, p. 216.

CAPÍTULO II

A estrutura do *Trust*

O exame do presente capítulo visa, inicialmente, a enfocar os diversos componentes em separado, tanto pessoais como materiais, que formam a estrutura do *Trust*.

A análise, assim, deve principiar pelo estudo da estrutura subjectiva do *Trust*, para conhecermos os sujeitos envolvidos no referido Instituto. Passaremos, então, ao exame da sua estrutura objectiva, formada por características fundamentais do *Trust*.

O fenómeno, que ora se persegue, reside nesta ideia: enquanto um sujeito possui juridicamente o bem, o outro o possui sob aspecto económico.

As análises que se seguirão, afectas à estrutura do *Trust*, são fundamentais para a compreensão do estudo da Tributação dos *Trusts*. Por tal motivo, foram lavradas em sequência a ter-se em vista o grau de maior simplicidade e facilidade para a compreensão do tema.

SECÇÃO I

A estrutura subjectiva do *Trust*

Desde já, pois, deve ser mencionado que na estrutura subjectiva do *Trust* notam-se, normalmente, três sujeitos: o *settlor*, o *trustee* e os beneficiários[58].

---

[58] FREIRE E ALMEIDA, Daniel. Os *Trusts – Securitization em Direito nos Estados Unidos da América*. Revista do Instituto de Pesquisas e Estudos, Bauru, v. 31, 2001, p. 319.

Contudo, também poderá ser constituído através de uma fórmula bipolar (com dois sujeitos), não sendo necessária a existência de três sujeitos diferentes. Perceba-se, sim, que um mesmo sujeito pode desempenhar dois papéis, e, por outro lado, qualquer dos papéis (*settlor*, *trustee* e *cestui que trust*) é susceptível de ser desempenhado por mais de uma pessoa[59].

1. O *Settlor*

O *settlor* é o fundador do *Trust*. De facto, este termo é aplicado para as pessoas que criam o *Trust*[60].

Portanto, o *settlor* é o proprietário inicial dos bens destinados ao *Trust*. Logo, é ele quem realiza a transferência da propriedade necessária para sua constituição[61].

Saliente-se, que para a validade do *Trust*, o *settlor* deve ter capacidade e legitimidade necessárias para emitir a sua declaração de vontade sobre a constituição do *Trust*, e para transferir os bens e direitos ao *trustee*[62].

Nesse passo, o *settlor* poderá ser pessoa singular ou colectiva, e, principalmente, deverá ser ele o verdadeiro titular dos bens ou direitos, ou estar devidamente autorizado para os transferir[63].

Destaque-se, também, que ao constituir um *Trust*, o *settlor* pode reter parte ou todo o *"legal title"* ou o interesse benéfico (benefícios). Porém, nunca ambos simultaneamente, visto que o *Trust* é constituído

---

[59] LEITE DE CAMPOS, Diogo; VAZ TOMÉ, Maria João. *A Propriedade Fiduciária (Trust), Estudo para a sua Consagração no Direito Português*. Coimbra: Almedina, 1999, p. 40.

[60] Nos Estados Unidos o *settlor* também pode ser chamado de *"trustor"*. Algumas autoridades utilizam o termo *settlor* para *trust inter vivos* e o termo *trustor* para o *trust testamentary*. Cfr. REUTLINGER, Mark. *Wills, Trusts, and Estates, Essencial Terms and Concepts*. Second Edition, New York: Aspen Publishers, 1998, p. 155.

[61] TRIPET, François. *Trust Patrimoniaux Anglo-Saxons et Droit Fiscal Français*. Paris: Litec, 1989, p. 07.

[62] MENNEL, L. Robert. *Wills and Trusts in a Nutshell*. Second Edition, Minnesota: West Group, 2004, p. 205.

[63] LEITE DE CAMPOS, Diogo; VAZ TOMÉ, Maria João. *A Propriedade Fiduciária (Trust), Estudo para a sua Consagração no Direito Português*. Coimbra: Almedina, 1999, p. 41.

mediante a separação entre o título legal e o interesse benéfico[64]. Aliás, essa é uma característica peculiar do *Trust.*

Logo, a retenção pelo *settlor* do *"legal title"* deve ser estabelecida na própria declaração do *Trust,* e neste caso, o interesse benéfico, ou parte dele, deve ser conferido a terceiro[65]. Assim, poderá o *settlor* reservar-se de apenas algumas vantagens sobre os bens, sem, contudo tornar-se seu beneficiário *stricto sensu*[66].

Por outro lado, retendo o *settlor* apenas o interesse benéfico, ele pode ser o único beneficiário, importando o *Trust* aqui, em uma mera delegação do poder de administração dos bens ou direitos do *settlor* para o *trustee*[67]. Em tal caso, o *settlor* opta por ter uma administração especializada de seus bens em benefício próprio[68].

Nesse contexto, também poderá o *settlor* reservar-se expressamente no acto constitutivo, de vantagens (poderes e direitos), sobre os bens transferidos ao *Trust,* tais como: o poder de modificar o *Trust,* o poder de em algumas matérias (investimentos, tempo ou montante da distribuição do rendimento ou do capital), fiscalizar o *trustee,* e inclusive, o poder de revogação do *Trust*[69].

Neste ponto, deve se atentar, que os *Trusts* são presumidos para serem irrevogáveis, ao menos que sejam expressamente indicados pelo *settlor* para serem revogáveis[70].

---

[64] REUTLINGER, Mark. *Wills, Trusts, and Estates, Essencial Terms and Concepts.* Second Edition, New York: Aspen Publishers, 1998, p. 155. Cfr. MENNEL, L. Robert. *Wills and Trusts in a Nutshell.* Second Edition, Minnesota: West Group, 2004, p. 205.

[65] REUTLINGER, Mark. *Wills, Trusts, and Estates, Essencial Terms and Concepts.* Second Edition, New York: Aspen Publishers, 1998, p. 155; MENNEL, L. Robert. *Wills and Trusts in a Nutshell.* Second Edition, Minnesota: West Group, 1994, p. 205.

[66] TRIPET, François. *Trust Patrimoniaux Anglo-Saxons et Droit Fiscal Français.* Paris: Litec, 1989, p. 07.

[67] LEITE DE CAMPOS, Diogo; VAZ TOMÉ, Maria João. *A Propriedade Fiduciária (Trust), Estudo para a sua Consagração no Direito Português.* Coimbra: Almedina, 1999, p. 41.

[68] REUTLINGER, Mark. *Wills, Trusts, and Estates, Essencial Terms and Concepts.* Second Edition, New York: Aspen Publishers, 1998, p. 155.

[69] MENNEL, L. Robert. *Wills and Trusts in a Nutshell.* Second Edition, Minnesota: West Group, 2004, p. 204; TROST, Andreas. *El Trust en la Planificacion Fiscal Internacional.* Fiscalidad Internacional, Madrid, 2003, p. 601.

[70] Em complemento, MENNEL (1994) destaca *in verbis: "The settlor can retain powers over a trust which do not be permitted in a common law gift and which do not make him a beneficiary, in the strict sense, of the trust. The power of revocation is the most obvious of these powers".* MENNEL, L. Robert. *Wills and Trusts in a Nutshell.* Second Edition, Minnesota: West Group, 2004, p. 206.

36   *A Tributação dos Trusts*

Em tal contexto, vale aqui então enfatizar que, normalmente, o *settlor* não retém faculdade nenhuma sobre os bens que transmite ao *Trust,* nem sobre a administração dos mesmos. Neste caso, o *settlor* é importante antes da emissão da declaração de vontade de constituição do *Trust,* ligada à imposição de deveres fiduciários ao *trustee* relativamente a *res* e a favor do beneficiário. Tudo isso deve ser acompanhado pela transferência da titularidade dos respectivos bens ou direitos constituídos em *Trust*[71].

Logo, após a realização desses actos jurídicos, o *settlor* tem uma posição semelhante à de qualquer ex-titular. Consequentemente, o *trustee* não estará mais sujeito às ordens do (*settlor*), além das instruções dadas previamente no acto constitutivo, pois uma vez transferida a propriedade dos bens do *Trust,* não existe mais relação jurídica entre o *settlor* e o *trustee*[72].

É de se destacar, por fim, que a intensidade da ligação que o *settlor* ainda mantiver com o *Trust,* ou se nenhuma, após a sua constituição, é o que definirá a sua responsabilidade tributária, como veremos no decorrer do presente trabalho[73].

2. O *Trustee*

Neste plano, e já tendo sido precisamente abordado sobre o *settlor*, é hora então, por pertinente, de analisarmos a figura imprescindível do *trustee*.

O *trustee* é a pessoa que, na relação do *Trust,* recebe a titularidade da propriedade (dos bens ou direitos transferidos em *Trust* pelo

---

[71] MENNEL, L. Robert. *Wills and Trusts in a Nutshell.* Second Edition, Minnesota: West Group, 2004, p. 204.

[72] BEILFUSS, Cristina González. *El Trust- La Instituición Anglo-Americana y el Derecho Internacional Privado Español.* Barcelona: Bosch, 1997, p. 29.

[73] Em breve exemplo, o *Trust* onde o *settlor* é o beneficiário pode ser também chamado nos Estados Unidos, como "*grantor trust*". Para a Lei Fiscal Americana, um *grantor trust* é aquele na qual o *settlor* mantém o poder de gerência ou controlo, e o *settlor* é considerado como dono da *trust property* e do rendimento atribuído, ao invés de ser apenas beneficiário. REUTLINGER, Mark. *Wills, Trusts, and Estates, Essencial Terms and Concepts.* Second Edition, New York: Aspen Publishers, 1998, p. 155.

settlor) na qual administra para o benefício de outrem (beneficiário ou *cestui que trust*).

Destaque, no particular, que tal propriedade pode advir de uma transferência *inter vivos,* ao abrigo de um acordo expresso ou tácito, como também, de uma transferência testamentária[74].

Por essas razões, o *trustee* possui aparência de proprietário perante terceiros, em relação ao bem ou ao direito que lhe foi confiado pelo *settlor*, e não pode usufrui-lo *ex domínio*[75]. Dessa forma, o título do *trustee* é um Direito real, mas condicionado pelas regras e objectivos do *Trust* que se estabeleceu[76].

Assim, por mais uma vez, devemos mencionar que o *trustee* possui o *"legal title"* da *trust property*, enquanto o beneficiário possui o *equitable title* (benefícios).

Por conseguinte, importante aqui se realçar, que o *trustee* poderá ser o *settlor*, poderá ser o beneficiário ou ambos. Contudo, não pode o único *trustee* ser o beneficiário exclusivo do *Trust,* porque verificar-se-ia a confusão do título legal e dos benefícios na mesma pessoa[77].

Em verdade, não é aconselhável que um dos beneficiários seja simultaneamente *trustee* ou *co-trustee*, porquanto fica em posição de se favorecer a expensas dos restantes dos beneficiários[78].

---

[74] TRIPET, François. *Trust Patrimoniaux Anglo-Saxons et Droit Fiscal Français*. Paris: Litec, 1989, p. 06.

[75] STUBER, Walter Douglas. *A Legitimidade do "Trust" no Brasil*. Revista dos Tribunais, São Paulo, v.28, nº 76, p. 103-108, Out-Dez, 1989.

[76] WALD, Arnoldo. *Algumas considerações a respeito da utilização do "trust" no direito brasileiro*. Revista dos Tribunais, São Paulo, v. 34, nº 99, Julho-Set, 1995, p.109.

[77] MENNEL, L. Robert. *Wills and Trusts in a Nutshell*. Second Edition, Minnesota: West Group, 2004, p. 209. No mesmo sentido, destaca BEILFUSS (1997), *in verbis*: *"Existe, no obstante, un límite: un trustee unipersonal no puede ser, asimismo, el único beneficiário pues se considera que una persona no puede tener derechos contra sí misma o lo mismo que em este caso no existe un control del trustee"*. BEILFUSS, Cristina González. *El Trust-La Instituición Anglo-Americana y el Derecho Internacional Privado Español*. Barcelona: Bosch, 1997, p. 40. Ainda, sobre esse assunto, convidamos a leitura de: REUTLINGER, Mark. *Wills, Trusts, and Estates, Essencial Terms and Concepts*. Second Edition, New York: Aspen Publishers, 1998, p. 155; PENNER, J. E., *The Law of Trusts*. Fifth Edition, Londres: Oxford University Press, 2006, p. 16;

[78] LEITE DE CAMPOS, Diogo; VAZ TOMÉ, Maria João. *A Propriedade Fiduciária (Trust), Estudo para a sua Consagração no Direito Português*. Coimbra: Almedina, 1999, p.43.

Nesse contexto, a designação do *trustee,* inicial ou sucessivo, é, em geral, feita pelo *settlor* no acto constitutivo do *Trust*[79]. Ainda, poderá o *settlor* nomear apenas um *trustee* ou diversos *co-trustees.* Porém, é possível que um *Trust* seja criado sem nenhum *trustee* nomeado inicialmente[80].

Sob tal prisma, então, o *trustee* poderá ser nomeado judicialmente nos casos de não nomeação pelo *settlor.* Da mesma forma ocorre caso o pretenso *trustee* não tiver capacidade, ou ainda, se ele não aceitar tal função. De facto, a omissão de designação inicial do *trustee* não impede a constituição válida e eficaz do *Trust*[81].

Nesse sentido, REUTLINGER (1998) afirma, *in verbis:*

> "(...)*a trust will not fail for want of a trustee*"[82].

Vale ressaltar-se, neste âmbito, que em geral, qualquer pessoa singular ou colectiva pode ser *trustee,* tal como um Banco ou uma *"Trust Company"*[83]. Contudo, deve ser o *trustee* um profissional bastante especializado, além de, fundamentalmente, ter capacidade e legitimidade para dispor dos títulos legais dos bens ou direitos constituídos em *Trust*[84].

---

[79] Em complemento, REUTLINGER (1998) explica que a nomeação pela Corte não ocorrerá no caso do *trustee*, nomeado originalmente pelo *settlor*, possuir características fundamentais para o cumprimento das finalidades do *Trust*, e que, somente ele, poderia realizar correctamente tais objectivos. REUTLINGER, Mark. *Wills, Trusts, and Estates, Essencial Terms and Concepts.* Second Edition, New York: Aspen Publishers, 1998. No mesmo sentido MENNEL (2004), *in verbis:* " *Equity will not allow a trust to fail for want of a trustee except in the very rare situation in which the settlor manifested the intention that the trust should not come into existence unless this particular person served as trustee".* MENNEL, L. Robert. *Wills and Trusts in a Nutshell.* Second Edition, Minnesota: West Group, 2004, p. 207.

[80] REUTLINGER, Mark. *Wills, Trusts, and Estates, Essencial Terms and Concepts.* Second Edition, New York: Aspen Publishers, 1998, p. 155.

[81] LEITE DE CAMPOS, Diogo; VAZ TOMÉ, Maria João. *A Propriedade Fiduciária (Trust), Estudo para a sua Consagração no Direito Português.* Coimbra: Almedina, 1999, p. 43; MENNEL, L. Robert. *Wills and Trusts in a Nutshell.* Second Edition, Minnesota: West Group, 2004, p. 207.

[82] REUTLINGER, Mark. *Wills, Trusts, and Estates, Essencial Terms and Concepts.* Second Edition, New York: Aspen Publishers, 1998, p. 155.

[83] REUTLINGER, Mark. *Wills, Trusts, and Estates, Essencial Terms and Concepts.* Second Edition, New York: Aspen Publishers, 1998, p. 155; MENNEL, L. Robert. *Wills and Trusts in a Nutshell.* Second Edition, Minnesota: West Group, 2004, p. 207.

[84] Em complemento, MENNEL (2004) explica, *in verbis: "The ability to take legal title may be necessary in order to separate the legal and equitable rights in the property".*

A esse respeito, em substância, de merecido destaque é a opinião de PANICO (2003), que considera favorável a existência de sociedades de *trustees, in verbis*:

> *"Gli inconvenienti di questa soluzione si possono eventualmente manifestare in ragione della durata che si prevede per il trust, per effetto della naturale caducità della vita umana e dell'inevitabile deterioramento delle capacità intellettive e psichiche"* [85].

Em verdade, segundo um prisma apenas crítico a respeito, em nossa concepção, há um certo inconveniente em deixar o *Trust* na incumbência de apenas um *trustee* individual, no que atine a probabilidade de incapacidade superveniente do *trustee*, tendo em vista a duração do *Trust* e suas finalidades, podendo realmente ocorrer a frustração dos fins do *Trust*.

Visando a solucionar esse aparente dilema, o mesmo autor assume a elogiosa opinião, na qual concordamos, que o inconveniente poderá ser contornado se o *settlor* deixar de antemão, no acto constitutivo, a possibilidade de *co-trustees* ou de *trustees* sucessivos, no caso de falecimento do *trustee* ou de superveniente incapacidade do cumprimento de suas funções[86].

De facto, o *settlor* tem a faculdade de, no âmbito do mesmo *Trust*, constituir *co-trustees* ou *trustees* sucessivos, e ainda, poderá repartir as respectivas funções entre dois ou mais *trustees*, sendo este um poder inalienável. Em tais casos, os *co-trustees* são, por via de regra, responsáveis pela totalidade do *Trust* e, salvo disposição em contrário no acto constitutivo do *Trust*, devem agir na regra da unanimidade[87].

MENNEL, L. Robert. *Wills and Trusts in a Nutshell*. Second Edition, Minnesota: West Group, 2004, p. 207; No mesmo sentido, *vide* BOLEAT, David. *Who would be a Professional Trustee?*. United Kingdom: Trusts & Trustees, Gostick Hall, Volume 2, Issue 4, 1996.

[85] PANICO, Paolo. *La Funzione del Trustee in Italia*. Il Trust nel Diritto delle Persone e della Famiglia, Milano, 2003, p. 79.

[86] PANICO, Paolo. *La Funzione del Trustee in Italia*. Il Trust nel Diritto delle Persone e della Famiglia, Milano, 2003, p. 80.

[87] LEITE DE CAMPOS, Diogo; VAZ TOMÉ, Maria João. *A Propriedade Fiduciária (Trust), Estudo para a sua Consagração no Direito Português*. Coimbra: Almedina, 1999, p. 43. No mesmo sentido, *vide*: MENNEL, L. Robert. *Wills and Trusts in a Nutshell*. Second Edition, Minnesota: West Group, 2004, p. 209.

40   *A Tributação dos Trusts*

Oportuno e necessário, por conseguinte, destacar que o papel ou função do *trustee* é de natureza fiduciária[88], e seus deveres perante os beneficiários podem ser completamente onerosos. Consequentemente, a posição deve ser voluntariamente aceita e não será imposta forçosamente[89].

Logo, após a aceitação, o *trustee* não tem o poder de extinguir voluntariamente a relação fiduciária, excepto nos termos previstos no acto constitutivo do *Trust*, mediante autorização judicial ou o consentimento do conjunto de beneficiários, se tiverem capacidade negocial de exercício[90]. Em verdade, o acto constitutivo do *Trust* tem, muitas vezes, uma cláusula que permite ao *trustee* renunciar a sua função[91]. Por outro lado, o *trustee* é susceptível de ser afastado da sua função nos termos previstos no acto constitutivo do *Trust* ou, ainda, por decisões dos tribunais[92].

Veremos ainda neste trabalho, que os deveres do *trustee* no que diz respeito aos beneficiários são múltiplos, como, principalmente, o dever de tomar posse e gerir activamente os bens detidos em *Trust*, respeitar as imposições do seu acto constitutivo relativo às distribuições de rendimentos, ou a política de investimento, e também emitir relatórios regulares relativos a sua gestão de capitais[93].

Contudo, e apesar dos vários deveres do *trustee*, o beneficiário não pode exigir que o *trustee* realize distribuições, e nem mesmo dar

---

[88] LEITE DE CAMPOS, Diogo; VAZ TOMÉ, Maria João. *A Propriedade Fiduciária (Trust), Estudo para a sua Consagração no Direito Português*. Coimbra: Almedina, 1999, p. 45.

[89] REUTLINGER, Mark. *Wills, Trusts, and Estates, Essencial Terms and Concepts*. Second Edition, New York: Aspen Publishers, 1998, p. 155.

[90] MENNEL, L. Robert. *Wills and Trusts in a Nutshell*. Second Edition, Minnesota: West Group, 2004, p. 208. *Vide* também: MASTERS, Colin. *The Powers and Duties of Trustees under English Law*. United Kingdom: Trusts & Trustees, Gostick Hall, Volume 2, Issue 1, 1996.

[91] LEITE DE CAMPOS, Diogo; VAZ TOMÉ, Maria João. *A Propriedade Fiduciária (Trust), Estudo para a sua Consagração no Direito Português*. Coimbra: Almedina, 1999, p. 45.

[92] Destaca-se, que o *settlor* pode no acto constitutivo do *Trust*, reservar-se do poder de remover o *trustee*. MENNEL, L. Robert. *Wills and Trusts in a Nutshell*. Second Edition, Minnesota: West Group, 2004, p. 211.

[93] TRIPET, François. *Trust Patrimoniaux Anglo-Saxons et Droit Fiscal Français*. Paris: Litec, 1989, p. 07. Cfr. PENNER, J. E., *The Law of Trusts*. Fifth Edition, Londres: Oxford University Press, 2006, p. 19.

instruções sobre a administração do *Trust*[94]. Com razão, o *trustee* fará as distribuições obedecendo exclusivamente as instruções contidas no acto constitutivo do *Trust*[95].

A partir do exposto, concluímos que o *trustee* não tem uma posição de domínio total e absoluto sobre os bens ou direitos constituídos em *Trust*, em virtude das limitações que lhe são impostas pelas regras da equidade. Tais regras lhe impõem um feixe de obrigações e de poderes, que o distinguem de outras figuras funcionalmente semelhantes[96].

Realmente, observa-se que apesar do administrador ser o real titular da *trust res*, não usufrui suas utilidades, ou melhor, não esta perante as vantagens que esta situação lhe conferiria no direito clássico: gozar da coisa, sem qualquer limitação e com exclusividade. Isto porque, a observância dos interesses económicos do beneficiário impõe ao *trustee* certos limites.

Dessa forma, se por um lado o administrador se encontra numa legítima condição de proprietário, por outro, efectivamente, à medida que crescem seus poderes, aumentam seus deveres, bem como as sanções que pode vir a sofrer no caso de violar a confiança depositada pelo *settlor*[97].

Por fim, devemos mencionar, que tal observação supra mencionada é de suma importância na análise da terceira parte de nosso trabalho, tendo em vista a sua responsabilidade tributária.

---

[94] *Vide* MASTERS, Colin. *The Powers and Duties of Trustees under English Law.* United Kingdom: Trusts & Trustees, Gostick Hall, Volume 2, Issue 1, 1996.

[95] TROST, Andreas. *El Trust en la Planificacion Fiscal Internacional.* Fiscalidad Internacional, Madrid, 2003, p. 601.

[96] *Vide* MASTERS, Colin. *The Powers and Duties of Trustees under English Law.* United Kingdom: Trusts & Trustees, Gostick Hall, Volume 2, Issue 1, 1996.

[97] *Vide* neste sentido FREIRE E ALMEIDA, Daniel. *Os Trusts – Securitization em Direito nos Estados Unidos da América.* Revista do Instituto de Pesquisas e Estudos, Bauru, v. 31, 2001, p. 319; MASTERS, Colin. *The Powers and Duties of Trustees under English Law.* United Kingdom: Trusts & Trustees, Gostick Hall, Volume 2, Issue 1, 1996.

3. O Beneficiário (*Cestui que Trust*)

Tema último que se põe nesta esfera, então, atine ao beneficiário, que é a pessoa intitulada para o benefício da propriedade do *Trust* e para quem os deveres do *trustee* são devidos[98]. Logo, indubitavelmente, é o beneficiário quem adquire o *equitable tittle* (benefícios). Outro comum termo utilizado para o "beneficiário do *Trust*" é "*cestui que trust*". Em breve rememoração, esse termo tem equivalência a menção histórica feita em tópico anterior, referente ao "*cestui que use*".

Oportuno, novamente mencionar aqui, que o beneficiário poderá ter outros papéis (*trustee* ou *settlor*) e que o *Trust* apenas se torna inválido, se o único *trustee* também for o único beneficiário[99].

Deve-se atentar também, neste ponto, que embora o conhecimento do *Trust* por parte do beneficiário e a sua aceitação não sejam necessárias, tal beneficiário deve ter capacidade para ser titular do *equitable title*, capacidade esta, idêntica àquela exigida para ter a titularidade do *legal title* (título legal)[100].

Nesse passo, poderá o *settlor* designar no acto constitutivo do *Trust*, concorrentemente ou sucessivamente, mais de um beneficiário, que podem ser pessoa singular ou colectiva[101]. Logo, qualquer pessoa ou entidade pode ser um beneficiário, incluindo indivíduos, corporações, associações ou unidades do governo[102].

Embora a ser detidamente analisado o tema, na esfera da classificação dos *Trust* (Capítulo III), aqui se deve destacar que existem dois tipos exclusivos de beneficiários: o beneficiário do *private trust* e o beneficiário do *trust charitable*.

---

[98] REUTLINGER, Mark. *Wills, Trusts, and Estates, Essencial Terms and Concepts*. Second Edition, New York: Aspen Publishers, 1998, p. 157.

[99] MENNEL, L. Robert. *Wills and Trusts in a Nutshell*. Second Edition. Minnesota: West Publishing Company, 2004, p. 213.

[100] MENNEL, L. Robert. *Wills and Trusts in a Nutshell*. Second Edition. Minnesota: West Publishing Company, 2004, p. 213.

[101] REUTLINGER, Mark. *Wills, Trusts, and Estates, Essencial Terms and Concepts*. Second Edition, New York: Aspen Publishers, 1998, p. 157; PENNER, J. E., *The Law of Trusts*. Fifth Edition, Londres: Oxford University Press, 2006, p. 16.

[102] WSBA. *Trusts*. Disponível em: http://www.wsba.org/media/publications/pamphlets/trusts.htm, Acesso em 3/2/2006.

Em breve menção a respeito, veremos em tal Capítulo, que se por um lado o *private trust* possui, quanto ao beneficiário, finalidades particulares, por outro, o *trust charitable* possui finalidades *charitable* (caritativas) e é constituído para o benefício de parcela expressiva da comunidade em geral.

Dentro das referidas distinções, ressalta-se que a ideia sobre "finalidades *charitable*" pode mudar de tempo em tempo, e de lugar para lugar, porém, sempre para áreas específicas como: Pobreza, Educação, Religião e áreas Governamentais[103].

Sob tal prisma, e para o que nos interessa na presente análise, os beneficiários de um *trust charitable*, não precisam ser previamente definidos, podendo o *settlor* apenas designar o fim caritativo para o qual criou o *Trust*.

A corroborar com esse raciocínio REUTLINGER (1998) define "*indefinite beneficiaries*", *in verbis*:

> "*Beneficiaries of a trust who are not specifically identified or identifiable as those to whom the benefits of the trust must pass*" [104].

Na verdade, beneficiários *charitable* definitivos apenas são permitidos quando constituídos para uma larga classe de beneficiários definidos pela sua necessidade. Em exemplo recente a respeito, foram criados diversos "*Tsunami Trust Fund (charitable)*" em benefício das vítimas do Tsunami.

De seu turno, o beneficiário de um *private trust* deve ser facilmente identificável, devendo ser determinado ou determinável para que o cumprimento do *Trust* seja exigível.

Obviamente, o *settlor* deve ter um certo cuidado ao definir, no acto constitutivo do *Trust,* quem são os beneficiários, quais são exactamente os benefícios de cada um deles e qual deles terá o direito de exigir do *trustee* o cumprimento do *Trust*[105]. Logo, a possibilidade de identificar o beneficiário a qualquer tempo deve ser real.

---

[103] MENNEL, L. Robert. *Wills and Trusts in a Nutshell*. Second Edition. Minnesota: West Publishing Company, 2004, p. 221-228.

[104] REUTLINGER, Mark. *Wills, Trusts, and Estates, Essencial Terms and Concepts*. Second Edition, New York: Aspen Publishers, 1998, p. 214.

[105] REUTLINGER, Mark. *Wills, Trusts, and Estates, Essencial Terms and Concepts*. Second Edition, New York: Aspen Publishers, 1998, p. 157.

Em verdade, deverá ser claro para o *trustee,* quem são os beneficiários (simultâneo ou sucessivo) e o conteúdo dos respectivos benefícios[106]. Aliás, se a descrição dos beneficiários for omitida, demasiadamente vaga ou indefinida, o *Trust* poderá não produzir os efeitos desejados pelo *settlor*[107].

Nesse contexto, a principal função do beneficiário de um *private trust*, é a de controlar o *trustee* para que ele cumpra os desejos do *settlor*[108].

Por fim, devemos mencionar que consente ao *settlor,* no momento da constituição do *Trust*, definir algumas condições importantes atinentes ao beneficiário, como[109]: atribuição do direito vitalício ao rendimento, submetendo-o, ou não a condição resolutiva; estipulação da cláusula de transmissão ulterior desse direito para o filho mais velho daquele, e assim sucessivamente; limitação da duração do direito do beneficiário à vida de outro sujeito ou a ocorrência de determinado evento futuro e incerto; atribuição do gozo do rendimento ou do capital em comunhão com outras pessoas, o gozo de um ou de outro, ou de parte dos mesmos, no caso de o potencial beneficiário ser seleccionado no âmbito de uma categoria de sujeitos definida no acto constitutivo do *Trust*. Ainda, o direito do beneficiário usar e gozar do bem pode ser submetidos pelo *settlor* à absoluta discricionariedade do *trustee*.

---

[106] LEITE DE CAMPOS, Diogo; VAZ TOMÉ, Maria João. *A Propriedade Fiduciária (Trust), Estudo para a sua Consagração no Direito Português*. Coimbra: Almedina, 1999, p. 46.

[107] REUTLINGER, Mark. *Wills, Trusts, and Estates, Essencial Terms and Concepts*. Second Edition, New York: Aspen Publishers, 1998, p. 157.

[108] Em breve exemplo, isso ocorre principalmente nos casos em que o beneficiário adquire os direitos benéficos após a ocorrência de uma circunstância superveniente determinada, ou seja, já estabelecida previamente no acto constitutivo do *Trust*. TROST, Andreas. *El Trust en la Planificacion Fiscal Internacional*. Fiscalidad Internacional, Madrid, 2003, p. 601.

[109] LEITE DE CAMPOS, Diogo; VAZ TOMÉ, Maria João. *A Propriedade Fiduciária (Trust), Estudo para a sua Consagração no Direito Português*. Coimbra: Almedina, 1999, p. 33. Neste sentido, GARRIGUES (2004) salienta que os direitos benéficos dos beneficiários podem variar de acordo com o tipo de *Trust*. Assim, poderá o beneficiário ter benefícios regulares e determinados previamente pelo *settlor*, ou, depender de uma discrição do *trustee* (que decidirá sobre a distribuição e a periodicidade dos rendimentos) e ainda, poderá haver uma condição suspensiva, criada pelo *settlor*, para que o beneficiário passe a ter direito de participar dos rendimentos *Trust*. GARRIGUES, Abelardo Delgado Pacheco. *Las Entidades en Atribuición de Rentas y el Régimen Fiscal de Partnerships y Trust en España*. Manual de Fiscalidad Internacional, Madri, 2004, p. 374.

Tais condições, aliás e por fim, são de extrema importância na análise da capacidade contributiva e da responsabilidade tributária do beneficiário sobre a *trust property*. Veremos na Parte III de nosso trabalho, que a responsabilidade tributária do beneficiário dependerá em grande parte, se os interesses benéficos concedidos a ele são fixos, irrevogáveis, temporários, discricionários, condicionais, actuais ou futuros.

SECÇÃO II
A estrutura objectiva do *Trust*

Resta, essencialmente, doravante, passar-se então a compreensão da estrutura objectiva do *Trust*. Tal estrutura contém elementos imprescindíveis para a válida criação do *Trust*.

Por necessário resumo a esse ponto de exame, veremos que a criação do *Trust* ocorre com a declaração de vontade do *settlor* em criar um *Trust* e com a consequente transferência da propriedade do *settlor* para o *trustee*.

1. *Trust Property*

Primeiramente, na edificação da estrutura do *Trust*, devemos necessariamente entender o conceito de *trust property*.

Nesse sentido, muito bem exprime a ideia REUTLINGER (1998), ao definir *trust property*, *in verbis*:

> *"The property that is held by the trustee in trust for the benefit of the trust's beneficiaries"* [110].

Tal expressão, no entanto, também é normalmente referida por: *trust res, trust corpus, the trust estate, the subject matter of the trust, the trust fund, the trust assets* ou *the trust principal*[111]. Assim, devemos

---

[110] REUTLINGER, Mark. *Wills, Trusts, and Estates, Essencial Terms and Concepts.* Second Edition, New York: Aspen Publishers, 1998, p. 214.

[111] Nesse particular, REUTLINGER (1998), ressalta que o *Trust principal* basicamente significa que a *res* será frequentemente dinheiro ou outra renda produzida sobre a propriedade.

46 A Tributação dos Trusts

mencionar desde já, que qualquer dessas expressões poderá ser utilizada no decorrer do presente trabalho.

Com efeito, a *trust property* é formada pelos bens ou direitos do *settlor* que são transferidos para um *Trust*, para que sejam administrados pelo *trustee* em favor de um ou mais beneficiários.

Para que exista uma relação de *Trust*, deverá necessariamente haver alguma "propriedade" individualizada pelo *settlor* e designada para o benefício de alguém[112]. Na verdade, a existência de um qualquer direito patrimonial afigura-se como sendo um requisito essencial[113].

Insta relembrar, neste ponto, que os bens ou direitos (propriedades do constituinte) após transferidos para um *Trust*, passam a ser uma propriedade dualística, onde o *trustee* terá o *legal title* e o beneficiário terá o *equitable title* (benefícios) da *trust property*.

Nesse contexto, a *trust property* deve revestir sempre natureza patrimonial. Logo, desde que seja alienável e determinável, a *res* do *Trust* pode ser qualquer bem ou direito, real ou obrigacional, tangível ou intangível, legal ou *equitable*[114]. Ainda, ressalta-se, que os bens que constituem o *Trust* podem ser de qualquer classe, se admite, por exemplo, que um *equitable estate (beneficio)* seja por sua vez objecto de outro *Trust (trust upon trust)*[115].

É de se destacar, por fim, que deverá haver, no acto constitutivo do *Trust*, a identificação exacta dos bens que passaram a conformar o património do *Trust*, não criando margens para qualquer dúvida.

2. A Declaração de Vontade

Outro elemento, imprescindível na criação válida do *Trust*, é a inequívoca declaração de vontade do *settlor*, que pode ser atestada

---

REUTLINGER, Mark. *Wills, Trusts, and Estates, Essencial Terms and Concepts*. Second Edition, New York: Aspen Publishers, 1998, p. 157.

[112] MENNEL, L. Robert. *Wills and Trusts in a Nutshell*. Second Edition. Minnesota: West Publishing Company, 2004, p. 195.

[113] LEITE DE CAMPOS, Diogo; VAZ TOMÉ, Maria João. *A Propriedade Fiduciária (Trust), Estudo para a sua Consagração no Direito Português*. Coimbra: Almedina, 1999, p. 39.

[114] MENNEL, L. Robert. *Wills and Trusts in a Nutshell*. Second Edition. Minnesota: West Publishing Company, 2004, p. 196.

[115] HAYTON, D.J, *The Law of Trusts*. London: Sweet e Maxwell, 1998, p. 101-103.

no momento em que este leva ao conhecimento do *trustee* sua vontade de constituir um *Trust*, caso o próprio *settlor* não seja o *trustee*.

Em regra, a mera declaração de vontade do *settlor* não é o suficiente para a constituição de um *Trust*. Com razão, a intenção secreta do *settlor* é insuficiente se não houver nenhuma outra indicação externa de sua vontade. Portanto, o *settlor* deve manifestar sua intenção de criar o *Trust* de uma maneira objectiva e determinada[116].

Nesse sentido, aliás, LEITE DE CAMPOS e VAZ TOMÉ (1999) discorrem que, para a criação de um *Express Trust,* é necessária a manifestação de vontade inequívoca de constituição do *Trust*. Salientam ainda, que deve verificar-se a "certeza de expressão" por parte do *settlor* ou do testador, em ordem a tornar claro que pretende constituir um *Trust*, além de usar termos despidos de ambiguidade[117].

Perceba-se, também e por fundamental, que para a validade do *Trust*, o *settlor* deve ter capacidade para manifestar sua vontade, não podendo essa vontade ser viciada por erro, dolo, coação ou por desejo de burlar a ordem jurídica[118].

Por fim, veremos em ponto específico (capítulo III, sobre a constituição do *Express Trust*) que a vontade do *settlor* criar o *Trust* em alguns casos, deve ser manifestada obrigatoriamente por escrito, através do *trust instrument*.

3. Transmissão dos Bens ou Direitos para o *Trustee*

Ante o até aqui examinado, ganha significativa importância a análise do último – porém não menos importante – elemento da estrutura objectiva do *Trust*.

Com efeito, após a declaração de vontade do *settlor* em constituir um *Trust*, é necessária a válida transferência pelo *settlor* dos bens ou direitos ao *trustee*.

---

[116] MENNEL, L. Robert. *Wills and Trusts in a Nutshell*. Second Edition. Minnesota: West Publishing Company, 2004, p. 192.

[117] LEITE DE CAMPOS, Diogo; VAZ TOMÉ, Maria João. *A Propriedade Fiduciária (Trust), Estudo para a sua Consagração no Direito Português*. Coimbra: Almedina, 1999, p. 37.

[118] CHALHUB, Melhim Namem. *Trust*. Rio de Janeiro: Renovar, 2001, p. 39.

48   *A Tributação dos Trusts*

Aliás, especial consideração assume a menção feita por MENNEL (2004), *in verbis*:

> *"The transfer of the res by the settlor to the trustee for the beneficiary's benefit creates a trust"* [119].

Nesse passo, sim, urge fique muito claro, que para haver uma transferência válida dos bens e direitos, património do *Trust*, o *settlor* deve ser realmente o titular (ou estar para isto autorizado) dos bens ou direitos que deseja transferir[120].

Deve-se atentar, também, que o *settlor* deverá ter capacidade legal para requerer tal transferência. De facto, um menor, incompetente ou outra pessoa que sofra de inabilidade legal, não poderá realizar uma transferência válida da propriedade[121].

Da mesma forma, tal transferência deve observar as normas respeitantes à alienação dos bens ou direitos, objectos do *Trust*. Em breve ilustração a respeito, quando o *settlor* decidir transferir propriedades imóveis ao *trustee*, as eventuais exigências quanto ao registo e publicação da transferência são necessárias.

Neste contexto, podemos afirmar que o *Trust* tem início quando no acto constitutivo, o *settlor* transferir estes bens ao *trustee* (que terá o *legal tittle*) para geri-lo em benefício de outrem (que terá a *beneficial tittle*)[122]. Logo, uma vez manifestada a vontade de constituir o *Trust* e transmitidas à titularidade dos bens ou direitos ao *trustee*, forma-se a *Trust property* e o *Trust* adquire vida[123].

Efectivamente, o funcionamento do *Trust* exige a pertinência dos bens ou direitos à esfera jurídica do *trustee*. Em verdade, de outro modo, este não poderia celebrar negócios jurídicos com terceiros que tivessem os bens ou direitos constituídos em *Trust* por objecto[124].

---

[119] MENNEL, L. Robert. *Wills and Trusts in a Nutshell*. Second Edition. Minnesota: West Publishing Company, 2004, p. 189.

[120] FREIRE E ALMEIDA, Daniel. *Os Trusts – Securitization em Direito nos Estados Unidos da América*. Revista do Instituto de Pesquisas e Estudos, Bauru, v. 31, 2001, p. 318.

[121] MENNEL, L. Robert. *Wills and Trusts in a Nutshell*. Second Edition. Minnesota: West Publishing Company, 2004, p. 192.

[122] FREIRE E ALMEIDA, Daniel. *Os Trusts – Securitization em Direito nos Estados Unidos da América*. Revista do Instituto de Pesquisas e Estudos, Bauru, v. 31, 2001, p. 319.

[123] CHALHUB, Melhim Namem. *Trust*. Rio de Janeiro: Renovar, 2001, p. 42.

[124] LEITE DE CAMPOS, Diogo; VAZ TOMÉ, Maria João. *A Propriedade Fiduciária (Trust), Estudo para a sua Consagração no Direito Português*. Coimbra: Almedina, 1999, p. 37.

Por fim, devemos lembrar, aqui, que o *trustee* e o beneficiário são titulares de faculdades distintas sobre os mesmos bens, onde o *trustee* tem o direito e a obrigação de administrar e até dispor dos bens (se necessário) e o beneficiário tem faculdades de gozo e fruição dos bens e direitos em *Trust*[125].

---

[125] BEILFUSS, Cristina González. *El Trust – La Instituición Anglo-Americana y el Derecho Internacional Privado Español*. Barcelona: Bosch, 1997, p. 22.

CAPITULO III

Constituição e Classificação do *Trust*

Como já antes sinalizado, o facto do *Trust* ter um conceito amplo e flexível propicia a sua constituição para vários propósitos. De facto, a instituição do *Trust* se baseia em um quadro jurídico de relações relativamente simples e que, devido a isso, pode dar lugar a uma multiplicidade de combinações[126].

Este enfoque nos permite a criação de uma infinidade de figuras jurídicas, constatando-se, assim, que o *Trust* pode ser considerado, sem dúvida, como método criativo e amplo para o bom emprego do património, em sua administração e disposição.

Os *Trusts* podem ser variadamente classificados e subdivididos. Logo, alguns *Trusts* podem aparecer em mais de uma categoria. A divisão básica ocorre entre *Private Trusts* e *Charitable ou Public Trust*. Por sua vez, os *Private Trusts* são divididos em *Express Trust* e *Implied Trust*[127].

Nesse contexto, insta destacar que o *Trust* é normalmente constituído através de um acto voluntário e intencional do criador (*settlor*), *inter vivos* ou *causa mortis* (*Trust testamentary*), o chamado *Express Trust*[128].

Contudo, os *Trusts* também podem ser constituídos em virtude de lei e sem nenhuma expressa intenção do *settlor* em criá-los, são

---

[126] BEILFUSS, Cristina González. *El Trust – La Instituición Anglo-Americana y el Derecho Internacional Privado Español*. Barcelona: Bosch, 1997, p. 39.

[127] MARTIN, Jill. E., *Modern Equity*. Fifteenth Edition. London: Sweet & Maxwell, 1997, p. 65.

[128] MARTIN, Jill. E., *Modern Equity*. Fifteenth Edition. London: Sweet & Maxwell, 1997, p. 65.

52 A Tributação dos Trusts

eles os *"Implied Trusts"* que se classificam em *Constructive Trust* e em *Resulting Trust* [129].

Em breve apanhado a respeito, o *Constructive Trust* é aquele criado *ex lege* ao invés de *ex voluntate*. É um *Trust* que surge por força da lei e mediante decisão dos tribunais, na existência de certas circunstâncias e independente da vontade das partes[130].

Neste passo, os *Constructive Trusts* podem ser definidos como um remédio, imposto pela equidade, com vistas a precluir a manutenção ou a afirmação da *equitable ownership* dos bens ou direitos por parte das pessoas que, por razões especiais, devem ser tratadas como *express trustees*, na medida que esta conservação ou afirmação da *equitable ownership* seriam sempre contrárias a algum princípio da equidade[131].

Do mesmo modo, os *Resulting Trusts* são constituídos por força de lei, na presença de indícios idóneos que revelem de maneira inequívoca, o conteúdo de uma vontade semelhante[132]. Com efeito, essa modalidade de *Trusts* é criada por tribunais quando há motivos para presumir que uma pessoa tenha pretendido constituir um *Express Trust*, mas que, por circunstâncias alheias a sua vontade, não chegou a formalizar o pacto, ou quando a transmissão da *equitable ownership* não é totalmente implementada[133].

É momento, logo, de enfatizarmos, que em nosso trabalho, abordaremos a constituição do *Express Trust*, que é o mais largamente utilizado, e traz a própria fonte constitutiva no instrumento do *Trust*[134]. Nesse sentido, todas as considerações seguintes referem-se ao *Express Trust*.

---

[129] REUTLINGER, Mark. *Wills, Trusts, and Estates, Essencial Terms and Concepts.* Second Edition, New York: Aspen Publishers, 1998, p. 146.

[130] GRETTON, L. George. *Constructive Trusts and Insolvency.* European Review of Private Law, Dordrecht, v. 8, nº 3, 2000, p. 463.

[131] LEITE DE CAMPOS, Diogo; VAZ TOMÉ, Maria João. *A Propriedade Fiduciária (Trust), Estudo para a sua Consagração no Direito Português.* Coimbra: Almedina, 1999, p. 62; No mesmo sentido, MENNEL, L. Robert. *Wills and Trusts in a Nutshell.* Second Edition, Minnesota: West Group, 2004, p. 245.

[132] SALVATORE, Vicenzo. *IL Trust – Profili di Diritto Internazionale e Comparato.* Univ. di Pavia studi nelle scienze giurid. e sociali, Padova, 1996, p. 11.

[133] CHALHUB, Melhim Namem. *Trust.* Rio de Janeiro: Renovar, 2001, p. 35.

[134] SALVATORE, Vicenzo. *IL Trust – Profili di Diritto Internazionale e Comparato.* Univ. di Pavia studi nelle scienze giurid. e sociali, Padova, 1996, p. 11; Cfr. REUTLINGER,

1. Constituição do *Express Trust*

O *Express Trust* pode ser considerado como "exemplo central ou núcleo do *Trust*" e caracteriza-se pela vontade expressa do *settlor* em constituir um *Trust*, bem como pelo estabelecimento explícito dos seus termos e condições[135].

Assim, a "certeza de vontade" de constituir o *Trust* deve resultar da interpretação da declaração do *settlor*, e os bens e direitos devem ser indicados com suficiente precisão. Ressalta-se, contudo, que poderá não haver indicação precisa das quotas beneficiais, uma vez que poderá esta, ser deixada a discricionariedade do *trustee*[136].

Deve-se atentar, também, que não é obrigatório que o *settlor* informe o beneficiário da existência do *Trust*, consequentemente, não é necessária a sua aceitação[137]. Por igual, não é imprescindível que o *settlor* informe o *trustee* para que o *Trust* tenha início, porém, a falha em notificar o *trustee* tende a indicar que o *settlor* não tinha finalizado ainda sua intenção em criar um *Trust* ou que o *settlor* não pretende criar o *Trust* naquele momento[138].

Por conseguinte, exemplificativamente, a constituição do *Express Trust*, podem ocorrer das seguintes formas[139]:

– Através de declaração do proprietário da *rés (settlor)*, dizendo que mantém a *rés* como *trustee*, para o beneficio de uma outra pessoa (o *settlor* aqui também será o *trustee*, porém o beneficiário será uma terceira pessoa);

Mark. *Wills, Trusts, and Estates, Essencial Terms and Concepts*. Second Edition, New York: Aspen Publishers, 1998, p. 146.

[135] PENNER, J. E., *The Law of Trusts*. Fifth Edition, Londres: Oxford University Press, 2006, p. 15.

[136] LEITE DE CAMPOS, Diogo; VAZ TOMÉ, Maria João. *A Propriedade Fiduciária (Trust), Estudo para a sua Consagração no Direito Português*. Coimbra: Almedina, 1999, p. 56.

[137] MENNEL, L. Robert. *Wills and Trusts in a Nutshell*. Second Edition. Minnesota: West Publishing Company, 2004, p. 213.

[138] MENNEL, L. Robert. *Wills and Trusts in a Nutshell*. Second Edition, Minnesota: West Group, 2004, p. 208.

[139] MENNEL, L. Robert. *Wills and Trusts in a Nutshell*. Second Edition. Minnesota: West Publishing Company, 2004, p. 190; PENNER, J. E., *The Law of Trusts*. Fifth Edition, Londres: Oxford University Press, 2006, p. 197.

54 *A Tributação dos Trusts*

– Através da declaração do proprietário da *rés* (*settlor*) e a transferência, durante a vida dele, da *rés* para uma outra pessoa como *trustee*, para o próprio benefício ou para o benefício de terceira pessoa (o *settlor* poderá designar-se beneficiário do *Trust*, exclusivo ou não);
– Declaração testamentária feita pelo *settlor*, para que após a sua morte, seja transferida a *rés* para um *trustee* em favor de um beneficiário;

Ressalta-se, que ao criar o *Trust*, devem ser obedecidas as formalidades requeridas por cada método. Assim, por exemplo, em uma transferência *inter vivos* de uma propriedade para um *Trust*, deve haver a intenção de doar e a entrega efectiva da propriedade. Porém, a criação do *Trust* via testamentária, obedecerá as exigências do Estatuto (regras) aplicável aos testamentos e deve haver a intenção testamentária do *settlor*[140].

Sob o prisma legal, o *Express Trust* pode ser constituído pelo *settlor* ao abrigo do princípio geral da liberdade de forma que, nesta sede, sofre escassas limitações, como a redução a escrito quando se tratar de imóveis ou de *Trust testamentary*[141].

Por evidente, as únicas exigências absolutas para a criação de alguns *Express Trusts* são a *trust property*, a intenção do *settlor* para que essa propriedade seja mantida por um *trustee* em *Trust* para o benefício de alguém, e ao menos a designação de um beneficiário da "*trust property*". De facto, o *trustee* é fundamentalmente necessário, porém, como visto, na falta de sua nomeação pelo *settlor*, poderá ser designado pelos Tribunais[142].

Todavia, a maioria dos *Express Trusts* são criados por escrito, para gerar efeitos *inter vivos* ou após a morte do constituinte[143].

---

[140] MENNEL, L. Robert. *Wills and Trusts in a Nutshell*. Second Edition. Minnesota: West Publishing Company, 2004, p. 190.

[141] LEITE DE CAMPOS, Diogo; VAZ TOMÉ, Maria João. *A Propriedade Fiduciária (Trust), Estudo para a sua Consagração no Direito Português*. Coimbra: Almedina, 1999, p. 31; MENNEL, L. Robert. *Wills and Trusts in a Nutshell*. Second Edition. Minnesota: West Publishing Company, 2004, p. 191.

[142] REUTLINGER, Mark. *Wills, Trusts, and Estates, Essencial Terms and Concepts*. Second Edition, New York: Aspen Publishers, 1998, p. 146.

[143] Em complemento *vide*: DEIANA. Anna Paola. *Paradisi Fiscali: Le Isole Del Canale*. Commercio Internazionale, Milano, n.19, 1995, p. 940.

Nesse sentido, destaque-se, que o documento que contém os termos do *Trust*, e as provisões detalhadas que estruturam a maneira como a propriedade deve ser administrada pelo *trustee* para o benefício dos beneficiários, é normalmente chamado de *trust instrument*[144].

É oportuno estudarmos, neste ponto, alguns temas pertinentes ao acto constitutivo do *Express Trust*, tais como: *Trust Instrument, Rule Against Perpetuites,* Formação de Património Separado e os Factores que levam à Constituição de um *Trust*. Passemos a eles:

a) *Trust Instrument*

Trata-se do instrumento personalizado com os termos do *Trust*, também conhecido por *"Trust Agreement"* ou *"deed of trust"*.

Lembramos, por propício, que o *Trust* não precisa ser necessariamente escrito, ao menos que seja por via testamentária ou que possua propriedades reais.

Tipicamente, o instrumento do *Trust* começaria pela transferência ou transmissão pelo *settlor* para o *trustee* da *trust property* descrita para as "seguintes" finalidades e sujeitos aos seguintes "termos" (geralmente, contêm todas as condições do *Trust*, como: as instruções ao *trustee* de como deverá proceder na administração da *trust property* e possíveis sucessores do *trustee*, as finalidades dos rendimentos e do capital, os poderes/deveres e a remuneração do *trustee*, bem como a duração do acordo, os beneficiários e seus respectivos interesses, e a lei que governará o *Trust*)[145].

De facto, o *settlor* poderá ajustar todos e quaisquer termos do *Trust*, de acordo com a sua vontade, desde que não seja contrário à Lei.

Ressalta-se que, embora o *trust instrument* possa servir como instrumento para transferência do título legal da propriedade do *settlor* para o *trustee*, a transferência do título legal deve obedecer aos procedimentos corretos de transferência para cada tipo de propriedade (terra, ações ou outro tipo de *trust property*)[146].

---

[144] PENNER, J. E., *The Law of Trusts*. Fifth Edition, Londres: Oxford University Press, 2006, p. 15.

[145] REUTLINGER, Mark. *Wills, Trusts, and Estates, Essencial Terms and Concepts*. Second Edition, New York: Aspen Publishers, 1998, p. 159.

[146] PENNER, J. E., *The Law of Trusts*. Fifth Edition, Londres: Oxford University Press, 2006, p. 15.

Por fim, conclui-se, que será elaborado um contracto que expressa formalmente a compreensão entre o *settlor* e o *trustee*. De facto, é através do *trust instrument* que o *trustee* aceita formalmente o *Trust* e que após isso, o beneficiário é notificado da existência do *Trust* recebendo normalmente uma cópia do *trust instrument*[147].

b) *Rule Against Perpetuites*

É a regra geral que proíbe os *settlors* de criarem *Trusts* perpétuos. A regra exige que os benefícios, dos beneficiários na *trust property*, devem ser conferidos, dentro de um determinado período do tempo[148].

c) Formação de Património Separado

A massa patrimonial (*trust property*) que deverá constituir o *Trust*, deve estar devidamente delimitada como um património separado, tanto dos bens do *settlor* como dos bens do *trustee*[149]. Destaca-se que, somente dessa forma, os beneficiários terão o controlo das actividades do *trustee* referente as suas diligências em cumprimento as instruções recebidas pelo *settlor*[150].

Não existe, portanto, possibilidade de confusão legal entre o património pessoal do *trustee* e aquele recebido *"in trust for"*, cada qual submetido a um regime jurídico próprio[151].

---

[147] MENNEL, L. Robert. *Wills and Trusts in a Nutshell*. Second Edition. Minnesota: West Publishing Company, 2004, p. 191.

[148] LEITE DE CAMPOS, Diogo; VAZ TOMÉ, Maria João. *A Propriedade Fiduciária (Trust), Estudo para a sua Consagração no Direito Português*. Coimbra: Almedina, 1999, p. 57; PENNER, J. E., *The Law of Trusts*. Fifth Edition, Londres: Oxford University Press, 2006, p. 63.

[149] LEMBO, Massimo. *Il Trust-L'orizzonte legislativo*. Rivista Di Dottrina e Giurisprudenza, Padova, Ano LXXIV, Maggio-Giugno, 1999, p. 427.

[150] TROST, Andreas. *El Trust en la Planificacion Fiscal Internacional*. Fiscalidad Internacional, Madrid, 2003, p. 599.

[151] STUBER, Walter Douglas. *A Legitimidade do "Trust" no Brasil*. Revista dos Tribunais, São Paulo, v.28, n° 76, p. 103-108, Out-Dez, 1989.

d) Factores que Levam a Constituição de um *Trust*

Perceba-se, também, que antes do *settlor* constituir um *Trust*, é aconselhável levar em consideração diversos factores e obrigações, incluindo[152]:

- Sua situação pessoal, como sua idade, saúde e seu *status* financeiro;
- Seu relacionamento com a família e as circunstâncias financeiras desta;
- Dados financeiros pessoais como: propriedade real e terras arrendadas, bem como a sua situação com impostos (alguns débitos ou obrigações);
- A finalidade do *Trust*;
- A quantidade e o tipo de propriedade que conterá o *Trust*;
- A duração do *Trust;*
- Os beneficiários e suas necessidades específicas, como também os beneficiários alternativos e a determinação das respectivas quotas beneficiais;
- Algumas circunstâncias que devem ser encontradas para o beneficiário receber os benefícios (por exemplo, alcançar uma determinada idade);
- As alternativas para dispor dos recursos, em casos não previstos no acto constitutivo ou em caso fortuito;
- O *trustee*, *co-trustees* e os possíveis substitutos destes, bem como seus poderes e deveres específicos;
- As circunstâncias em que deve funcionar o *Trust*, bem como outras diversas situações que o *settlor* desejar constar no *trust instrument*;
- A inalienabilidade, às acumulações e a ausência de intenção de prejudicar credores.

Com efeito, após a declaração de vontade do *settlor* em constituir um *Trust*, é necessária a válida transferência pelo *settlor* dos bens ou direitos ao *trustee*.

---

[152] WSBA. *Trusts*. Disponível em: http://www.wsba.org/media/publications/ pamphlets/trusts.htm, Acesso em 3/2/2006; GARDNER, Simon. *An Introduction to the Law of Trusts*. Oxford University Press, UK, 2003.

2. Classificação dos *Express Trust*

Resta, essencialmente doravante, passar-se então, a compreensão das principais classificações que envolvem esse tipo de *Trust*.

Como já antes sinalizado, o *Express Trust* é aquele constituído por um acto voluntário do *settlor*, e que pode gerar efeitos *inter vivos* ou após a morte do *settlor* (*testamentary*).

Neste contexto, o *Express Trust* pode ser privado ou *charitable*, dependendo de sua finalidade e da natureza dos beneficiários. Em verdade, todo *Trust* que não é "*charitable*" é considerado "privado"[153].

Por conseguinte, o *Express Trust* pode ainda ser revogável (quando o *settlor* pode extinguir o *Trust*) ou irrevogável, *Fixed* ("*mandatory*" ou estrito, se o *trustee* deve agir de uma determinada maneira particularmente e deve distribuir toda renda do *trust*) ou discricionário[154].

Portanto, podem ser estabelecidas no acto de sua constituição combinações de acordo com a vontade do *settlor*. Dessa forma, por exemplo, um *Trust* irrevogável pode ser discricionário e ter sua origem testamentária, enquanto um *Trust inter vivos* pode prever sua revogabilidade e ser *mandatory* ou estrito[155].

2.1. *Trust Inter Vivos* ou *Trust Testamentary*

No âmbito da criação do *Trust*, concebe-se, que o *Trust* pode ser criado para gerar efeitos durante a vida do *settlor* ou após a sua morte.

O maior significado de tal distinção, refere-se as formalidades para sua criação.

---

[153] REUTLINGER, Mark. *Wills, Trusts, and Estates, Essencial Terms and Concepts.* Second Edition, New York: Aspen Publishers, 1998, p. 146.

[154] REUTLINGER, Mark. *Wills, Trusts, and Estates, Essencial Terms and Concepts.* Second Edition, New York: Aspen Publishers, 1998, p. 146.

[155] TRIPET, François. *Trust Patrimoniaux Anglo-Saxons et Droit Fiscal Français.* Paris: Litec, 1989, p. 05.

a) *Trust Inter Vivos*

Os *Trusts inter vivos* ou *living trust* são criados para gerar efeitos durante a vida do *settlor*[156].

Tais *Trusts* são usados extensamente, porque permitem que o *settlor* designe um *trustee* para fornecer uma gestão profissional do seu património, para seu próprio benefício ou para o benefício de terceiros[157].

Contudo, como vimos, poderá o *settlor* na constituição de um *Trust inter vivos* pretender ser também o *trustee*. Neste caso, o *settlor* deve definir claramente no acto constitutivo do *Trust*, a *res* que constituirá a *trust property*, seus beneficiários e os respectivos benefícios, e ainda, a sua qualidade de *trustee*. Logo, de certa forma o *settlor* continua no controlo de seus bens.

Obviamente, e por mais uma vez, deve-se destacar que o *Trust inter vivos* não precisa necessariamente ser escrito, ao menos que possua propriedades reais. Assim, se o *Trust* for constituído somente por bens móveis, rege o princípio da liberdade de forma[158].

b) *Trust Testamentary*

Normalmente, o *Trust testamentary* será constituído por escrito através do *trust instrument*, e à sua elaboração devem assistir duas testemunhas. Regem sobre ele, então, as disposições legais respeitantes ao testamento.

Perceba-se que, caso o constituinte não observe tais condições, o *Trust* é nulo e aplicar-se-ão as regras da sucessão legal[159]. Também cabe destacar-se, que o *Trust testamentary* poderá ser revogado ou ter suas cláusulas emendadas em qualquer momento antes da morte do *settlor*.

---

[156] REUTLINGER, Mark. *Wills, Trusts, and Estates, Essencial Terms and Concepts*. Second Edition, New York: Aspen Publishers, 1998, p. 149.

[157] WSBA. *Trusts*. Disponível em: http://www.wsba.org/media/publications/pamphlets/trusts.htm, Acesso em 3/2/2006.

[158] LEITE DE CAMPOS, Diogo; VAZ TOMÉ, Maria João. *A Propriedade Fiduciária (Trust), Estudo para a sua Consagração no Direito Português*. Coimbra: Almedina, 1999, p. 49.

[159] LEITE DE CAMPOS, Diogo; VAZ TOMÉ, Maria João. *A Propriedade Fiduciária (Trust), Estudo para a sua Consagração no Direito Português*. Coimbra: Almedina, 1999, p. 50 ; MENNEL, L. Robert. *Wills and Trusts in a Nutshell*. Second Edition. Minnesota: West Group, 2004, p. 250.

60 A Tributação dos Trusts

De facto, os *Trusts testamentary* são criados por vontade do *settlor* e devem conformar-se às exigências estatutárias que governam vontades. Logo, este tipo de *Trust* torna-se eficaz com a morte do *settlor* e é usado geralmente para conservar ou transferir riquezas[160].

Nesse passo, o objectivo principal desse tipo de *Trust* é o facto de que os direitos ou bens constituídos em *Trust* serão administrados por um *trustee* que é encarregado para realizar as distribuições aos beneficiários designados de acordo com as provisões do *Trust*[161].

Em termos práticos, pois, o *Trust testamentary* se revela extremamente útil como instrumento na preservação de heranças. Como exemplo, é muito comum a instituição desse tipo de *Trust* por pessoas que temem a inexperiência de seus filhos, que poderiam em pouco tempo, dilapidar tudo aquilo que a família amealhou[162].

Da mesma forma, tal *Trust* é instrumento eficaz para aqueles que tencionam a prática da caridade, mas temem que uma doação pura e simples não surta os efeitos pretendidos, afastando com isso os objectivos do doador. De sua face, o *Trust*, praticamente, afasta esse risco[163].

Aqui, sim, típico exemplo vivo sobre a importância do assunto, é a constituição através de um *Trust* testamentário em Portugal, da conhecida Fundação Calouste Gulbenkian. Através de um testamento o Sr. Calouste Sarkis Gulbenkian, súbdito Inglês, constituiu um *Trust*, nos termos de uma fundação, para adequar-se ao sistema jurídico português. Conforme seu testamento, as bases essenciais dessa Fundação seriam essencialmente aos fins de caridade, artísticos,

---

[160] Nesse sentido, WORTLEY (1962), *"Lê trust peut aussi se faire par testament, et alors il n'existe qu'au moment de la mort du testateur et, normalement, les exécuteurs testamentaires en seront les trustees"*. WORTLEY, B.A., *Le Trust et Sés Applications Modernes en Droit Anglais*. Revue Internacionale de Droit Comparé, Paris, Janv-Mars, 1962, p. 700; Em complemento *vide*: LUPOI, Maurizio. *The Development of Protected Trust Structures in Italy*. In: Hayton D. Extending the Boundaries of Trusts and Similar Ring--Fenced Funds, Kluwer law International, p. 85-93, 2002.

[161] WSBA. *Trusts*. Disponível em: http://www.wsba.org/media/publications/pamphlets/trusts.htm, Acesso em 3/2/2006.

[162] FONSECA, Rodrigo Garcia. *Considerações sobre o Trust (fidúcia) no Direito Comparado*. Revista Forense, Rio de Janeiro, v. 334, 1996, p. 164.

[163] FONSECA, Rodrigo Garcia. *Considerações sobre o Trust (fidúcia) no Direito Comparado*. Revista Forense, Rio de Janeiro, v. 334, 1996, p. 164.

educativos e científicos. Ademais, seria dirigida e administrada por *trustees*, designados naquele acto, sendo que os mesmos ficariam autorizados a fazer o necessário para que a Fundação tivesse valor jurídico nos países em que funcionasse, principiando por Portugal. Vale destacar, que para constituir o património da Fundação, o Sr. Gulbenkian incluiu todos os bens e valores que constituíam capital dos *Trusts* já criados por ele, ou que viriam a constituir capital dos *Trusts* por ele instituídos no testamento[164].

Em razão da origem inglesa do referido *settlor*, pode-se dizer que quanto ao Direito Inglês todas as fundações, independentemente do seu modo de constituição são administradas sobre a égide do *Trust*, o que nos parece similar neste caso.

Concluímos, que um *Trust testamentary* dá ao *settlor* o controlo substancial sobre a distribuição da propriedade, como também, possibilita uma maior protecção para sua família, pois que, a riqueza da família será gerida por um profissional, correndo um risco menor de uma futura degradação do património familiar. Por fim, tal *Trust* permite, que uma pessoa que deseje constituir um *Trust* com fins caritativos, tenha uma maior segurança na administração e no atendimento correcto de seus últimos desejos.

2.2. *Trust Charitable* ou *Private Trust*

Neste ponto, faremos um breve estudo sobre a classificação dos *Trusts,* no que se refere à destinação dos seus propósitos quanto aos beneficiários.

Dessa forma, veremos que o *Express Trust* poderá ser constituído *inter vivos* ou por via testamentária, para o benefício de particulares, já previamente determinados no acto constitutivo ou, poderá apontar interesses públicos ou caritativos, não visando assim, qualquer beneficiário específico e definido.

A relevância da presente classificação existe principalmente em relação a *Rule Against Perpetuites*, a indefinição dos beneficiários e, ainda, referente a vantagens tributárias que o *Charitable Trust* possui.

---

[164] FUNDAÇÃO CALOUSTE GULBENKIAN. *Testamento de Calouste Sarkis Gulbenkian, Cláusulas Relativas À Criação da Fundação*. Lisboa, 1953.

a) *Charitable* ou *Public Trusts*

Trata-se de um *Trust* que tem como finalidade a satisfação dos interesses públicos em geral, ou o benefício de parcela expressiva da comunidade, ou ainda um segmento do público (isso é um propósito *charitable*)[165].

Nesse passo, o *Trust Charitable* possui fins caritativos, onde o proveito económico dos bens administrados pelo *trustee* deve ser destinado à realização de interesses colectivos e que tenham utilidade para a sociedade em geral[166]. Perceba-se, sim, que a gestão do património neste tipo de *Trust*, não tem ânimo de lucro, mas o de atingir determinado fim[167].

As três diferenças mais importantes em relação ao *"private trust"* são primeiramente, que um *trust charitable* válido pode ter beneficiários indefinidos[168], depois, pode ter duração indefinida e ainda, pode ter vantagens tributárias.

Verifica-se, então, a única e exclusiva excepção à regra que estabelece o requisito da determinação exacta dos beneficiários[169]. De facto, o beneficiário pode não ter sido determinado no acto constitutivo do *Trust*. De outra parte, destaca-se, que os objectivos caritativos devem ser sempre certos e determinados[170].

---

[165] REUTLINGER, Mark. *Wills, Trusts, and Estates, Essencial Terms and Concepts.* Second Edition, New York: Aspen Publishers, 1998, p. 214. Cfr. MENNEL, L. Robert. *Wills and Trusts in a Nutshell.* Second Edition, Minnesota: West Group, 2004, p. 221. Devemos mencionar ainda, que o Instituto Português de Apoio e Desenvolvimento, através de *trust funds*, intervém em diversos programas em Moçambique levados a cabo por organizações multilaterais como o PNUD, a UNESCO e o Fundo Global Saúde do Banco Mundial. PORTUGAL. Instituto Português de Apoio ao Desenvolvimento. Disponível em: http://www.ipad.mne.gov.pt. Acesso em: 22.04.2007.

[166] LEITE DE CAMPOS, Diogo; VAZ TOMÉ, Maria João. *A Propriedade Fiduciária (Trust), Estudo para a sua Consagração no Direito Português.* Coimbra: Almedina, 1999, p. 54; CHALHUB, Melhim Namem. *Trust.* Rio de Janeiro: Renovar, 2001, p. 33.

[167] GARRIGUES, Abelardo Delgado Pacheco. *Las Entidades en Atribuición de Rentas y el Régimen Fiscal de Partnerships y Trust en España.* Manual de Fiscalidad Internacional, Madri, 2004, p. 374.

[168] REUTLINGER, Mark. *Wills, Trusts, and Estates, Essencial Terms and Concepts.* Second Edition, New York: Aspen Publishers, 1998, p. 214.

[169] LEITE DE CAMPOS, Diogo; VAZ TOMÉ, Maria João. *A Propriedade Fiduciária (Trust), Estudo para a sua Consagração no Direito Português.* Coimbra: Almedina, 1999, p. 54.

[170] WORTLEY, B.A., *Le Trust et Sés Applications Modernes en Droit Anglais.* Revue Internacionale de Droit Comparé, Paris, Janv-Mars, 1962, p. 701. Em complemento, devemos

Neste sentido, aliás, límpida a mensagem de HAYTON (1998), *in verbis*:

> *"The policy of upholding charitable trusts in the public interest means that charitable purposes need not be certain, as long as the settlor revealed a general charitable intention, and are valid even if consisting of pure abstract purposes which may continue for ever"* [171].

Por conseguinte, também reparo merece a menção feita por WORTLEY (1962), nestes termos:

> *" Les charitable trusts de cette nature, qui sont faits à perpétuité, ne sont pas soumis à l'impôt sur le revenu comme le sont les trusts privés; les charitable trusts se trovent ainsi dans une position nettement privilégiée"* [172].

Dessa forma, é possível vincular os bens ou direitos dos *Trusts Charitable* por tempo indeterminado, podendo ser perpétuos[173], em outras palavras, não são afectados pela *Rule Against Perpetuites*[174].

Deve-se atentar, também, que os *Charitable Trusts* estão subordinados ao acompanhamento de fiscais legais[175]. Assim, na administração dos *Charitable Trusts*, poderá ser incumbido um *Charity Commissioners,* com a missão de fiscalizar a sua contabilidade, prestar conselhos e dar assistência em sede de investimentos[176].

---

mencionar, que na Itália e Espanha entre os fins mais frequentes beneficentes dos *Charitable Trusts* estão: aliviar a pobreza dando assistência às classes sociais mais pobres; promover a religião; promover a educação; e para qualquer outro propósito de carácter colectivo geral ou local. Cfr. SALVATORE, Vicenzo. *IL Trust – Profili di Diritto Internazionale e Comparato*. Univ. di Pavia studi nelle scienze giurid. e sociali, Padova, 1996, p. 24; BEILFUSS, Cristina González. *El Trust – La Instituición Anglo-Americana y el Derecho Internacional Privado Español*. Barcelona: Bosch, 1997, p. 40.

[171] HAYTON, D.J., *The Law of Trusts*. London: Sweet e Maxwell, 1998, p. 103.

[172] WORTLEY, B.A., *Le Trust et Sés Applications Modernes en Droit Anglais*. Revue Internacionale de Droit Comparé, Paris, p. 699-710, Janv-Mars, 1962, p. 700.

[173] SALVATORE, Vicenzo. *IL Trust – Profili di Diritto Internazionale e Comparato*. Univ. di Pavia studi nelle scienze giurid. e sociais, Padova, 1996, p. 24.

[174] Sobre a *Rule Against Perpetuites vide* GOLDSWORTH, John. *The Rule Against Perpetuities*. United Kingdom: Trusts & Trustees, Gostick Hall, Volume 2, Issue 1, 1996.

[175] CHALHUB, Melhim Namem. *Trust*. Rio de Janeiro: Renovar, 2001, p. 33.

[176] LEITE DE CAMPOS, Diogo; VAZ TOMÉ, Maria João. *A Propriedade Fiduciária (Trust), Estudo para a sua Consagração no Direito Português*. Coimbra: Almedina, 1999, p. 55.

64 *A Tributação dos Trusts*

Neste ponto, deve ser recordado, o já citado exemplo da Fundação Calouste Gulbenkian, que trata-se de um *Trust testamentary* com a finalidade *charitable*[177].

Com efeito, devido aos fins sociais e caritativos a que se destina, para facilitar a sua constituição, são regidos por normas que não se aplicam aos *Private Trusts*, e possuem benefícios fiscais.

Por fim e de maneira salutar, admite-se o estabelecimento de um *Trust* em que a obrigação do *trustee* não consiste em administrar os bens para distribuir o rendimento ou o capital a um ou mais beneficiários com direitos previamente definidos, mas, antes, em os utilizar na realização de interesses públicos, sendo o *Trust* um instrumento idóneo para vincular a propriedade para essa finalidade[178].

b) *Private Trusts*

Tema último que se põe no presente ponto, então, atine aos *Trusts* constituídos para benefícios de pessoas que se encontram, geralmente, de algum modo, em uma qualquer relação com o *settlor*.

De início, insta destacar-se, que existem aqui limitações aos *Perpetual Private Trusts*. Logo, o *settlor* procura, por via de regra, preservar a pertinência dos bens ou direitos à sua família, durante o máximo período de tempo possível. Dessa forma, para evitar a alienação dos bens ou direitos, o *settlor* estabelece a condição de o beneficiário não dispor dos mesmos sob pena de ter lugar a sua transmissão a terceiros determinados pelo próprio *settlor*[179].

---

[177] Complementam LEITE DE CAMPOS e VAZ TOMÉ (1999) que enquanto mecanismo de destinação do património à realização de interesses de ordem pública, o *Trust* constitui, tanto na Inglaterra como nos Estados Unidos da América, uma alternativa à fundação e a *Charitable Corporation*. LEITE DE CAMPOS, Diogo; VAZ TOMÉ, Maria João. *A Propriedade Fiduciária (Trust), Estudo para a sua Consagração no Direito Português*. Coimbra: Almedina, 1999, p. 52.

[178] SALVATORE, Vicenzo. *IL Trust – Profili di Diritto Internazionale e Comparato*. Univ. di Pavia studi nelle scienze giurid. e sociali, Padova, 1996, p. 23.

[179] LEITE DE CAMPOS, Diogo; VAZ TOMÉ, Maria João. *A Propriedade Fiduciária (Trust), Estudo para a sua Consagração no Direito Português*. Coimbra: Almedina, 1999, p. 57. Complementarmente, devemos mencionar, que poderá o *Trust* classificar-se, também, em *Mixed Trust*. Nesse sentido, o *Trust* pode ter propósitos privados e ao mesmo tempo caritativos ou públicos. Logo, o *Trust* é separado em duas partes distintas, uma dedicada a caridade e outra dedicada a beneficiários particulares. Nos Estados Unidos, um Tribunal

2.3. *Trust* Revogável ou Irrevogável

Tema de extrema importância que se põe nessa esfera, então, atine ao carácter revogável ou irrevogável do *Trust*. Veremos, no decorrer de nosso trabalho, que a importância da revogabilidade do *Trust* está directamente ligada à análise Tributária do Instituto, tendo em vista o *Princípio da Capacidade Contributiva* dos sujeitos envolvidos.

O *Trust* pode ser parcialmente ou completamente revogável ou irrevogável, competindo apenas ao *settlor* essa definição[180]. Logo, o *settlor* tem a faculdade de estabelecer nos termos do *trust instrument*, a revogabilidade ou irrevogabilidade do *Trust*.

Melhor ilustrando, o *settlor* pode ter a capacidade de revogar o *Trust* com o intuito de finalizá-lo, e como decorrência, ter a *trust property* de volta. Ele pode também, reservar-se apenas de alguns poderes como por exemplo, o poder de substituir o *trustee* ou o poder de decidir as partes que cabem a cada beneficiário[181]. De seu turno, o *Trust* irrevogável não pode ser alterado ou terminado pelo *settlor* uma vez assinado o *trust instrument*.

É nesse passo, e então, que deve-se enfatizar que se o *settlor* tem o poder de revogar o *Trust*, os poderes de modificação dos seus termos podem ser expressos ou implícitos, levando em conta que ele continua, de certa forma, a ser o proprietário da *trust property*. Porém, se o *settlor* não tem tal poder, apenas podem ser modificadas as cláusulas do *Trust* expressamente e previamente autorizadas nos termos do *trust instrument*[182].

---

determinará a validade separadamente, de acordo com as regras respectivas para os dois tipos de *Trust*. Destaca-se, que se o *Trust* não puder ser considerado "*mixed*", ele pode inclusive ser considerado completamente nulo, caso não se encaixe nas exigências de um "*private trust*". REUTLINGER, Mark. *Wills, Trusts, and Estates, Essencial Terms and Concepts.* Second Edition, New York: Aspen Publishers, 1998, p. 215.

[180] MENNEL, L. Robert. *Wills and Trusts in a Nutshell.* Second Edition, Minnesota: West Group, 2004, p. 251.

[181] PENNER, J. E., *The Law of Trusts.* Fifth Edition, Londres: Oxford University Press, 2006, p. 18.

[182] PENNER, J. E., *The Law of Trusts.* Fifth Edition, Londres: Oxford University Press, 2006, p. 18.

66   *A Tributação dos Trusts*

Ressalta-se, nesse ponto, que o *trust instrument* deve ser explícito a respeito da revogabilidade ou não do *Trust*. Portanto, na falta de estipulação clara e expressa considera-se o *Trust Irrevogável*[183].

Em verdade, um *Trust* revogável é usado quando o *settlor* não quer perder o controlo permanente da propriedade em *Trust,* ou quer ficar atento de como será o mesmo administrado, ou ainda, quando o *settlor* não tem certeza da duração apropriada do *Trust*.

Essencialmente, constituindo um *Trust* revogável, o *settlor* poderá: adicionar ou retirar alguns recursos do *Trust* durante sua vida; mudar os termos e a maneira da administração do *Trust*; e, finalmente, reter o direito de transformar em *Trust* irrevogável em alguma momento futuro[184].

Em suma, desde já deve ser mencionado, que o *Trust* revogável está directamente relacionado com a responsabilidade tributária do *settlor*, pois que ele continua, de certa forma, com a capacidade contributiva sobre os bens ou direitos em *Trust*.

Já no caso do *Trust* irrevogável, o *settlor* não terá mais nenhuma capacidade contributiva em relação a *trust property*, a não ser que, seja o único ou um dos beneficiários do *Trust*.

É por demais oportuno, nesse passo, bem claro deixar-se, que o poder de revogação é um poder exclusivo do *settlor* e reservado somente por ele. Dessa forma, a distinção entre revogável e irrevogável existe somente para o *Trust inter vivos*. Isso ocorre porque, até o óbito do *settlor*, o *Trust testamentary* ainda não foi criado, embora a vontade de criar tal *Trust* seja revogável. Após a morte do *settlor* e a consequente criação do *Trust*, não há nenhuma pessoa que possa revogar o *Trust*[185].

---

[183] WSBA. *Trusts*. Disponível em: http://www.wsba.org/media/publications/pamphlets/trusts.htm, Acesso em 3/2/2006. *Vide* neste sentido, GARDNER, Simon. *An Introduction to the Law of Trusts*. Oxford University Press, UK, 2003. Cfr. MENNEL, L. Robert. *Wills and Trusts in a Nutshell*. Second Edition. Minnesota: West Group, 2004, p. 251.

[184] WSBA. *Trusts*. Disponível em: http://www.wsba.org/media/publications/pamphlets/trusts.htm, Acesso em 3/2/2006. *Vide* neste sentido, GARDNER, Simon. *An Introduction to the Law of Trusts*. Oxford University Press, UK, 2003.

[185] MENNEL, L. Robert. *Wills and Trusts in a Nutshell*. Second Edition, Minnesota: West Group, 2004, p. 251.

Por outro lado, um poder similar ao de "revogar" pode ser dado a outra pessoa que não o *settlor*. Trata-se do poder de "modificar" as cláusulas constantes no acto constitutivo do *Trust*.

Em arremate pertinente, vimos que a cláusula de revogabilidade permite também ao *settlor* realizar modificações no acto constitutivo do *Trust*. Resta saber, no entanto, se tal poder de modificação inclui da mesma forma o poder de revogação.

Nesse sentido, MENNEL (2004) assume a opinião que se o poder de modificação for ilimitado, deve ser interpretado para abranger também uma completa revogação[186].

2.4. *Discretionary Trust* ou *Fixed Trust*

Embora a ser detidamente analisado, quando estudarmos sobre os poderes discricionários do *trustee*, devemos fazer um breve paralelo entre estes dois tipos de *Trusts*.

Por primeiro, em um *Discretionary Trust* nenhum beneficiário específico é designado pelo *settlor*. Da mesma forma, os beneficiários não são nomeados a nenhum benefício, inclusive a qualquer direito que baste para sua sustentação[187].

Dessa forma, o *settlor* designa o *trustee* para definir o beneficiário. Ainda, o *trustee* na sua discrição, decide exactamente o quanto, se algum, da renda, capital ou ambos, será usado para o benefício dos beneficiários[188].

Destaque-se, também, que esse tipo de *Trust* é muito utilizado quando o *settlor* pretende deixar um património em *Trust* para seus filhos menores determinando algumas parcelas e deixando o ajuste destas à discrição do *trustee*[189]. Porém, MENNEL (2004) considera

---

[186] MENNEL, L. Robert. *Wills and Trusts in a Nutshell*. Second Edition, Minnesota: West Group, 2004, p. 251.

[187] MENNEL, L. Robert. *Wills and Trusts in a Nutshell*. Second Edition, Minnesota: West Group, 2004,p. 253.

[188] PENNER, J. E., *The Law of Trusts*. Fifth Edition, Londres: Oxford University Press, 2006, p. 50; MENNEL, L. Robert. *Wills and Trusts in a Nutshell*. Second Edition, Minnesota: West Group, 2004, p. 253.

[189] PENNER, J. E., *The Law of Trusts*. Fifth Edition, Londres: Oxford University Press, 2006, p. 50.

68

A Tributação dos Trusts

aconselhável que alguém de confiança da família do *settlor* possa supervisionar as distribuições[190].

De facto, a maior razão para dar a um *trustee* poderes discricionários é a facilidade que ele tem em responder as modificações circunstanciais[191].

Nesse contexto, em um *Discretionary Trust* nenhum indivíduo que está na classe de possíveis beneficiários, isto é, entre os quais o *trustee* pode exercer sua discrição, tem direito "individual" na *trust property*. Assim ocorre, até o momento em que o *trustee* realmente exercite sua discrição e declare que "tal" parte ou quantidade irão para àquele indivíduo[192]. Os possíveis beneficiários apenas têm uma expectativa em receber algum benefício do *Trust*.

Porém, o facto do *trustee* ter um poder discricionário não significa que ele não tenha limites. Obviamente, ele tem a obrigação de realizar seu poder sob os termos do *Trust,* e consequentemente, distribuir a *trust property*[193].

Em consequência do *trustee* ter, por vezes, uma discrição para seleccionar somente alguns dos possíveis beneficiários significa, é claro, que alguns não vão receber nenhum dinheiro, e que no caso, não serão realmente beneficiários do *Trust*. Por essa razão, veremos em cede de Tributação dos *Trusts*, que a responsabilidade tributária dos beneficiários de um *Trust*, dependerá, e muito, da designação de poderes discricionários ao *trustee,* tendo sempre em vista a sua Capacidade Contributiva.

Já no âmbito dos *Fixed Trust* (ou estrito ou *mandatory*), o beneficiário tem um actual direito fixo sobre parte averiguável da renda líquida, se alguma, do fundo do *Trust*, após a dedução das somas pagas pelo *trustee* no exercício de seu poder de administração e gerência[194].

---

[190] MENNEL, L. Robert. *Wills and Trusts in a Nutshell*. Second Edition, Minnesota: West Group, 2004, p. 253.

[191] PENNER (2006) exemplifica, *in verbis*: "*If one child gets married and has children of his own, it may be sensible to give that child more money*". PENNER, J. E., *The Law of Trusts*. Fifth Edition, Londres: Oxford University Press, 2006, p. 50.

[192] PENNER, J. E., *The Law of Trusts*. Fifth Edition, Londres: Oxford University Press, 2006, p. 50.

[193] PENNER, J. E., *The Law of Trusts*. Fifth Edition, Londres: Oxford University Press, 2006, p. 50.

[194] HAYTON, D.J., *The Law of Trusts*. London: Sweet e Maxwell, 1998, p. 46.

Logo, os direitos equitativos dos beneficiários encontram-se predefinidos no acto constitutivo do *Trust*[195]. Dessa forma, parte da *trust property* que o beneficiário receberá, é definida previamente no *trust instrument*. Entretanto, isto não significa que o beneficiário receberá um actual valor pecuniário. Por exemplo, um beneficiário pode ter sido designado para a renda da *trust property* enquanto que um outro beneficiário é designado para o capital (*legal title*) em um momento futuro. O segundo beneficiário sabe que tem um direito sobre a *trust property*, porém não é um direito actual[196].

Isso importa, substancialmente, para determinar o momento em que devem ser lançados, liquidados e cobrados determinados impostos incidentes sobre o beneficiário que não tem um direito actual sobre a propriedade do *Trust* e, portanto, não tem Capacidade Contributiva de imediato sobre tal património.

---

[195] LEITE DE CAMPOS, Diogo; VAZ TOMÉ, Maria João. *A Propriedade Fiduciária (Trust), Estudo para a sua Consagração no Direito Português*. Coimbra: Almedina, 1999, p. 58.

[196] PENNER, J. E., *The Law of Trusts*. Fifth Edition, Londres: Oxford University Press, 2006, p. 50.

CAPITULO IV

A Administração do *Trust*

Neste plano e já tendo sido precisamente analisada a Estrutura, Constituição e Classificação do *Trust,* oportuno e necessário, por conseguinte, abordarmos sobre sua peculiar Administração.

A administração do *Trust* consiste na conservação e gerência dos activos do *Trust* pelo *trustee,* durante o período de existência do *Trust*[197]. Analisando a sua administração, veremos que o *trustee* titulariza grande liberalidade, porém necessária, sobre os bens do *Trust.*

De facto, para que ocorra uma administração adequada dos bens ou direitos constituídos em *Trust,* é fundamental que a titularidade da *res* esteja sob o domínio do *trustee,* pois que só assim terá ele a capacidade material de cumprir os objectivos propostos pelo *Trust.*

Ora, notório se revela que não poderia o administrador se sujeitar aos caprichos do beneficiário na execução de seu *munus.* Assim, desprendendo-se deste, tem o *trustee* a total liberdade para direccionar a *trust property* aos fins que melhor convier aos interesses económicos do *cestui que trust.* Para tanto, não pode carecer de aprovação[198].

---

[197] REUTLINGER, Mark. *Wills, Trusts, and Estates, Essencial Terms and Concepts.* Second Edition, New York: Aspen Publishers, 1998, p. 221.

[198] GOMES (2000), complementa, que com a titularidade da *res* sob seu domínio, consegue o *trustee* responder rapidamente aos estímulos do mercado, onde a circulação de bens e capitais dá-se em alta velocidade. De facto, qualquer burocracia na transação, principalmente decorrente da eventual discordância do beneficiário, poderia acarretar graves prejuízos ou, na melhor das hipóteses, a perda de uma boa ocasião para se ganhar elevados lucros. GOMES, Ana Cláudia Nascimento. *A Propriedade Jurídica e a Propriedade Económica no Trust.* Working Paper de Mestrado, Universidade de Coimbra, Coimbra, 2000, p. 08.

72   *A Tributação dos Trusts*

Propícia a menção aqui que, em razão dessa liberdade de acção existente na administração exercida pelo *trustee*, deriva um leque de deveres e poderes que lhe cabem obrigatoriamente seguir, ora porque é obrigado pelo acto constitutivo, ora pela lei ou, ainda, pelos princípios da equidade[199].

Com efeito, buscaremos os principais critérios que o *trustee* deve adoptar na administração dos bens ou direitos constituídos em *Trust*, relevantes para a compreensão e estudo de sua Tributação.

SECÇÃO I
Poderes e Deveres do *Trustee*

Indubitavelmente, os poderes, deveres e a responsabilidade do *trustee* encontram-se estreitamente vinculados entre si[200]: na medida em que aumentam seus poderes, veremos que seus deveres crescem vertiginosamente.

Evidente que a responsabilização do *trustee* passa a existir quando este rompe os deveres que sobre ele recai[201].

A partir do momento em que o *trustee* tem o *"legal title"* da *trust property*, o *trustee* tem todos os direitos legais concernentes a tal propriedade. No entanto, o *trustee* deve agir de acordo com suas obrigações pessoais para exercitar o seu título de propriedade, conforme os termos do *Trust*[202].

---

[199] Leite de Campos, Diogo; Vaz Tomé, Maria João. *A Propriedade Fiduciária (Trust), Estudo para a sua Consagração no Direito Português*. Coimbra: Almedina, 1999, p. 97. No mesmo sentido, *vide*: Beilfuss, Cristina González. *El Trust – La Instituición Anglo-Americana y el Derecho Internacional Privado Español*. Barcelona: Bosch, 1997, p. 29; Chalhub, Melhim Namem. *Trust*. Rio de Janeiro: Renovar, 2001, p. 36.

[200] Nesse sentido, Mennel (2004), *in verbis*: *"A power is the negative form of a duty and may be derived from a duty"*. Mennel, L. Robert. *Wills and Trusts in a Nutshell*. Second Edition, Minnesota: West Group, 2004, p. 261.

[201] Mennel, L. Robert. *Wills and Trusts in a Nutshell*. Second Edition, Minnesota: West Group, 2004, p. 261.

[202] Penner, J. E., *The Law of Trusts*. Fifth Edition, Londres: Oxford University Press, 2006, p. 21.

Dessa forma, a fonte preliminar dos poderes e deveres do *trustee* é, normalmente, o *trust instrumet* do *Trust*. Porém, a escrita somente é obrigatória, como já visto, nos casos relacionados a propriedade real ou ao *Trust testamentary*. Nesse passo, os termos do *Trust* podem expressamente ou implicitamente, conceder ou impor, os poderes ou deveres do *trustee*[203].

De facto, a administração dos bens que constituem o *Trust* é desempenhada de forma independente pelo *trustee* e com ampla discricionariedade nas decisões que toma a respeito de como empreender tal administração[204]. Ora, como se analisará no decorrer do presente Capítulo, os poderes discricionários do *trustee* são limitados apenas pela finalidade do *Trust* e pelos interesses dos beneficiários.

SUB-SECÇÃO I

Poderes do *Trustee*

Os poderes do *trustee* são as funções que ele está permitido e capacitado para desempenhar. Distinguem se, pois, dos deveres do *trustee*, que são as funções que o *trustee* "deve" executar[205].

Conforme já indicado, os poderes dos *trustees* podem ser expressos ou implícitos. Um poder expresso é explicitamente enumerado no *trust instrument,* na ordem judicial, ou em um Estatuto[206]. A seu turno, um poder é implícito quando sua existência for necessária ou altamente desejável para o apropriado funcionamento do *Trust* e,

---

[203] MENNEL, L. Robert. *Wills and Trusts in a Nutshell*. Second Edition. Minnesota: West Group, 2004, p. 261. Ainda, complementa REUTLINGER (1998), *in verbis*: "*Additionally, the law will infer additional powers and duties from the particular trust instrument's provisions or from the general law(decisional or statutory)*". REUTLINGER, Mark. *Wills, Trusts, and Estates, Essencial Terms and Concepts*. Second Edition, New York: Aspen Publishers, 1998, p. 222.

[204] FONSECA, Rodrigo Garcia. *Considerações sobre o Trust (fidúcia) no Direito Comparado*. Revista Forense, Rio de Janeiro, v. 334, 1996, p. 164.

[205] REUTLINGER, Mark. *Wills, Trusts, and Estates, Essencial Terms and Concepts*. Second Edition, New York: Aspen Publishers, 1998, p. 221; MARTIN, Jill E., *Modern Equity*. Fifteenth Edition. London: Sweet & Maxwell, 1997, p. 553.

[206] No Reino Unido o *Trustee Act 1925* determina poderes obrigatórios do *trustee*. MARTIN, Jill E., *Modern Equity*. Fifteenth Edition. London: Sweet & Maxwell, 1997, p. 553.

74   *A Tributação dos Trusts*

assim, pode ser deduzido que o *settlor* pretendeu a sua execução pelo *trustee*[207].

Ao *trustee* geralmente serão dados expressamente todos os poderes necessários para o cumprimento da finalidade do *Trust*. E provavelmente muitos que não são requeridos, mas são incluídos por justa causa[208].

1. Em Geral

De início, conforme já antes sinalizado, no uso de seus poderes, o *trustee* pode administrar a *trust property* livremente, sem a necessidade de obter o consentimento constante dos beneficiários[209]. Ressalte-se que, perante terceiros, o *trustee* surge como único titular.

De facto, na *Common Law*, o *trustee* tem o poder de livremente dispor dos bens ou direitos constituídos em *Trust* que, nesta perspectiva, em nada se distinguem dos restantes elementos do seu património pessoal. Em verdade, a sua titularidade jurídica é dotada de eficácia *erga omnes*, sendo uma autêntica titularidade *in rem*. Consequentemente, em princípio, tem legitimidade para praticar qualquer acto ou celebrar qualquer negócio enquanto seu titular[210].

Porém, ele é obrigado a administrar os bens de acordo com as condições e instruções determinadas pelo *settlor* no *trust intrument*[211]. Em verdade, os limites de sua actuação são fixados exactamente pela finalidade do *Trust:* a administração da *res* em proveito de outrem[212].

---

[207] REUTLINGER, Mark. *Wills, Trusts, and Estates, Essencial Terms and Concepts.* Second Edition, New York: Aspen Publishers, 1998, p. 222.

[208] REUTLINGER, Mark. *Wills, Trusts, and Estates, Essencial Terms and Concepts.* Second Edition, New York: Aspen Publishers, 1998, p. 222.

[209] *Vide* GARDNER, Simon. *An Introduction to the Law of Trusts.* Oxford University Press, UK, 2003, p. 247.

[210] *Vide* MASTERS, Colin. *The Powers and Duties of Trustees under English Law.* United Kingdom: Trusts & Trustees, Gostick Hall, Volume 2, Issue 1, 1996.

[211] FONSECA, Rodrigo Garcia. *Considerações sobre o Trust (fidúcia) no Direito Comparado.* Revista Forense, Rio de Janeiro, v. 334, 1996, p. 163.

[212] GOMES, Ana Cláudia Nascimento. *A Propriedade Jurídica e a Propriedade Económica no Trust.* Working Paper de Mestrado, Universidade de Coimbra, Coimbra, 2000, p. 10. FONSECA (1996) complementa, que apesar do *trustee* assumir a condição de proprietário dos bens, trata-se de uma propriedade limitada pelos termos do instrumento de constituição

Por conseguinte, o *trustee* deve exercer seus poderes sempre de forma responsável, eficaz, segura e mais económica com relação a administração do *Trust*. Além disso, deve sempre agir de acordo com o fim em vista, para qual foi estabelecido[213].

Ora, não deve o *trustee* agir de acordo com seus próprios interesses e, ainda, não deve o *trustee* obter lucro particular através do *Trust*[214].

Destaque-se também que, apesar do *trustee* se encontrar total e absolutamente vinculado ao *Trust*, apenas alguns de seus poderes devem forçosamente ser por si exercidos. De facto, muitos de seus poderes são discricionários, logo, o *trustee* tem a faculdade de livremente decidir sobre o exercício ou não dos mesmos, sem consultar os beneficiários[215].

Nesse contexto, se por um lado, os poderes do *trustee* são os criados expressamente no acto constitutivo do *Trust*, por outro lado, são todos os necessários para levar a efeito a intenção do *settlor*. Daí, os poderes implícitos do *trustee*, são todos os necessários à boa execução dos objectivos do *settlor* constantes no *trust instrument*[216].

Saliente-se, que normalmente o *trustee* exerce poderes quase absolutos sobre os bens em *Trust*, quando o interesse primordial do *settlor* é a realização de rendimentos por conta dos beneficiários e não a conservação de bens específicos[217].

---

do *Trust* (*trust agreement*, ou testamento), no qual estão delineados os parâmetros de acordo com os quais esse *trustee* deverá, obrigatoriamente actuar. FONSECA, Rodrigo Garcia. *Considerações sobre o Trust (fidúcia) no Direito Comparado*. Revista Forense, Rio de Janeiro, v. 334, 1996, p. 164.

[213] HAYTON, D.J., *The Law of Trusts*. London: Sweet e Maxwell, 1998, p. 138.

[214] HAYTON, D.J., *The Law of Trusts*. London: Sweet e Maxwell, 1998, p. 141.

[215] LEITE DE CAMPOS, Diogo; VAZ TOMÉ, Maria João. *A Propriedade Fiduciária (Trust), Estudo para a sua Consagração no Direito Português*. Coimbra: Almedina, 1999, p. 98. *Vide* também: MASTERS, Colin. *The Powers and Duties of Trustees under English Law*. United Kingdom: Trusts & Trustees, Gostick Hall, Volume 2, Issue 1, 1996. Ainda, nesse sentido, CHALHUB (2001), ressalta que a amplitude dos poderes discricionários aumenta o risco de abusos ou de uma inadequada administração, impondo ao *trustee* rigorosa observância dos deveres de lealdade e diligência. CHALHUB, Melhim Namem. *Trust*. Rio de Janeiro: Renovar, 2001, p. 49.

[216] TRIPET, François. *Trust Patrimoniaux Anglo-Saxons et Droit Fiscal Français*. Paris: Litec, 1989, p. 7.

[217] TRIPET, François. *Trust Patrimoniaux Anglo-Saxons et Droit Fiscal Français*. Paris: Litec, 1989, p. 7.

76 A Tributação dos Trusts

Posto tudo isso, cabe enfatizar-se, que os profissionais que aceitam ser *trustees* exigem, geralmente, a previsão no acto de *Trust* de todos e quaisquer poderes necessários ao *trustee* em todas as circunstâncias concebíveis[218].

Neste passo e por fim, é obrigação do *trustee* o cumprimento das tarefas com lealdade, diligência e boa-fé, nomeadamente quando as realiza profissionalmente[219].

2. Em Especial

a) O Poder de Venda, Arrendamento e Permuta

Por primeiro, insta destacar, que o poder de venda é normalmente atribuído ao *trustee* no *trust instrument*[220].

Logo, caso não expressamente concedido ao *trustee* e na ausência de qualquer proibição específica de venda no *trust instrument*, esse poder pode ser deduzido do dever do *trustee* de tornar os bens produtivos. Ainda, dependendo das circunstâncias no caso concreto, mesmo perante a consagração de uma proibição de venda, o Tribunal pode autorizar esse poder ao *trustee*[221].

Por igual, a intenção de não vender a propriedade também pode ser deduzida do *trust instrument*, de acordo com as circunstâncias que envolvem o carácter da propriedade ou os propósitos do *Trust*[222].

---

[218] *Vide* BOLEAT, David. *Who would be a Professional Trustee?*. United Kingdom: Trusts & Trustees, Gostick Hall, Volume 2, Issue 4, 1996; MARKHAM, Anthony. *Remuneration for professional trustees*. United Kingdom: Trusts & Trustees, Gostick Hall, Volume 1, Issue 8, 1995; TRIPET, François. *Trust Patrimoniaux Anglo-Saxons et Droit Fiscal Français*. Paris: Litec, 1989, p. 7.

[219] *Vide* BOLEAT, David. *Who would be a Professional Trustee?*. United Kingdom: Trusts & Trustees, Gostick Hall, Volume 2, Issue 4, 1996.

[220] MENNEL, L. Robert. *Wills and Trusts in a Nutshell*. Second Edition, Minnesota: West Group, 2004, p. 263; PETTIT, Philip H., *Equity and the Law of Trusts*. London: Butterworths, 1993, p. 440.

[221] LEITE DE CAMPOS, Diogo; VAZ TOMÉ, Maria João. *A Propriedade Fiduciária (Trust), Estudo para a sua Consagração no Direito Português*. Coimbra: Almedina, 1999, p. 101. No mesmo sentido, *vide*: MENNEL, L. Robert. *Wills and Trusts in a Nutshell*. Second Edition, Minnesota: West Group, 2004, p. 263; PETTIT, Philip H., *Equity and the Law of Trusts*. London: Butterworths, 1993, p. 440.

[222] MENNEL, L. Robert. *Wills and Trusts in a Nutshell*. Second Edition, Minnesota: West Group, 2004, p. 263.

Oportuna a menção aqui, que o poder de venda não é um poder discricionário totalmente ilimitado. Dessa forma, ao utilizar esse poder, o *trustee,* como bom administrador que se pressupõe ser, deve seguir algumas regras e agir de modo razoável e prudente. Portanto, deve obter um preço justo, procurando uma mais ampla exposição no mercado, aceitando apenas pecúnia ou formas de pagamentos razoavelmente garantidas[223].

Logo, o *trustee* tem o dever prioritário de obter o melhor preço para os beneficiários[224].

Destaque-se também, que o *trustee* não deve celebrar o contracto de compra e venda consigo mesmo ou com seus familiares mais próximos[225].

Por conseguinte, dependendo da finalidade do *Trust* o poder de arrendar ou alugar, também é frequentemente atribuído ao *trustee,* pois faz parte da administração dos bens[226].

Dessa forma, para o *trustee* que não tem estabelecido no acto constitutivo do *Trust* o poder de venda, o poder de arrendar representa uma boa alternativa àquela de vender, mas com o pesar de ter o problema da deterioração[227].

---

[223] MENNEL, L. Robert. *Wills and Trusts in a Nutshell.* Second Edition, Minnesota: West Group, 2004, p. 263. *Vide* também, BOLEAT, David. *Who would be a Professional Trustee?.* United Kingdom: Trusts & Trustees, Gostick Hall, Volume 2, Issue 4, 1996.

[224] MARTIN, Jill E., *Modern Equity.* Fifteenth Edition. London: Sweet & Maxwell, 1997, p. 557.

[225] MENNEL, L. Robert. *Wills and Trusts in a Nutshell.* Second Edition, Minnesota: West Group, 2004, p. 263.

[226] *Vide* GARDNER, Simon. *An Introduction to the Law of Trusts.* Oxford University Press,UK, 2003, p. 251 e ss. Cfr. MENNEL, L. Robert. *Wills and Trusts in a Nutshell.* Second Edition, Minnesota: West Group, 2004, p. 263.

[227] Todavia, surge com esse poder a questão de saber se poderá o *trustee* arrendar ou alugar por um período maior do que o prazo de duração do *Trust*, visto que, para terceiros, essa questão é de suma importância. Destaque-se, que o *Trust* típico envolve um direito vitalício ao rendimento por um período igual ao da duração do *Trust*. Dessa forma, o poder de arrendar bens por períodos superiores ao do *Trust* e ao da vida dos beneficiários do rendimento é, em geral, reconhecido pelos tribunais norte-americanos, ao *trustee*. LEITE DE CAMPOS, Diogo; VAZ TOMÉ, Maria João. *A Propriedade Fiduciária (Trust), Estudo para a sua Consagração no Direito Português.* Coimbra: Almedina, 1999, p. 101; *Vide* também: MENNEL, L. Robert. *Wills and Trusts in a Nutshell.* Second Edition, Minnesota: West Group, 2004, p. 264; MASTERS, Colin. *The Powers and Duties of Trustees under English Law.* United Kingdom: Trusts & Trustees, Gostick Hall, Volume 2, Issue 1, 1996.

78 *A Tributação dos Trusts*

Por fim, em breve apanhado a respeito, a permuta é consentida ao *trustee* desde que este tenha o poder de vender o bem e de comprar outro bem. Geralmente a permuta é considerada a melhor (por razões de natureza fiscal) ou a única (no caso de reorganização societária) forma de adquirir um novo bem[228].

b) Hipoteca ou Outra Constituição de Garantias Reais

Em suma a respeito, trata-se aqui do poder de constituir um empréstimo, apresentando em garantia real os bens ou direitos constituídos em *Trust*[229].

A hipoteca ou outra garantia real da *trust property* a fim de fixar um empréstimo para o *Trust* é raramente permitido, ou aconselhado. Normalmente, esse poder não é atribuído ao *trustee*, nem mesmo quando lhe foi atribuído o poder de venda[230]. Porém, a constituição de uma garantia real é, provavelmente, consentida em situações de emergência, em que não é possível obter autorização judicial prévia[231].

---

[228] Para MENNEL (1999), *"Each of the two parts is examined separately for conformity with the duties required os a trustee; if all are satisfied on both aspects, the exchange is permissible".* MENNEL, L. Robert. *Wills and Trusts in a Nutshell.* Second Edition, Minnesota: West Group, 2004, p. 266. Cfr. LEITE DE CAMPOS, Diogo; VAZ TOMÉ, Maria João. *A Propriedade Fiduciária (Trust), Estudo para a sua Consagração no Direito Português.* Coimbra: Almedina, 1999, p. 104. *Vide* também, MASTERS, Colin. *The Powers and Duties of Trustees under English Law.* United Kingdom: Trusts & Trustees, Gostick Hall, Volume 2, Issue 1, 1996.

[229] PETTIT, Philip H., *Equity and the Law of Trusts.* London: Butterworths, 1993, p. 443 e ss.

[230] MENNEL, L. Robert. *Wills and Trusts in a Nutshell.* Second Edition, Minnesota: West Group, 2004, p. 264. *Vide* também: GARDNER, Simon. *An Introduction to the Law of Trusts.* Oxford University Press, UK, 2003, p. 247 e ss. Em complemento *vide*: BUSSATO, Alessia. *La Figura Del Trust Negli Ordinamenti Di Common Law e Diritto Continentale.* Rivista Di Diritto Civile, p. 310-357, 1992, p. 310.

[231] LEITE DE CAMPOS, Diogo; VAZ TOMÉ, Maria João. *A Propriedade Fiduciária (Trust), Estudo para a sua Consagração no Direito Português.* Coimbra: Almedina, 1999, p. 102; Complementarmente, MENNEL (2004) destaca, que geralmente, os empréstimos ao *Trust* não são permitidos, mesmo sem garantias. Se assegurado, a probabilidade é que a quantidade pedida seja menor que o preço de venda da mesma propriedade. Embora seja comum a compra de propriedade sujeita a hipoteca, tais investimentos são considerados frequentemente impróprios para um *trustee,* na ausência da provisão específica autorizando ou direccionando isso. MENNEL, L. Robert. *Wills and Trusts in a Nutshell.* Second Edition, Minnesota: West Group, 2004, p. 265.

É de se destacar, por fim, que no caso do bem estar, originaria-
mente onerado em *Trust* com uma garantia real, o *trustee* tem a
faculdade, de um lado, de investir capital adicional do *Trust* neste
bem mediante o pagamento da dívida que ele garante e, de outro, de
o vender[232].

c) O Poder de Realizar Investimentos

Desde já, pois, deve ser enfatizado, que ao contrário dos poderes que vimos até o momento, o poder de investir é obrigatório e
intrínseco da Administração do *Trust*[233].

Nesse passo, os investimentos são necessários para que se cumpra o dever geral do *trustee* de tornar os bens produtivos, dando-lhes
melhor aproveitamento económico e financeiro, assim viabilizando a
realização do propósito do *Trust*[234]. Normalmente, o poder de controlo sobre a *trust property* é suficiente para significar também o poder
de investimento[235].

No entanto, o *settlor* pode igualmente limitar estes poderes, nomeadamente reservando-se um direito de recusa sobre os investimentos efectuados pelo *trustee*[236].

---

[232] LEITE DE CAMPOS, Diogo; VAZ TOMÉ, Maria João. *A Propriedade Fiduciária
(Trust), Estudo para a sua Consagração no Direito Português*. Coimbra: Almedina, 1999,
p. 102; MENNEL, L. Robert. *Wills and Trusts in a Nutshell*. Second Edition, Minnesota:
West Group, 2004, p. 265.

[233] MENNEL, L. Robert. *Wills and Trusts in a Nutshell*. Second Edition, Minnesota:
West Group, 2004, p. 265. *Vide* ROBILLIARD, John. *Powers of Investment in the
administration of trusts*. United Kingdom: Trusts & Trustees, Gostick Hall, Volume 1,
Issue 8, 1995; MASTERS, Colin. *The Powers and Duties of Trustees under English Law*.
United Kingdom: Trusts & Trustees, Gostick Hall, Volume 2, Issue 1, 1996.

[234] MENNEL, L. Robert. *Wills and Trusts in a Nutshell*. Second Edition, Minnesota:
West Group, 2004, p. 265; ROBILLIARD, John. *Powers of Investment in the administration of
trusts*. United Kingdom: Trusts & Trustees, Gostick Hall, Volume 1, Issue 8, 1995;
CHALHUB, Melhim Namem. *Trust*. Rio de Janeiro: Renovar, 2001, p. 50.

[235] MENNEL, L. Robert. *Wills and Trusts in a Nutshell*. Second Edition, Minnesota:
West Group, 2004, p. 265.

[236] TRIPET, François. *Trust Patrimoniaux Anglo-Saxons et Droit Fiscal Français*.
Paris: Litec, 1989, p. 07.

80 A Tributação dos Trusts

Para o melhor cumprimento do seu dever de investir, o *trustee* deve adoptar a diligência devida, agir com lealdade, diversificar e identificar os bens constitutivos do *Trust*[237].

Nesse contexto, destaca-se, que é o *trustee* quem vai optar pelo investimento que entender ser o melhor, limitando seu dever na finalidade principal do *Trust* e nas estipulações contidas em seu acto constitutivo[238]. Dessa forma, deverá agir com seu próprio discernimento, senso de oportunidade, responsabilidade, e finalmente tendo em vista a razoabilidade de seus actos de administração[239].

Portanto, se por um lado, o *trustee,* em princípio, tem o poder-dever de investir os bens constituídos em *Trust,* e de consequentemente, melhorar a posição dos beneficiários, por outro lado, ele tem a obrigação de actuar prudentemente, e abster-se de realizar investimentos especulativos que coloquem em risco os direitos dos mesmos[240].

Em referido contexto, a administração adequada dos bens ou direitos constituídos em *Trust* exige uma análise minuciosa e prudente do sistema financeiro geral, da situação de investimentos em que o *Trust* se encontra, do impacto do Direito fiscal na realização dos bens, na acumulação de rendimento e nas distribuições de rendimento ou de capital, em geral, e a determinados beneficiários, em especial. Em razão disso, o *trustee* tem amplos poderes para recorrer e remunerar técnicos competentes, não sendo além do mais, em princípio, responsável pelas faltas cometidas por estes quando haja contratado de boa fé[241].

---

[237] LEITE DE CAMPOS, Diogo; VAZ TOMÉ, Maria João. *A Propriedade Fiduciária (Trust), Estudo para a sua Consagração no Direito Português*. Coimbra: Almedina, 1999, p. 103; MENNEL, L. Robert. *Wills and Trusts in a Nutshell*. Second Edition, Minnesota: West Group, 2004, p. 265.

[238] HOOPER, Philip. *Investing Trust Funds - a Banker's View*. United Kingdom: Trusts & Trustees, Gostick Hall, Volume 2, Issue 4, 1996.

[239] CHALHUB, Melhim Namem. *Trust*. Rio de Janeiro: Renovar, 2001, p. 48.

[240] *Vide* ROBILLIARD, John. *Powers of Investment in the administration of trusts*. United Kingdom: Trusts & Trustees, Gostick Hall, Volume 1, Issue 8, 1995; BOLEAT, David. *Who would be a Professional Trustee?*. United Kingdom: Trusts & Trustees, Gostick Hall, Volume 2, Issue 4, 1996. Cfr. BEILFUSS, Cristina González. *El Trust – La Instituición Anglo-Americana y el Derecho Internacional Privado Español*. Barcelona: Bosch, 1997, p. 31.

[241] *Vide* GARDNER, Simon. *An Introduction to the Law of Trusts*. Oxford University Press, UK, 2003, p. 247 e ss. *Vide* BOLEAT, David. *Who would be a Professional Trustee?*.

Trust 81

Afinal, como já antes sinalizado, o *trustee* deve ser profissional bastante especializado, com esplêndida habilidade financeira, e que provido de tal perícia, as probabilidades de se obter um resultado economicamente vantajoso, tornam-se vertiginosamente ampliadas[242].

d) O Poder de Realizar Benfeitorias

Por sua vez, a existência do poder de realizar benfeitorias depende da sua consagração expressa no acto constitutivo do *Trust*, ou da sua necessidade para realizar o fim do *Trust*[243].

Em verdade, este poder, mesmo que não previsto no acto constitutivo, é susceptível de ser concedido ao *trustee* pelo tribunal. De facto, uma benfeitoria pode ser vista como um investimento adicional no bem. Saliente-se, que pressupondo a benfeitoria como sendo um investimento, afigura-se necessária à observância de todos os deveres do *trustee* relativos a investimentos[244].

3. **Poderes Discricionários e** *Mandatory*

Em arremate pertinente, é hora, então, de ser analisado, porque já destacado (em sede de classificação dos *Trusts*), o poder discricionário ou *mandatory* do *trustee*.

Quando o *trustee* tem um poder *mandatory*, no caso de *Fixed Trust*, na verdade ele tem um poder e um dever simultaneamente,

---

United Kingdom: Trusts & Trustees, Gostick Hall, Volume 2, Issue 4, 1996. No mesmo sentido, LEITE DE CAMPOS, Diogo; VAZ TOMÉ, Maria João. *A Propriedade Fiduciária (Trust), Estudo para a sua Consagração no Direito Português*. Coimbra: Almedina, 1999, p.103.

[242] BOLEAT, David. *Who would be a Professional Trustee?*. United Kingdom: Trusts & Trustees, Gostick Hall, Volume 2, Issue 4, 1996.

[243] Em cotejo importante, melhorias são frequentemente diferentes de reparos, ao passo que as melhorias possuem um maior custo e uma maior tendência em aumentar a expectativa de vida do recurso melhorado. PETTIT, Philip H., *Equity and the Law of Trusts*. London: Butterworths, 1993, p. 448 e ss; MENNEL, L. Robert. *Wills and Trusts in a Nutshell*. Second Edition, Minnesota: West Group, 2004, p. 266.

[244] Em complemento, MENNEL (2004) alerta *in verbis*: *"The duty to diversify is the most likely duty to be breached by the improvement of a trust asset; there may also be a breach of the standard of care"*. MENNEL, L. Robert. *Wills and Trusts in a Nutshell*. Second Edition, Minnesota: West Group, 2004, p. 266.

82 A Tributação dos Trusts

pois que suas acções devem obedecer "obrigatoriamente" o instruído pelo *settlor* no *trust instrument*[245].

Portanto, o poder *mandatory* é obrigatório, em oposição ao puramente discricionário. Porém, às vezes, uma exigência geral para executar um poder (tal como distribuir a renda periodicamente) é *mandatory*, mas a maneira de execução (tal como para quem ele distribuirá a renda) pode ser deixada à discrição do *trustee*[246].

Com razão, ainda que o poder seja discricionário, o *trustee* deverá exercitar essa discrição de uma maneira apropriada[247].

A situação mais comum encontrada no *trust intrument* não é a ausência de um poder discricionário, mas, a amplitude desse poder concedida pelo *settlor* ao *trustee*[248].

Com efeito, pode ocorrer que o *settlor* queira conceder uma liberdade de actuação mais vasta ao *trustee*, onde o *trustee* terá a faculdade de decidir a periodicidade e o *quantum* da distribuição dos bens integrantes da massa patrimonial e dos rendimentos do capital aos beneficiários[249]. Destaque-se, também, que os poderes discricionários permitem ao *trustee* adaptar os *Trusts* às alterações supervenientes de determinadas circunstâncias de mercado.

---

[245] REUTLINGER, Mark. *Wills, Trusts, and Estates, Essencial Terms and Concepts*. Second Edition, New York: Aspen Publishers, 1998, p. 221.

[246] REUTLINGER, Mark. *Wills, Trusts, and Estates, Essencial Terms and Concepts*. Second Edition, New York: Aspen Publishers, 1998, p. 221.

[247] REUTLINGER, Mark. *Wills, Trusts, and Estates, Essencial Terms and Concepts*. Second Edition, New York: Aspen Publishers, 1998, p. 221.

[248] MENNEL, L. Robert. *Wills and Trusts in a Nutshell*. Second Edition, Minnesota: West Group, 2004, p. 266.

[249] TROST, Andreas. *El Trust en la Planificacion Fiscal Internacional*. Fiscalidad Internacional, Madrid, 2003, p. 600. Nesse sentido, LEITE DE CAMPOS e VAZ TOMÉ (1999), observam alguns motivos que levam o *settlor* a optar por designar esse poder ao *trustee*, primeiramente é a protecção dos beneficiários contra credores. O beneficiário não pode alienar a sua posição e os seus credores não a podem agredir. Depois, o *discretionary trust* destina-se a controlar beneficiários jovens e imprudentes, uma vez que não é aconselhável colocar grandes quantias à disposição desses sujeitos. Neste caso, o *trustee* lhe concede a quantia pecuniária que considerar adequada. Assim, independente de ser ou não o *settlor* simultaneamente o *trustee*, ele pode influenciar na selecção dos beneficiários e controlá-los, mas não pode o *settlor* influenciar o *trustee* de forma que este não exerça o seu poder discricionário. LEITE DE CAMPOS, Diogo; VAZ TOMÉ, Maria João. *A Propriedade Fiduciária (Trust), Estudo para a sua Consagração no Direito Português*. Coimbra: Almedina, 1999, p. 76.

Neste passo, alguns dos beneficiários podem ser totalmente ignorados pelo *trustee* na distribuição do rendimento ou do capital. Perceba-se, que o *trustee* exerce os seus poderes discricionários levando em consideração as circunstâncias existentes na ocasião (verifica, no momento, qual beneficiário está mais necessitado, quais são merecedores, entre outros) não sendo-lhe exigido que revele a motivação das suas decisões[250].

Por conseguinte, esses poderes discricionários são limitados apenas pelos interesses dos beneficiários, tendo em vista que o *trustee* deve actuar sempre com os interesses dos beneficiários em mente[251].

Essencialmente, destaca-se, que concedido tais poderes discricionários, a *equitable ownership* dos bens ou direitos não se encontra na titularidade directa de qualquer indivíduo durante um certo período de tempo[252].

Por fim, o *trust* discricionário poderá ser exaustivo, quando o rendimento tem que ser distribuído periodicamente (o *trustee* decide o *quantum* deverá receber cada beneficiário), ou não exaustivo, onde o *trustee* não é obrigado a distribuir a totalidade do rendimento do *Trust*, podendo neste caso, acumulá-lo ao capital do *Trust* durante um determinado período de tempo (período este que tem limitações legais)[253].

---

[250] *Vide* GARDNER, Simon. *An Introduction to the Law of Trusts*. Oxford University Press, UK, 2003, p. 247 e ss; Cfr. LEITE DE CAMPOS, Diogo; VAZ TOMÉ, Maria João. *A Propriedade Fiduciária (Trust), Estudo para a sua Consagração no Direito Português*. Coimbra: Almedina, 1999, p. 76-77; MARTIN, Jill E., *Modern Equity*. Fifteenth Edition. London: Sweet & Maxwell, 1997, p. 198.

[251] FONSECA, Rodrigo Garcia. *Considerações sobre o Trust (fidúcia) no Direito Comparado*. Revista Forense, Rio de Janeiro, v. 334, 1996, p. 164.

[252] MENNEL, L. Robert. *Wills and Trusts in a Nutshell*. Second Edition, Minnesota: West Group, 2004, p. 253.

[253] LEITE DE CAMPOS, Diogo; VAZ TOMÉ, Maria João. *A Propriedade Fiduciária (Trust), Estudo para a sua Consagração no Direito Português*. Coimbra: Almedina, 1999, p. 79.

3.1. Papel dos Tribunais

Primeiramente, devemos mencionar que, se a discrição é expressamente concedida pelo *settlor* ao *trustee*, o Tribunal (Corte) não pode interferir no exercício ou não exercício de tal poder, ao menos que a acção ou inacção do *trustee* ultrapasse os limites da razoabilidade (ou seja produto de desonestidade, de auto-favorecimento do *trustee*, ou favorecimento de terceiros que não o beneficiário)[254].

Nesse sentido, o *settlor*, ao conceder a discrição ao *trustee* no *trust instrument*, poderá ou não impor um padrão mediante o qual a razoabilidade do exercício do poder discricionário pelo *trustee* possa ser verificada. Embora, em ambos os casos (tendo ou não um padrão predefinido a ser seguido), apenas ocorrerá a intervenção judicial quando o acto do *trustee* for além do limite considerado razoável pelo Tribunal[255].

De facto, a existência de um padrão já predefinido no *trust instrument* poderá auxiliar o Tribunal na determinação de tal limite. Normalmente, não haverá interferência judicial, sendo permitido ao *trustee* o exercício de seu poder discricionário em sua totalidade. Assim, mesmo que o Tribunal possa ter agido de maneira distinta perante a mesma situação, será respeitada a decisão do *trustee,* se ele agir dentro dos limites[256].

Em ponteamento final a respeito, salienta-se que, no caso de dúvidas do *trustee* acerca da interpretação correcta do *trust instrument* ou, quando pelo transcurso do tempo e pelas circunstâncias, as instruções do acto constitutivo do *Trust* se tornarem obsoletas, pode o *trustee* se acudir dos Tribunais[257].

Poderá, por exemplo, o *trustee* requerer ao tribunal permissão para se afastar daquelas estipulações sobre a administração quando

---

[254] MENNEL, L. Robert. *Wills and Trusts in a Nutshell*. Second Edition, Minnesota: West Group, 2004, p. 267. Cfr. PETTIT, Philip H., *Equity and the Law of Trusts*. London: Butterworths, 1993, p. 452 e ss.

[255] MENNEL, L. Robert. *Wills and Trusts in a Nutshell*. Second Edition, Minnesota: West Group, 2004, p. 267.

[256] MENNEL, L. Robert. *Wills and Trusts in a Nutshell*. Second Edition, Minnesota: West Group, 2004, p. 267.

[257] PETTIT, Philip H., *Equity and the Law of Trusts*. London: Butterworths, 1993, p. 452 e ss.

Trust   85

estas não se apresentem em conformidade com os fins essenciais do *Trust* ou dos seus beneficiários, ou não tenham sido devidamente ponderadas pelo *settlor*[258].

As funções dos Tribunais em matéria de *Trust* são mais tutelares que jurisdicionais, e o instrumento do *Trust* não pode excluir a sua intervenção[259].

SUB-SECÇÃO II

Deveres do *Trustee*

Por primeiro, devemos observar que o *trustee* concorda em responsabilizar-se pelo *Trust*, e por igual, as obrigações deles são voluntariamente assumidas[260].

Complementa, porém, REUTLINGER (1998), *in verbis*:

> *"The functions of a trustee are mandatory (rather than merely discretionary) and that the trustee must carry"* [261].

Dessa forma, as obrigações do *trustee* encontram-se funcionalmente ligadas ao escopo do *Trust*, iniciando-se a partir *trust instrument*.

Logo, todos os deveres do *trustee* derivam primeiramente do acto constitutivo do *Trust*. Porém, além das obrigações contidas nas cláusulas do *trust instrument* (que devem ser as primeiras a serem consideradas), a jurisprudência e a lei deliberaram várias obrigações, que por igual, devem ser observadas pelo *trustee*[262].

---

[258] LEITE DE CAMPOS, Diogo; VAZ TOMÉ, Maria João. *A Propriedade Fiduciária (Trust), Estudo para a sua Consagração no Direito Português*. Coimbra: Almedina, 1999, p. 105.

[259] BEILFUSS, Cristina González. *El Trust – La Instituición Anglo-Americana y el Derecho Internacional Privado Español*. Barcelona: Bosch, 1997, p. 35.

[260] PENNER, J. E., *The Law of Trusts*. Fifth Edition, Londres: Oxford University Press, 2006, p. 19.

[261] REUTLINGER, Mark. *Wills, Trusts, and Estates, Essencial Terms and Concepts*. Second Edition, New York: Aspen Publishers, 1998, p. 223.

[262] LEITE DE CAMPOS, Diogo; VAZ TOMÉ, Maria João. *A Propriedade Fiduciária (Trust), Estudo para a sua Consagração no Direito Português*. Coimbra: Almedina, 1999, p. 107. No mesmo sentido: GARRIGUES, Abelardo Delgado Pacheco. *Las Entidades en Atribuición de Rentas y el Régimen Fiscal de Partnerships y Trust en España*. Manual de Fiscalidad Internacional, Madri, 2004, p. 375. Em complemento, REUTLINGER (1998) destaca,

86 A Tributação dos Trusts

Em prosseguimento, no exame do presente tópico, veremos que os principais deveres do *trustee* traduzem-se na conservação do controlo da *trust property*; na administração honesta do *Trust* a favor dos beneficiários; em assegurar a adequação dos investimentos dos fundos do *Trust*; na manutenção de um equilíbrio idóneo entre os beneficiários actuais e futuros; na manutenção da contabilidade organizada e na apresentação desta aos beneficiários que a solicitem; na distribuição correcta dos benefícios tendo em vista as respectivas quotas dos beneficiários; em não retirar qualquer proveito pessoal da administração do *Trust*; na ponderação sobre o exercício dos seus poderes, e, ainda, no seu exercício honesto[263].

Nesse contexto, merecido destaque é a opinião de BEILFUSS (1997), *in verbis*:

> *"el trustee tiene la faculdad y la obligación de las que debe rendir cuenta, de administrar, gestionar o disponer de los bienes según las condiciones del trust y las obligaciones particulares que la ley le imponga"* [264].

De facto, pode-se resumir esse leque de obrigações na seguinte assertiva: o *trustee* deve agir como se visasse particularmente todas

---

que no Reino Unido, certos *trusts e trustees* são regidos por estatutos especiais, que tem o controlo qualificado dos planos de retiradas do *Trust*. REUTLINGER, Mark. *Wills, Trusts, and Estates, Essencial Terms and Concepts*. Second Edition, New York: Aspen Publishers, 1998, p. 223.

[263] LEITE DE CAMPOS, Diogo; VAZ TOMÉ, Maria João. *A Propriedade Fiduciária (Trust), Estudo para a sua Consagração no Direito Português*. Coimbra: Almedina, 1999, p. 97; HAYTON, D.J., *The Law of Trusts*. London: Sweet e Maxwell, 1998, p. 132-133; REUTLINGER, Mark. *Wills, Trusts, and Estates, Essencial Terms and Concepts*. Second Edition, New York: Aspen Publishers, 1998, p. 221. No mesmo sentido TRIPET (1989) explica: *"...il doit prendre possession et gérer activement les biens détenus en trust en se comportant en bon père de famille, respecter les dispositions trustales concernant les distributions de revenus ou la politique d'investissement, et délivrer des rapports réguliers concernant sa gestion des capitaux. Les biens détenuns en trust doivent être séparés de ceux du trustee, et le trustee ne peut tirer de sa gestion un avantage autre que la rémunérátion prévue expressament dans l'acte de trust"*. TRIPET, François. *Trust Patrimoniaux Anglo-Saxons et Droit Fiscal Français*. Paris: Litec, 1989, p. 07. No mesmo sentido,

[264] BEILFUSS, Cristina González. *El Trust- La Instituición Anglo-Americana y el Derecho Internacional Privado Español*. Barcelona: Bosch, 1997, p. 36.

as vantagens económicas, sendo, contudo, tão cauteloso como se cuidasse de um património público[265].

Nesse passo, então, devemos mencionar, que ocorre a transgressão do *Trust* quando o *trustee* violar tais obrigações[266]. Dessa forma, no caso do *trustee* ultrapassar a margem de actuação delimitada pelo *settlor*, o *trustee* se encontrará em uma situação de incumprimento do *Trust*[267].

Afinal, deve ser destacado, que os deveres do *trustee* no que diz respeito aos beneficiários são múltiplos. Nesse sentido, não será consequentemente, exaurida nesse tópico, todas as possibilidades de deveres existentes em um *Trust*.

1. Em Geral

Desde já, pois, deve ser feito destaque, que a boa fé do *trustee* é presumida, tendo em vista que no *Trust* já se pressupõe a existência de uma relação de confiança[268].

Deve-se atentar também, que a essência do Instituto do *Trust* reside no conjunto de poderes e obrigações de natureza equitativa do *trustee*. Dessa forma, o *trustee* apenas tem obrigações para com os beneficiários, sendo compelido a cumpri-las pelo Direito da equidade[269].

Nesse passo, devemos mencionar que os *trustees* têm muitos deveres, estritos e onerosos. Entretanto, esses deveres podem ser moderados em sua extensão pelo *settlor* através do *trust intrument*.

---

[265] GOMES, Ana Cláudia Nascimento. *A Propriedade Jurídica e a Propriedade Económica no Trust*. Working Paper de Mestrado, Universidade de Coimbra, Coimbra, 2000, p. 10.

[266] MENNEL, L. Robert. *Wills and Trusts in a Nutshell*. Second Edition, Minnesota: West Group, 2004, p. 271.

[267] PETTIT, Philip H., *Equity and the Law of Trusts*. London: Butterworths, 1993, p. 448 e ss; TROST, Andreas. *El Trust en la Planificacion Fiscal Internacional*. Fiscalidad Internacional, Madrid, 2003, p. 600. No mesmo sentido *vide*: LENER, Raffaele. *La Circolazione del Modello del "trust" nel Diritto Continentale del Mercato Mobiliare*, Rivista delle società, Milano, a.34, n. 5, Settembre-Ottobre, 1989, p. 1053.

[268] *Vide* GARDNER, Simon. *An Introduction to the Law of Trusts*. Oxford University Press, UK, 2003, p. 247 e ss.

[269] LEITE DE CAMPOS, Diogo; VAZ TOMÉ, Maria João. *A Propriedade Fiduciária (Trust), Estudo para a sua Consagração no Direito Português*. Coimbra: Almedina, 1999, p. 106.

Assim, o *trust intrument* pode qualificar ou restringir os deveres do *trustee* tanto quanto o *settlor* desejar, desde que esses desejos não sejam incertos, ilegais ou contrários à política pública[270].

Assim, alguns dos deveres do *trustees* podem ser alterados ou até eliminados por instruções contidas no *trust intrument*. Porém, cláusulas de exoneração, que liberem os *trustees* de deveres considerados fundamentais, como o dever de lealdade, devem ser estreitamente consideradas em consonância com a política pública[271].

Em prosseguimento, salienta-se, que para a válida constituição do *Trust*, inicialmente o *trustee* tem o dever de assumir a titularidade e o controlo dos bens e direitos objectos do *Trust,* trazer e manter sob seu controlo a propriedade do *Trust,* que deve ser mantida separada de sua propriedade particular e de qualquer outra propriedade de que ele for *trustee*[272].

Sob o prisma legal, justa a preocupação do artigo 2º da Convenção de Haia sobre o Direito Aplicável aos *Trusts* e o seu Reconhecimento, ao com felicidade expressar, que o património do *Trust* constitui um verdadeiro património separado e nunca pode ser considerado como parte integrante do património do *trustee*[273].

Ora, notório se revela, que a separação do património é de grande importância e utilidade. Em exemplo pertinente, em caso de falência do *trustee*, os credores deste, não podem proceder contra os bens que o *trustee* administrar em *Trust*[274].

---

[270] HAYTON, D.J., *The Law of Trusts*. London: Sweet e Maxwell, 1998, p. 131; MENNEL, L. Robert. *Wills and Trusts in a Nutshell*. Second Edition, Minnesota: West Group, 2004, p. 271.

[271] REUTLINGER, Mark. *Wills, Trusts, and Estates, Essencial Terms and Concepts*. Second Edition, New York: Aspen Publishers, 1998, p. 224.

[272] HAYTON, D.J., *The Law of Trusts*. London: Sweet e Maxwell, 1998, p. 133. Complementa REUTLINGER (1998), *in verbis:" It may entail a simple assumption of physical possession or some formal transfer of title"*. REUTLINGER, Mark. *Wills, Trusts, and Estates, Essencial Terms and Concepts*. Second Edition, New York: Aspen Publishers, 1998, p. 225.

[273] Nesse sentido, *vide* o Artigo 2º da Convenção de Haia, *in verbis*: Article 2 *"A trust has the following characteristics – a) the assets constitute a separate fund and are not a part of the trustee's own estate"*. HCCH. *Convention on the Law Applicable to Trusts and on their Recognition*. Disponível em: http://hcch.e-vision.nl/index_en.php?act=conventions.text&cid=59. Acesso em: 13.03.2006.

[274] GARRIGUES, Abelardo Delgado Pacheco. *Las Entidades en Atribuición de Rentas y el Régimen Fiscal de Partnerships y Trust en España*. Manual de Fiscalidad Internacional, Madri, 2004, p. 375.

Posto tudo isso, após devidamente separado o património do *Trust* do seu particular ou de quaisquer outros *Trusts* de que também seja *trustee*, o *trustee* tem o dever de permanentemente conservá-los e dar-lhes administração compatível com a sua natureza[275].

Portanto, a natureza, a extensão e a fonte de cada um dos deveres do *Trust* devem ser conhecidas pelo *trustee*.

Com efeito, deve o *trustee* tomar conhecimento do conteúdo das cláusulas constantes do acto constitutivo do *Trust*, bem como do estado e das características dos bens ou direitos[276].

Normalmente, entre as obrigações principais do *trustee,* está a rigorosa obrigação de salvaguardar a *trust property*[277].

A corroborar com esse raciocínio, destaca PENNER (2006), *in verbis*:

> *"The trustee is not free to benefit whom he would like, like any other legal owner. His duty to exercise his power to give away the property only according to its terms is essence of any trust"* [278].

Nesse passo, outro dever de suma importância, trata-se do dever do *trustee* de promover todas as acções e execuções necessárias a protecção do património do *Trust* e a sua recuperação[279].

Dessa forma, a única justificativa relevante para a falta de propositura de uma acção judicial de condenação ou de execução de uma dívida, por parte do *trustee,* consiste na certeza fundada da sua total e absoluta inutilidade. Com razão, ao *trustee* compete o ónus da prova[280].

---

[275] CHALHUB, Melhim Namem. *Trust.* Rio de Janeiro: Renovar, 2001, p. 50.

[276] Neste passo, não é necessária a efectiva transmissão dos bens ou direitos para que ele tome essas primeiras providências, visto que isso faz parte do bom empenho e correcta administração do *trustee*. O cumprimento destes deveres depende das circunstâncias do caso concreto. O *trustee* tem também o dever de execução continuada, conservando os bens e gerindo os bens ou direitos durante o período de existência do *Trust*. LEITE DE CAMPOS, Diogo; VAZ TOMÉ, Maria João. *A Propriedade Fiduciária (Trust), Estudo para a sua Consagração no Direito Português*. Coimbra: Almedina, 1999, p. 107-108; MARTIN, Jill E., *Modern Equity*. Fifteenth Edition. London: Sweet & Maxwell, 1997, p. 511-512.

[277] MARTIN, Jill E., *Modern Equity*. Fifteenth Edition. London: Sweet & Maxwell, 1997, p. 512.

[278] PENNER, J. E., *The Law of Trusts*. Fifth Edition, Londres: Oxford University Press, 2006, p. 22.

[279] CHALHUB, Melhim Namem. *Trust.* Rio de Janeiro: Renovar, 2001, p. 51.

[280] *Vide* PETTIT, Philip H., *Equity and the Law of Trusts*. London: Butterworths, 1993, p. 448 e ss.

90   *A Tributação dos Trusts*

Por conseguinte, no caso de recusa injustificada ou de ilegitimidade do *trustee* para intentar acções judiciais contra terceiros por conta *do Trust,* reconhece-se legitimidade aos beneficiários para o fazerem[281]. Importante mencionar, por fim, que o património do *Trust* arca com os custos inerentes as acções intentadas pelo *Trust* ou contra o *Trust*[282].

2. Em Especial

Para o mesmo foco de estudos, revela-se de todo coerente, abordarmos sobre os deveres especiais do *trustee*.

Assim, os tópicos que se seguem descrevem os maiores deveres existentes no *Trust.*

a) Dever de Lealdade

Inicialmente, vale lembrarmos o significado da palavra *Trust,* ou seja, "confiança".

Neste passo, urge fique muito clara a importância da lealdade no relacionamento entre os sujeitos envolvidos no Instituto do *Trust.* Na verdade, podemos considerar a lealdade como o maior de todos os deveres do *trustee*[283].

Logo, a lealdade é dever fundamental, inerente, e o mais importante na relação jurídica do *Trust.* Não decorre, dessa forma, de qualquer cláusula escrita no *trust instrument*[284].

---

[281] LEITE DE CAMPOS, Diogo; VAZ TOMÉ, Maria João. *A Propriedade Fiduciária (Trust), Estudo para a sua Consagração no Direito Português.* Coimbra: Almedina, 1999, p. 108; MARTIN, Jill E., *Modern Equity.* Fifteenth Edition. London: Sweet & Maxwell, 1997, p. 513.

[282] *Vide* PETTIT, Philip H., *Equity and the Law of Trusts.* London: Butterworths, 1993, p. 448 e ss.

[283] Em complemento, MENNEL (2004) explica que: *"The duty is both positive- the duty to administer the trust solely for the benefit of the beneficiary- and negative- the duty not to deal with the beneficiary on the trustee's behalf without full disclosure and fair dealing".* MENNEL, L. Robert. *Wills and Trusts in a Nutshell.* Second Edition, Minnesota: West Group, 2004, p. 273.

[284] Dessa forma, ressalta-se que ao constituir um *Trust,* o *settlor* selecciona o *trustee* considerando as características fundamentais e pessoais do *trustee,* por exemplo, competência

Trust 91

Com razão, o dever de lealdade do *trustee* exige toda e qualquer renúncia particular[285]. De facto, o *trustee* não pode ter lucros pessoais advindos da sua administração do *Trust*[286].

Nesse passo, o *trustee* deve administrar a propriedade do *Trust* somente para os beneficiários designados e não pode usar o principal ou a renda do *Trust* para seu próprio benefício. Sendo assim, um *trustee* é proibido de comprar do *Trust* ou de vender sua própria propriedade ao *Trust*[287], e ainda, de usar os recursos do *Trust* para custear seus débitos pessoais[288].

Nesse sentido, e por evidente, o *trustee* viola o dever de lealdade simplesmente comprando, directa ou indirectamente activos do *Trust*. Embora o preço pago pelo *trustee* possa ser grandioso, ou até mais elevado do que o que seria obtido caso um terceiro comprasse, a violação ocorre. O argumento para tal rigor dessa abordagem é que o *trustee* tem o controlo sobre o modo e a publicidade da venda[289].

---

e a sua experiência potencial. MENNEL, L. Robert. *Wills and Trusts in a Nutshell*. Second Edition, Minnesota: West Group, 2004, p. 273. No mesmo sentido, *vide*: WSBA. *Trusts*. Disponível em: http://www.wsba.org/media/publications/pamphlets/trusts.htm. Acesso em 3/2/2006.

[285] BOLEAT, David. *Who would be a Professional Trustee?*. United Kingdom: Trusts & Trustees, Gostick Hall, Volume 2, Issue 4, 1996. No mesmo sentido *vide*: BUSSATO, Alessia. *La Figura Del Trust Negli Ordinamenti Di Common Law e Diritto Continentale*. Rivista Di Diritto Civile, p. 310-357, 1992, p. 312; RICHTER JR. Mario Stella. *Il Trust Nel Diritto Italiano Delle Società*. Milano: Giuffrè, Banca Borsa e Titoli di Credito, Vol. LI, p. 477-487, luglio- agosto, 1998, p. 484.

[286] MENNEL, L. Robert. *Wills and Trusts in a Nutshell*. Second Edition, Minnesota: West Group, 2004, p. 279. No mesmo sentido, REUTLINGER (1998) explica que inerente ao dever de lealdade está a proibição de "*self-dealing*", ou seja, do *trustee* tirar vantagens da *trust property*. REUTLINGER, Mark. *Wills, Trusts, and Estates, Essencial Terms and Concepts*. Second Edition, New York: Aspen Publishers, 1998, p. 224.

[287] MENNEL (2004) destaca, que as vendas de sua (*trustee*) própria propriedade ao *Trust* colocam problemas em determinar exactamente o que constitui o lucro do *trustee* relativo a venda feita. MENNEL, L. Robert. *Wills and Trusts in a Nutshell*. Second Edition, Minnesota: West Group, 2004, p. 276. Por igual, *vide* PENNER, J. E., *The Law of Trusts*. Fifth Edition, Londres: Oxford University Press, 2006, p. 19.

[288] *Vide* MASTERS, Colin. *The Powers and Duties of Trustees under English Law*. United Kingdom: Trusts & Trustees, Gostick Hall, Volume 2, Issue 1, 1996; WSBA. *Trusts*. Disponível em: http://www.wsba.org/media/publications/pamphlets/trusts.htm, Acesso em 3/2/2006.

[289] Completa ainda MENNEL (2004) "*... that even a subconscious desire that no other buyer be found must be defended against. It is not a defense to an action by the*

Dessa forma, o *trustee* não pode fazer indirectamente o que lhe é proibido fazer directamente e, a aquisição através de um intermediário, não exime a responsabilidade do *trustee* e a consequente violação do seu dever de lealdade[290].

Em referido contexto, vale mencionar, que se o *trustee* for *trustee* em vários *Trusts*, ele pode comprar de um *Trust* para o benefício de um segundo *Trust*, porém a compra e a venda devem ser justas a ambos os *Trusts*[291].

Por fim, merece enfoque, que a boa-fé do *trustee,* não impede que ele seja responsabilizado se ele agir de forma contrária ao pactuado no acto constitutivo do *Trust*[292]. Neste caso, a boa-fé apenas é relevante para eventualmente impedir a sua destituição, extinção ou a redução da remuneração[293]. Desta forma, o *trustee* deverá sempre considerar o exercício de seus poderes honestamente e da forma definida pelo *settlor*.

b) Dever de Administração

Da mesma forma que o dever de lealdade, o dever de administração também é obrigatório, inerente, e independente da sua consignação no acto constitutivo do *Trust*. Afinal, o *Trust* tem sua origem intimamente ligada a esse dever, além de ser considerado um dever

---

beneficiaries that the sale was fairly conducted by third persons or conducted by auction, since the third persons and auctioneers were chosen by the trustee". MENNEL, L. Robert. *Wills and Trusts in a Nutshell*. Second Edition, Minnesota: West Group, 2004, p. 275. *Vide* no mesmo sentido: MARTIN, Jill E., *Modern Equity*. Fifteenth Edition. London: Sweet & Maxwell, 1997, p. 589.

[290] Em complemento, MENNEL (2007) ressalta: "*Thus, if the trustee is no longer trustee or if heor she purchases from one who purchased from the trust , the sale will not be set aside or otherwise subject to attack unless it can be shown that the trustee used information gained while serving as trustee or had prearranged the purchase prior to the resignation or sale to the third party*". MENNEL, L. Robert. *Wills and Trusts in a Nutshell*. Second Edition, Minnesota: West Group, 2004, p. 276.

[291] MENNEL, L. Robert. *Wills and Trusts in a Nutshell*. Second Edition, Minnesota: West Group, 2004, p. 279.

[292] MENNEL, L. Robert. *Wills and Trusts in a Nutshell*. Second Edition, Minnesota: West Group, 2004, p. 275.

[293] LEITE DE CAMPOS, Diogo; VAZ TOMÉ, Maria João. *A Propriedade Fiduciária (Trust), Estudo para a sua Consagração no Direito Português*. Coimbra: Almedina, 1999, p. 110.

comum imposto ao *trustee,* em virtude do relacionamento existente no *Trust*[294].

A corroborar como esse raciocínio, o artigo 2°, letra c, da Convenção de Haia sobre o Direito Aplicável aos *Trusts* e o seu Reconhecimento, de 1985, deixa claro o dever de administração do *trustee, in verbis*:

> *Article 2 (...)A trust has the following characteristics –*
> *"c) the trustee has the power and the duty, in respect of which he is accountable, to manage, employ or dispose of the assets in accordance with the terms of the trust and the special duties imposed upon him by law"*[295].

Neste ponto, deve ser recordado que o *trustee* deve praticar todos os actos que são necessários para a realização do fim do *Trust* e dos interesses dos beneficiários[296].

Por conseguinte, o dever de administrar refere-se tanto as estipulações contidas no acto constitutivo do *Trust* como aos activos do *Trust* (*trust property*). Assim, o *trustee* é responsável pelo conhecimento e pelo cumprimento daquelas cláusulas, sendo também responsável pelos erros e omissões cometidas na administração da *trust property*[297].

É de se destacar, nesse passo e então, que o *trustee* não deve se colocar em uma posição onde exista a possibilidade de seus actos entrarem em conflito com seus deveres no *Trust*[298].

---

[294] MENNEL, L. Robert. *Wills and Trusts in a Nutshell.* Second Edition, Minnesota: West Group, 2004, p. 280.

[295] HCCH. *Convention on the Law Applicable to Trusts and on their Recognition.* Disponível em: http://hcch.e-vision.nl/index_en.php?act=conventions.text&cid=59. Acesso em 13.03.2006.

[296] MENNEL, L. Robert. *Wills and Trusts in a Nutshell.* Second Edition, Minnesota: West Group, 2004, p. 280.

[297] LEITE DE CAMPOS, Diogo; VAZ TOMÉ, Maria João. *A Propriedade Fiduciária (Trust), Estudo para a sua Consagração no Direito Português.* Coimbra: Almedina, 1999, p. 110. *Vide* também. MASTERS, Colin. *The Powers and Duties of Trustees under English Law.* United Kingdom: Trusts & Trustees, Gostick Hall, Volume 2, Issue 1, 1996; *Vide* LOVE, Victoria. *Caution Required on the Duty of Care in the UK Trustee Act 2000.* United Kingdom: Trusts & Trustees, Gostick Hall, Volume 8, Issue 2, 2002; MENNEL, L. Robert. *Wills and Trusts in a Nutshell.* Second Edition, Minnesota: West Group, 2004, p. 280.

[298] HAYTON, D.J., *The Law of Trusts.* London: Sweet e Maxwell, 1998, p. 133. No mesmo sentido *vide*: PENNER, J. E., *The Law of Trusts.* Fifth Edition, Londres: Oxford University Press, 2006, p. 19.

94   A Tributação dos Trusts

Deve-se atentar, também, que no caso do *settlor* constituir mais de um *trustee*, os poderes ou decisões devem ser exercidos unanimemente entre os *trustees*, ao menos que o instrumento do *Trust* autorize expressamente agir através da decisão da maioria[299].

Insta ainda enfatizar, que o dever geral de administrar é a fonte de muitos outros deveres especiais, porém, de alguns mais especificamente. Deste modo, pode-se dizer que os deveres de lealdade e de imparcialidade resultam de uma administração correcta do *Trust*. Os deveres de tornar os bens produtivos e de ter uma contabilidade organizada também podem ser traçados, a partir do dever geral de agir correctamente[300].

Por fim, merece enfoque, que os deveres do *trustee* para acumular os activos do *Trust*, preservar, fazê-los produtivos e distribuir tais activos de acordo com os termos do *Trust*, podem trazer problemas de administração que não são tratados especificamente pelo *trust instrument* ou por outros deveres do *Trust*. Dessa forma, o *trustee* pode pedir o conselho do Tribunal apropriado se está em dúvida[301].

---

[299] HAYTON, D.J., *The Law of Trusts*. London: Sweet e Maxwell, 1998, p. 133. Nesse sentido, REUTLINGER (1998) explica, que muitos dos poderes estão ligados ao conjunto de *trustees* de um escritório de *trustees* (*Office of trustee*), e podem ser exercidos por qualquer dos *trustees* do escritório. Porém, poderá existir poderes pessoais ligados a somente um *trustee* e que não podem ser exercidos por um sucessor, possivelmente porque existe um relacionamento especial com o *settlor* ou trata-se de uma especialidade do *trustee* nomeado. Nesse passo, os *trustees* de um *private trust* devem geralmente exercitar os seus poderes com base na unanimidade, considerando que os *trustees* de um *charitable trust* podem agir pela maioria dos votos. REUTLINGER, Mark. *Wills, Trusts, and Estates, Essencial Terms and Concepts*. Second Edition, New York: Aspen Publishers, 1998, p. 223.

[300] LEITE DE CAMPOS, Diogo; VAZ TOMÉ, Maria João. *A Propriedade Fiduciária (Trust), Estudo para a sua Consagração no Direito Português*. Coimbra: Almedina, 1999, p. 110; MENNEL, L. Robert. *Wills and Trusts in a Nutshell*. Second Edition, Minnesota: West Group, 2004, p. 281.

[301] MENNEL, L. Robert. *Wills and Trusts in a Nutshell*. Second Edition, Minnesota: West Group, 2004, p. 281. *Vide* também, BUSSATO, Alessia. *La Figura Del Trust Negli Ordinamenti Di Common Law e Diritto Continentale*. Rivista Di Diritto Civile, p. 310-357, 1992, p. 311.

c) Dever de Realização de Investimentos Produtivos

Trata-se do dever do *trustee* de, com segurança, controlar a *trust property* de tal forma que garanta um retorno razoável em forma de rendimento e/ou valorização do capital principal do *Trust*[302].

Aliás, nesse sentido é a definição de "investir" de MARTIN (1997), *in verbis*:

> *"To invest means to employ money in the purchase of anything from which interest or profit is expected"* [303].

Esse dever se encontra implícita ou explicitamente, na maioria dos *Trusts*. Assim, a função principal da maior parte dos *trustees* é a de controlar a *trust property* para o benefício de outros, e isso, consequentemente envolve o dever de controlar tal propriedade para que ela produza tal benefício. Porém, não é um dever básico e essencial do *Trust*[304].

Dessa forma, o *trustee* pode ser nomeado apenas para preservar determinado património e entregar o título ou a posse da propriedade após o acontecimento de algum evento, por exemplo, o beneficiário alcançar 21 anos. O dever específico do *trustee* para entregar bens imóveis, bens móveis ou intangíveis neutraliza o dever para fazê-los produtivos[305].

Observe-se, que o *trustee* deve sempre considerar os interesses dos beneficiários do rendimento sem deixar de lado os interesses do

---

[302] REUTLINGER, Mark. *Wills, Trusts, and Estates, Essencial Terms and Concepts.* Second Edition, New York: Aspen Publishers, 1998, p. 226; PENNER, J. E., *The Law of Trusts.* Fifth Edition, Londres: Oxford University Press, 2006, p. 21.

[303] MARTIN, Jill E., *Modern Equity.* Fifteenth Edition. London: Sweet & Maxwell, 1997, p. 514. *Vide* complementarmente sobre *Investment Trust* in: DE MARCHI, Giorgio. *L' Impresa Di Investimento Mobiliare.* Rivista Di Diritto Commerciale, p. 444- 465, 1954.

[304] MENNEL, L. Robert. *Wills and Trusts in a Nutshell.* Second Edition, Minnesota: West Group, 2004, p. 281; REUTLINGER, Mark. *Wills, Trusts, and Estates, Essencial Terms and Concepts.* Second Edition, New York: Aspen Publishers, 1998, p. 226.

[305] MENNEL, L. Robert. *Wills and Trusts in a Nutshell.* Second Edition, Minnesota: West Group, 2004, p. 281. Cfr. ROBILLIARD, John. *Powers of Investment in the Administration of Trusts.* United Kingdom: Trusts & Trustees, Gostick Hall, Volume 1, Issue 8, 1995. *Vide* LOVE, Victoria. *Caution Required on the Duty of Care in the UK Trustee Act 2000.* United Kingdom: Trusts & Trustees, Gostick Hall, Volume 8, Issue 2, 2002; CRILL, James. *A trustee's perspective on investment.* United Kingdom: Trusts & Trustees, Gostick Hall, Volume 1, Issue 10, 1995.

96   *A Tributação dos Trusts*

beneficiário do capital. Logo, o dever do *trustee* é agir razoavelmente entre eles. Por tais motivos, os investimentos devem produzir a renda, porém, manter o capital[306].

Nesse contexto, o dever de proceder a investimentos produtivos é, por via de regra, entendido numa perspectiva de praticabilidade e razoabilidade[307]. De facto, não é necessário tornar produtivo, todo e qualquer bem constituído em *Trust*[308].

Nesse sentido, límpida a mensagem de MENNEL (2004), *in verbis:*

> *"It is not necessary to make every penny of the trust funds productive. A reasonable amount of money can be retained in a checking account in order to pay current trust distributions and expenses"* [309].

Portanto, é permitido que o *trustee* mantenha um montante pecuniário razoável em depósito na conta corrente do *Trust*, com o intuito de pagar distribuições periódicas devidas e o pagamento das despesas decorrentes da administração do *Trust*.

Neste ponto, deve ser mencionado, que se dentre os activos do *Trust* existir um bem improdutivo (terra sem melhoramentos), o dever de fazê-la produtiva existe. Porém, isso não ocorre nos casos de bens móveis improdutivos, tal como antiguidades, que não precisam ser investidos[310]. De outro lado, se a propriedade improdutiva é dinheiro

---

[306] MARTIN, Jill E., *Modern Equity*. Fifteenth Edition. London: Sweet & Maxwell, 1997, p. 514; PENNER, J. E., *The Law of Trusts*. Fifth Edition, Londres: Oxford University Press, 2006, p. 21.

[307] WSBA. *Trusts*. Disponível em: http://www.wsba.org/media/publications/pamphlets/trusts.htm. Acesso em 3/2/2006. *Vide* ainda: MENNEL, L. Robert. *Wills and Trusts in a Nutshell*. Second Edition, Minnesota: West Group, 2004, p. 282; LOVE, Victoria. *Caution Required on the Duty of Care in the UK Trustee Act 2000*. United Kingdom: Trusts & Trustees, Gostick Hall, Volume 8, Issue 2, 2002; CRILL, James. *A trustee's perspective on investment*. United Kingdom: Trusts & Trustees, Gostick Hall, Volume 1, Issue 10, 1995.

[308] LEITE DE CAMPOS, Diogo; VAZ TOMÉ, Maria João. *A Propriedade Fiduciária (Trust), Estudo para a sua Consagração no Direito Português*. Coimbra: Almedina, 1999, p. 111.

[309] MENNEL, L. Robert. *Wills and Trusts in a Nutshell*. Second Edition, Minnesota: West Group, 2004, p. 281.

[310] MARTIN, Jill E., *Modern Equity*. Fifteenth Edition. London: Sweet & Maxwell, 1997, p. 514. Complementa MENNEL (2004), que quando existe expressa ou implícita provisão de tal dever, nos termos do *Trust*, e onde o *Trust* foi constituído para durar um longo prazo e com a instrução para pagar rendimentos ao beneficiário, será permitido ao *trustee* um tempo razoável para tornar a propriedade produtiva. Já no caso de bens imóveis primários

depositado em conta corrente, o *trustee* deve investir rapidamente, posto que o *trustee* não tem que vender ou arrendar para reinvestir[311].

Se um bem imóvel for comprado destinado para a moradia de um beneficiário, e que não produz consequentemente nenhuma renda, não é considerado investimento. Para fazer tal compra porém, o *trustee* deve ter sido autorizado pelo *settlor* expressamente[312].

Nesse contexto, o dever de realizar investimentos produtivos, impõe ao *trustee* a protecção da massa patrimonial do *Trust* através de investimentos autorizados no acto constitutivo do *Trust*[313].

O padrão a seguir para os investimentos permissíveis ao *trustee*, consiste primeiramente na observação das provisões do *Trust*, depois deve ser observada a lei e as jurisprudências[314]. Logo, ao *trustee* pode ser dado um largo poder de seleccionar investimentos através do *trust instrument*, ou na falta de instruções do *settlor*, a selecção dos investimentos poderá ser feita através dos investimentos autorizados pela lei geral[315].

Excepto quando seja impossível, ilegal ou pouco prático devido a uma mudança nas circunstâncias, as ordens do *settlor* (seja aumentando ou diminuindo os investimentos permissíveis) devem ser seguidas[316].

---

no qual não há nenhum dever do *trustee* para entregar o título do bem imóvel para um beneficiário, pode ser possível alugar a propriedade improdutiva (por exemplo, uma fazenda ou um lote de estacionamento da cidade), e assim, tornar tais propriedades produtivas. Perceba-se que o *trustee* normalmente venderia a propriedade ao invés de construir sobre ela. MENNEL, L. Robert. *Wills and Trusts in a Nutshell*. Second Edition, Minnesota: West Group, 2004, p. 281.

[311] MENNEL, L. Robert. *Wills and Trusts in a Nutshell*. Second Edition, Minnesota: West Group, 2004, p. 281.

[312] MARTIN, Jill E., *Modern Equity*. Fifteenth Edition. London: Sweet & Maxwell, 1997, p. 514.

[313] HAYTON, D.J., *The Law of Trusts*. London: Sweet e Maxwell, 1998, p. 133.

[314] MENNEL, L. Robert. *Wills and Trusts in a Nutshell*. Second Edition, Minnesota: West Group, 2004, p. 283.

[315] MARTIN, Jill E., *Modern Equity*. Fifteenth Edition. London: Sweet & Maxwell, 1997, p. 517.

[316] LEITE DE CAMPOS, Diogo; VAZ TOMÉ, Maria João. *A Propriedade Fiduciária (Trust), Estudo para a sua Consagração no Direito Português*. Coimbra: Almedina, 1999, p. 112; PETTIT, Philip H., *Equity and the Law of Trusts*. London: Butterworths, 1993, p. 448 e ss; GARDNER, Simon. *An Introduction to the Law of Trusts*. Oxford University Press, UK, 2003, p. 251 e ss; MENNEL, L. Robert. *Wills and Trusts in a Nutshell*. Second Edition, Minnesota: West Group, 2004, p. 283.

98 A Tributação dos Trusts

Neste passo, devem ser derradeiramente mencionados, deveres oriundos a serem obrigatoriamente observados pelo *trustee*: sempre preservar o capital do *Trust*; agir com prudência nos investimentos escolhidos, bem como o de verificar se os investimentos escolhidos lhe são permitidos pelo *settlor* no acto constitutivo do *Trust*; evitar todos aqueles investimentos considerados abusivamente arriscados; não retirar proveitos de especulações meticulosamente realizadas. Deste modo, deverá o *trustee* utilizar-se de maior prudência, se comparado com um investidor particular[317].

d) Dever de Identificação

Conforme já antes sinalizado, os bens ou direitos que formam a *trust property* devem configurar um património separado. Logo, o *trustee* deve manter a *trust property* separada de seu património pessoal[318].

Dessa forma, existem dois deveres que envolvem o dever de identificação. Primeiramente, os activos do *Trust* devem ser separados de todos os outros activos. Segundo, os activos devem ser claramente identificados como pertencentes a este *Trust*[319].

Por igual, os activos do *Trust* devem ser fisicamente separados dos activos pessoais pertencentes a terceiros ou a outros *Trusts*[320].

---

[317] LEITE DE CAMPOS, Diogo; VAZ TOMÉ, Maria João. *A Propriedade Fiduciária (Trust), Estudo para a sua Consagração no Direito Português*. Coimbra: Almedina, 1999, p. 114; ROBILLIARD, John. *Powers of Investment in the Administration of Trusts*. United Kingdom: Trusts & Trustees, Gostick Hall, Volume 1, Issue 8, 1995; REUTLINGER, Mark. *Wills, Trusts, and Estates, Essencial Terms and Concepts*. Second Edition, New York: Aspen Publishers, 1998, p. 225-226; PENNER, J. E., *The Law of Trusts*. Fifth Edition, Londres: Oxford University Press, 2006, p. 22.

[318] REUTLINGER, Mark. *Wills, Trusts, and Estates, Essencial Terms and Concepts*. Second Edition, New York: Aspen Publishers, 1998, p. 225. *Vide* também: PANICO, Paolo. *La Funzione del Trustee in Italia*. Il Trust nel Diritto delle Persone e della Famiglia, Milano, 2003, p. 77.

[319] MENNEL, L. Robert. *Wills and Trusts in a Nutshell*. Second Edition, Minnesota: West Group, 2004, p. 290. No mesmo sentido *vide*: REUTLINGER, Mark. *Wills, Trusts, and Estates, Essencial Terms and Concepts*. Second Edition, New York: Aspen Publishers, 1998, p. 225.

[320] MENNEL, L. Robert. *Wills and Trusts in a Nutshell*. Second Edition, Minnesota: West Group, 2004, p. 290.

Tal dever, evita que a propriedade pessoal do *trustee* se confunda com a *trust property*, inadvertidamente ou intencionalmente obscurecendo as linhas da posse[321]. Assim, em decorrência da falha em não separar os activos do *Trust*, torna o *trustee* responsável por qualquer perda da *trust property,* independentemente das perdas terem sido causadas por tal falha[322].

Em complemento, se o *trustee* não separar o património do *Trust* do seu património pessoal, com intenção de fraude, ele poderá ser responsabilizado por apropriação indevida (indébita). Porém, existe a violação do *Trust* estando ou não tal intenção de fraude presente[323].

Nesse contexto, Mennel (2004) explica que a presença de tal intenção é um tanto quanto subjectiva e apenas pode ser determinada depois que o facto ocorreu. O mesmo autor informa, que no Reino Unido, para inibir a "não separação" dos patrimónios, o Tribunal impõe forte penalidade sobre os *trustees* que "misturam" os activos do *Trust* com os dele próprio[324].

Em prosseguimento, se o mesmo *settlor* constituir mais de um *Trust*, os *Trusts* serão separados. No mesmo sentido, os activos de tais *Trusts* devem ser separados, e de forma não ambígua identificados para cada *Trust* individual. Portanto, a violação técnica pode ocorrer se o *trustee* não realizar a separação dos activos dos *Trusts* envolvidos[325].

Da mesma forma, se for *trustee* de vários *Trusts*, também deverá fazer cada separação, individualizada. Assim, cada *Trust* deverá ter o seu património minuciosamente separado[326].

---

[321] Reutlinger, Mark. *Wills, Trusts, and Estates, Essencial Terms and Concepts.* Second Edition, New York: Aspen Publishers, 1998, p. 225.

[322] Reutlinger, Mark. *Wills, Trusts, and Estates, Essencial Terms and Concepts.* Second Edition, New York: Aspen Publishers, 1998, p. 226. Cfr. Mennel, L. Robert. *Wills and Trusts in a Nutshell.* Second Edition, Minnesota: West Group, 2004, p. 290.

[323] Mennel, L. Robert. *Wills and Trusts in a Nutshell.* Second Edition, Minnesota: West Group, 2004, p. 290.

[324] Mennel, L. Robert. *Wills and Trusts in a Nutshell.* Second Edition, Minnesota: West Group, 2004, p. 290.

[325] Mennel, L. Robert. *Wills and Trusts in a Nutshell.* Second Edition, Minnesota: West Group, 2004, p. 290.

[326] *Vide.* Luzzatto, Ricardo. *Legge Applicabile e Riconoscimento Di Trusts Secondo La Convenzione Dell'Aja del 1 ° Luglio 1985.* Rivista di Diritto Internazionale Privato e

100   *A Tributação dos Trusts*

Nesse contexto, o dever de identificar envolve a obrigação do *trustee* em "marcar" o activo do *Trust,* com o indício da posse dele, em uma relação fiduciária, para o benefício de um *Trust*[327].

Dessa forma, o método de "marcar" varia de acordo com o tipo do *Trust* envolvido[328]. Assim, quando tratar-se de bens imóveis, deve o *trustee* registar o título no nome dele como *"trustee"* de um *Trust* particular. Realmente, se correctamente gravada a posse do *trustee* no *Trust,* dá indícios de advertência para possíveis compras futuras, entretanto, o registo deve estar completo[329].

Efectivamente, os bens tangíveis seriam identificados de acordo com a natureza deles. Assim, se houver documentação envolvida com a posse, tal como o registo de um automóvel ou a nota fiscal de venda, a situação do *Trust* deve ser claramente exibida[330]. Neste sentido, e por evidente, os fundos constituídos em *Trust* depositados numa instituição de crédito, devem encontrar-se em uma conta separada, aberta em nome do *trustee,* enquanto *trustee* de um determinado *Trust*[331].

Do mesmo modo, a identificação de bens intangíveis, os quais são representados por documentos com formulário registado, será realizado pelos mesmos meios que o registo de bens imóveis[332].

Vale mencionar, que o título ao portador inicialmente apresentava algumas dificuldades: na teoria, tais títulos não devem ser um investi-

---

Processuale, Padova, v. 35, 1999, p. 13. Cfr. Artigo 11°, da Convenção de Haia. HCCH. *Convention on the Law Applicable to Trusts and on their Recognition.* Disponível em: http://hcch.e-vision.nl/index_en.php?act=conventions.text&cid=59. Acesso em 13.03.2006.

[327] MENNEL, L. Robert. *Wills and Trusts in a Nutshell.* Second Edition, Minnesota: West Group, 2004, p. 290.

[328] Cfr. REUTLINGER, Mark. *Wills, Trusts, and Estates, Essencial Terms and Concepts.* Second Edition, New York: Aspen Publishers, 1998, p. 225.

[329] MENNEL, L. Robert. *Wills and Trusts in a Nutshell.* Second Edition, Minnesota: West Group, 2004, p. 290.

[330] MENNEL, L. Robert. *Wills and Trusts in a Nutshell.* Second Edition, Minnesota: West Group, 2004, p. 292-293.

[331] LEITE DE CAMPOS, Diogo; VAZ TOMÉ, Maria João. *A Propriedade Fiduciária (Trust), Estudo para a sua Consagração no Direito Português.* Coimbra: Almedina, 1999, p. 116.

[332] Em exemplo de como seria o registo, MENNEL (2004) cita: " *as trustee for the XYZ Trust under the will of John Jones, deceased" or "as trustee under John Jones Trust created by instrument dated July 1, 1994".* MENNEL, L. Robert. *Wills and Trusts in a Nutshell.* Second Edition, Minnesota: West Group, 2004, p. 292.

mento apropriado do *Trust* porque o "portador" (que é qualquer pessoa na posse do título) é o proprietário. Na prática, no entanto, tal título tem sido tradicionalmente permitido e usado como um investimento no *Trust*. Assim, não existe problema actualmente de identificação envolvendo o título ao portador, mas o dever para manter separado é mais crítico para tais activos[333].

Logo, onde o dever de identificar existe (se ele não é isento ou eliminado em virtude do *trust instrument* ou de Lei) e foi violado, deve ser verificado se tal violação foi relevante. Assim, o *trustee* que falhou em identificar torna-se um avalista do capital (e frequentemente da renda) do *Trust*[334].

A perda ocasionada pelas condições da economia em geral e que não seria normalmente imputada ao *trustee,* na presença de violação técnica do dever de identificar, será frequentemente imputada a ele. Esta rígida responsabilidade justifica-se como forma de penalização ao *trustee* descuidado ou que desconhecer os métodos de administração apropriados, e desse modo, desnecessariamente sujeitar o beneficiário a riscos[335].

e) Dever de Prestação de Contas e de Informação

Por primeiro, deve-se salientar, que esse dever independe de sua atribuição no acto constitutivo do *Trust*. Trata-se do dever geral de manter os beneficiários informados sobre os factos relevantes respeitantes a gestão e a situação do *Trust*[336].

Para tanto, o *trustee* deve conservar a contabilidade organizada do *Trust* deixando-a constantemente pronta para apresentá-la aos beneficiários que a solicitem[337].

---

[333] MENNEL, L. Robert. *Wills and Trusts in a Nutshell*. Second Edition, Minnesota: West Group, 2004, p. 292-293.

[334] MENNEL, L. Robert. *Wills and Trusts in a Nutshell*. Second Edition, Minnesota: West Group, 2004, p. 293.

[335] MENNEL, L. Robert. *Wills and Trusts in a Nutshell*. Second Edition, Minnesota: West Group, 2004, p. 293.

[336] REUTLINGER, Mark. *Wills, Trusts, and Estates, Essencial Terms and Concepts*. Second Edition, New York: Aspen Publishers, 1998, p. 229; MARTIN, Jill E., *Modern Equity*. Fifteenth Edition. London: Sweet & Maxwell, 1997, p. 549.

[337] MARTIN, Jill E., *Modern Equity*. Fifteenth Edition. London: Sweet & Maxwell, 1997, p. 548; HAYTON, D.J., *The Law of Trusts*. London: Sweet e Maxwell, 1998, p. 134.

102   *A Tributação dos Trusts*

Nesse passo, no término do *Trust*, assim como periodicamente durante a sua existência, o *trustee* tem o dever de prestar contas sobre as transacções ocorridas no *Trust*[338].

Importante mencionar, que a contabilidade pode variar de uma contabilidade formal, que pode ser apresentada judicialmente em audiência (usualmente nos casos de *Trust testamentary*), para uma contabilidade informal, apresentada somente aos beneficiários do *Trust* (comum nos casos de *trusts inter vivos*). De facto, é obrigatório o arquivamento periódico de uma contabilidade intermediária. Por igual, é obrigatória a entrega de uma contabilidade final no término do *Trust*[339].

Oportuna é a menção, aqui, que impreterivelmente todas as actuações do *trustee* devem ser registadas[340]. Tais registos, devem ser preservados e disponíveis para inspecção, ou seja, deve o *trustee* colocar à disposição dos interessados toda documentação relevante ao *Trust*[341].

Por conseguinte, o *trustee* deve fornecer aos beneficiários toda informação respeitante as suas quotas-partes nos benefícios[342].

Em prosseguimento, devemos mencionar, que enquanto um beneficiário de rendimento tem o direito de examinar toda a contabilidade, o beneficiário do capital tem apenas o direito a informação respeitante aos negócios que tenham o mesmo como objecto[343].

---

[338] REUTLINGER, Mark. *Wills, Trusts, and Estates, Essencial Terms and Concepts.* Second Edition, New York: Aspen Publishers, 1998, p. 229.

[339] REUTLINGER, Mark. *Wills, Trusts, and Estates, Essencial Terms and Concepts.* Second Edition, New York: Aspen Publishers, 1998, p. 230.

[340] Em complemento, para MARTIN (1997): *"A large trust will keep many documents, such as the minutes of trustee' meetings".* MARTIN, Jill E., *Modern Equity.* Fifteenth Edition. London: Sweet & Maxwell, 1997, p. 549.

[341] LEITE DE CAMPOS, Diogo; VAZ TOMÉ, Maria João. *A Propriedade Fiduciária (Trust), Estudo para a sua Consagração no Direito Português.* Coimbra: Almedina, 1999, p. 118; MENNEL, L. Robert. *Wills and Trusts in a Nutshell.* Second Edition, Minnesota: West Group, 2004, p. 295.

[342] LEITE DE CAMPOS, Diogo; VAZ TOMÉ, Maria João. *A Propriedade Fiduciária (Trust), Estudo para a sua Consagração no Direito Português.* Coimbra: Almedina, 1999, p. 118; MENNEL, L. Robert. *Wills and Trusts in a Nutshell.* Second Edition, Minnesota: West Group, 2004, p. 295.

[343] MARTIN, Jill E., *Modern Equity.* Fifteenth Edition. London: Sweet & Maxwell, 1997, p. 548. *Vide* DEVENPORT, Edward. *Contrasting approaches to the beneficiaries' right to know.* United Kingdom: Trusts & Trustees, Gostick Hall, Volume 2, Issue 1, 1996.

Dentro de referido contexto, todavia, de merecido destaque é a opinião de HAYTON (1998) que complementa discorrendo, *in verbis*:

> *"To account strictly to the beneficiaries, distributing income to those entitled to it and capital to those entitled to it, and keeping accounts and trust documents (but not those relating to how the trustees came to exercise their discretions) available for inspection by the beneficiaries"* [344].

Repare-se, então, que o *trustee* não precisa prestar contas dos seus actos relacionados ao uso de seus poderes discricionários[345].

Um membro da classe de beneficiários discricionários tem o direito de pedir a contabilidade, mas uma pessoa que seja meramente um "possível beneficiário" de um *Trust discretionary* não tem tal direito, nos casos onde há um grande número de beneficiários possíveis[346].

Deve-se atentar também, que o *trustee* poderá no âmbito de seus poderes discricionários, solicitar a realização de auditoria, mesmo esta não sendo obrigatória[347]. Logo, poderá obter o exame e a auditoria da contabilidade por um terceiro independente, pagando os respectivos custos com o rendimento ou o capital do *Trust*. Porém, normalmente a auditoria não deve ser realizada mais que uma vez a cada três anos, apenas em casos especiais[348].

É de se destacar, por fim, que se por um lado os beneficiários têm o direito de serem informados sobre todas as questões passíveis de afectarem o *Trust*, de outra parte, o *quantum* de informação que o *trustee* é obrigado a prestar ao beneficiário poderá ser variável, dependendo do estipulado no acto constitutivo do *Trust*[349].

---

[344] HAYTON, D.J., *The Law of Trusts*. London: Sweet e Maxwell, 1998, p. 133.

[345] MARTIN, Jill E., *Modern Equity*. Fifteenth Edition. London: Sweet & Maxwell, 1997, p. 549.

[346] MARTIN, Jill E., *Modern Equity*. Fifteenth Edition. London: Sweet & Maxwell, 1997, p. 548.

[347] LEITE DE CAMPOS, Diogo; VAZ TOMÉ, Maria João. *A Propriedade Fiduciária (Trust), Estudo para a sua Consagração no Direito Português*. Coimbra: Almedina, 1999, p. 118.

[348] MARTIN, Jill E., *Modern Equity*. Fifteenth Edition. London: Sweet & Maxwell, 1997, p. 549. *Vide* DEVENPORT, Edward. *Contrasting approaches to the beneficiaries' right to know*. United Kingdom: Trusts & Trustees, Gostick Hall, Volume 2, Issue 1, 1996.

[349] Vide Artigo 8º, letra j, da Convenção de Haia, nestes termos: *Article 8 " The law specified by Article 6 or 7 shall govern the validity of the trust, its construction, its effects,*

104 · A Tributação dos Trusts

f) Dever de "Não Delegação"

De início, considera-se que o dever de não delegar a gestão do *Trust* para terceiros, é inerente e derivado do dever de administração. Deveras, ao lado do dever de administrar, consequentemente, está o dever de não delegar esta administração. Quando expressamente formulado no *trust instrument*, é um dever absoluto[350].

Nesse passo, o dever de não delegação pode ser violado quando ocorre a delegação a outros *trustees* (seja *co-trustee* ou *sucessor trustee*)[351]. No caso dos *co-trustees,* ao menos que o *trust instrument* determine de outra forma, os *trustees* devem agir unanimemente[352]. Logo, qualquer *trustee* que não participar da decisão, delega consequentemente a decisão para um outro *trustee*[353].

As perdas e danos (indemnizações) na violação do *Trust* são aqueles que flúem directamente da violação, ou seja, a responsabilidade pela negligência ou por outra conduta imprópria do delegado (representante). Ainda há, em muitos casos, uma penalidade adicional, que imputa a responsabilidade sobre o *trustee* de todas as perdas sofridas durante o período da delegação, apesar de que se nenhuma violação do dever ocorreu, o *trustee* não será o responsável pelos danos[354].

Por outro lado, poderá ser permitida ao *trustee*, a delegação total ou parcial dos seus deveres e poderes a terceiro, desde que autorizado

---

and the administration of the trust.In particular that law shall govern – ... j) the duty of trustees to account for their administration". HCCH. *Convention on the Law Applicable to Trusts and on their Recognition.* Disponível em: http://hcch.e-vision.nl/index_en.php?act=conventions.text&cid=59; MENNEL, L. Robert. *Wills and Trusts in a Nutshell.* Second Edition, Minnesota: West Group, 2004, p. 295.

[350] MENNEL, L. Robert. *Wills and Trusts in a Nutshell.* Second Edition, Minnesota: West Group, 2004, p. 299.

[351] Em exemplo oportuno, a delegação ao sucessor ocorre, quando o *trustee* tenta, em vão, demitir-se e entregar os activos do *Trust* para seu sucessor. MENNEL, L. Robert. *Wills and Trusts in a Nutshell.* Second Edition, Minnesota: West Group, 2004, p. 300.

[352] LEITE DE CAMPOS, Diogo; VAZ TOMÉ, Maria João. *A Propriedade Fiduciária (Trust), Estudo para a sua Consagração no Direito Português.* Coimbra: Almedina, 1999, p. 121.

[353] MENNEL, L. Robert. *Wills and Trusts in a Nutshell.* Second Edition, Minnesota: West Group, 2004, p. 300.

[354] MENNEL, L. Robert. *Wills and Trusts in a Nutshell.* Second Edition, Minnesota: West Group, 2004, p. 300.

pelo *settlor* no *trust instrument*[355]. Nesse passo, a delegação parcial, por exemplo, para realizar actos especiais é permitida, se for prudente.

Por conseguinte, o *trustee* pode consultar-se com terceiros (e pode ter o dever de fazer isso, somente, quando tratar-se de assuntos particularmente complicados) e pode adoptar o conselho de terceiros, mas, a última decisão, permanece como sendo do *trustee*. O conselho de um especialista facilita, mas não é um factor escusatório ao determinar se o *trustee* é responsável pela violação do dever do *Trust*[356].

Assim, conclui-se, que normalmente cada *trustee* deve agir pessoalmente na administração do *Trust*, excepto quando a delegação a outros *trustees* é autorizada pelo instrumento do *Trust*. Ressalta-se novamente, que neste caso, o *trustee* será o responsável pelos actos dos *trustees* delegados[357].

g) Dever de Diversificação dos Investimentos

Trata-se do dever de investir em mais do que uma entidade ou tipo de activo, sujeitos a diferentes forças do mercado. Geralmente seria imprudente arriscar todo *corpus* do *Trust* de uma só vez, investindo em somente uma empresa ou em uma categoria de activos[358].

Dessa forma, o *trustee*, no exercício do cuidado e da habilidade de um investidor prudente, deve distribuir o risco das perdas, entre vários tipos de investimentos[359].

---

[355] Vide Artigo 8°, letra c, da Convenção de Haia, nestes termos: *"The law specified by Article 6 or 7 shall govern the validity of the trust, its construction, its effects, and the administration of the trust.In particular that law shall govern – ... c) the right of trustees to delegate in whole or in part the discharge of their duties or the exercise of their powers;"*. HCCH. *Convention on the Law Applicable to Trusts and on their Recognition*. Disponível em: http://hcch.e-vision.nl/index_en.php?act=conventions.text&cid=59. No mesmo sentido, vide: REUTLINGER, Mark. *Wills, Trusts, and Estates, Essencial Terms and Concepts*. Second Edition, New York: Aspen Publishers, 1998, p. 223

[356] MENNEL, L. Robert. *Wills and Trusts in a Nutshell*. Second Edition, Minnesota: West Group, 2004, p. 300.

[357] HAYTON, D.J., *The Law of Trusts*. London: Sweet e Maxwell, 1998, p. 134.

[358] MENNEL, L. Robert. *Wills and Trusts in a Nutshell*. Second Edition, Minnesota: West Group, 2004, p. 303. Cfr. REUTLINGER, Mark. *Wills, Trusts, and Estates, Essencial Terms and Concepts*. Second Edition, New York: Aspen Publishers, 1998, p. 227.

[359] MENNEL, L. Robert. *Wills and Trusts in a Nutshell*. Second Edition, Minnesota: West Group, 2004, p. 303.

A não diversificação dos investimentos pode ocasionar indemnizações, na medida do investimento excessivo. Assim, se o *trustee* violar a regra do investidor prudente, onde o integral investimento (ao invés de parte dele) é errado, a indemnização será sobre toda a perda[360].

Na decisão da prudência dos investimentos, deve o *trustee* avaliar cada investimento em separado por seus próprios méritos e em consonância com sua performance individual, separado do contexto da estratégia de investimento total do *trustee*. Assim, a perda em um investimento não deve ser balanceada com ganhos em outro investimento[361].

Logo, não é permitido ao *trustee* transacções separadas e compensatórias. Deveras, não se pode promover o "envolvimento do *trustee* em empreendimento de risco"[362].

h) Dever de Imparcialidade

Este dever impõe ao *trustee,* salvo autorização directa do *trust intrument* ou outra forma de permissão, o comprometimento de agir no interesse de todos os beneficiários, não devendo favorecer a satisfação dos interesses de um, em prejuízo aos interesses de outro[363].

Deverá desta forma, manter uma distribuição justa e balanceada entre os beneficiários, e manter sempre a imparcialidade dos seus actos[364].

---

[360] MENNEL, L. Robert. *Wills and Trusts in a Nutshell*. Second Edition, Minnesota: West Group, 2004, p. 303.

[361] REUTLINGER, Mark. *Wills, Trusts, and Estates, Essencial Terms and Concepts*. Second Edition, New York: Aspen Publishers, 1998,p. 227.

[362] MENNEL, L. Robert. *Wills and Trusts in a Nutshell*. Second Edition, Minnesota: West Group, 2004, p. 270-272.

[363] Dentro desse contexto, MENNEL (2004) explica que um dos momentos no qual o dever de imparcialidade é verificado ocorre quando o *trustee* é requisitado para fazer determinada acção para um dos diversos beneficiários (seja consecutivos ou concorrentes). Seria mais apropriado para o *trustee*, procurar e obter a aprovação de todos os beneficiários antes de fazer qualquer acto que o *trustee* não fizesse ausente a solicitação de tal beneficiário. Porém, pode ser impossível procurar e obter a aprovação de beneficiários desconhecidos, ou eventual ou menor. O *trustee* assume o risco se agir com a aprovação de alguns, porém não todos os beneficiários. MENNEL, L. Robert. *Wills and Trusts in a Nutshell*. Second Edition, Minnesota: West Group, 2004, p. 304-305.

[364] HAYTON, D.J., *The Law of Trusts*. London: Sweet e Maxwell, 1998, p. 136. *Vide* também: REUTLINGER, Mark. *Wills, Trusts, and Estates, Essencial Terms and Concepts*.

Oportuna a menção aqui, que em regra, o *Trust* contempla beneficiários do rendimento e beneficiários do capital. Em um breve paralelo, os primeiros preferem a obtenção de rendimentos mais elevados, decorrentes de investimentos dotados de um maior grau de risco, enquanto os segundos concedem primazia a um maior grau de segurança dos investimentos, assim como à sua protecção contra os efeitos perversos da inflação ou deterioração dos bens[365].

Portanto, o *trustee* deve nortear-se por um princípio de imparcialidade no tratamento de todos os beneficiários. Por conseguinte, o dever de imparcialidade influência, em último recurso, o *trustee* na selecção dos investimentos[366]. Em verdade, a disciplina dos investimentos do *trustee* visa alcançar um equilíbrio harmonioso entre a obtenção de rendimento, para os respectivos beneficiários, e a preservação do capital, em proveito dos outros beneficiários, não tendo o *trustee* qualquer dever de conservar o valor real do capital[367].

Por fim, destaca-se, que se por um lado o *trustee* deve ajustar suas condutas as regras supra mencionadas, por outro, efectivamente, não tem, em geral, qualquer obrigação de reajustar os investimentos para equilibrar as posições de uns e de outros beneficiários. Insta ainda relembrar, que tais regras são passíveis de serem afastadas

---

Second Edition, New York: Aspen Publishers, 1998, p. 224. MARTIN, Jill E., *Modern Equity*. Fifteenth Edition. London: Sweet & Maxwell, 1997, p. 537. *Vide* MASTERS, Colin. *The Powers and Duties of Trustees under English Law*. United Kingdom: Trusts & Trustees, Gostick Hall, Volume 2, Issue 1, 1996.

[365] LEITE DE CAMPOS, Diogo; VAZ TOMÉ, Maria João. *A Propriedade Fiduciária (Trust), Estudo para a sua Consagração no Direito Português*. Coimbra: Almedina, 1999, p. 125; HAYTON, D.J., *The Law of Trusts*. London: Sweet e Maxwell, 1998, p. 137.

[366] MARTIN, Jill E., *Modern Equity*. Fifteenth Edition. London: Sweet & Maxwell, 1997, p. 538.

[367] LEITE DE CAMPOS, Diogo; VAZ TOMÉ, Maria João. *A Propriedade Fiduciária (Trust), Estudo para a sua Consagração no Direito Português*. Coimbra: Almedina, 1999, p. 123. Convidamos a leitura de HAYTON, D.J., *The Law of Trusts*. London: Sweet e Maxwell, 1998, p. 136-138; ROBILLIARD, John. *Powers of Investment in the Administration of Trusts*. United Kingdom: Trusts & Trustees, Gostick Hall, Volume 1, Issue 8, 1995; *Vide* LOVE, Victoria. *Caution Required on the Duty of Care in the UK Trustee Act 2000*. United Kingdom: Trusts & Trustees, Gostick Hall, Volume 8, Issue 2, 2002; CRILL, James. *A trustee's perspective on investment*. United Kingdom: Trusts & Trustees, Gostick Hall, Volume 1, Issue 10, 1995; STEPHENS, John. *Designing an Investment portfolio for trustees*. United Kingdom: Trusts & Trustees, Gostick Hall, Volume 1, Issue 8, 1995.

108   *A Tributação dos Trusts*

mediante manifestação de vontade em sentido contrário por parte do *settlor*[368].

i) Dever de Distribuição das Receitas do *Trust*

Trata-se do dever de dividir as receitas do *Trust* de maneira razoável e justa entre os vários interesses benéficos, e de acordo com os termos do *Trust* [369].

Nesse sentido, o *trustee* é obrigado a fazer os pagamentos tempestivamente do rendimento e do capital do *Trust* às pessoas intituladas correctamente. Portanto, a falha de tal dever viola o *Trust* e o *trustee* será por isso responsabilizado[370].

Logo, o *trustee* é responsável por distribuições de rendimento ou de capital indevidas. Todavia, no caso de agir com honestidade e razoabilidade, a sua responsabilidade pode ser atenuada[371].

Onde o *trustee* faz um pagamento exagerado da renda ou de parte do capital para beneficiários intitulados, o erro, poderá ser compensado em futuros pagamentos[372].

O não pagamento ou o pagamento insuficiente ao beneficiário, concede ao beneficiário o direito de processar o *trustee*[373].

---

[368] LEITE DE CAMPOS, Diogo; VAZ TOMÉ, Maria João. *A Propriedade Fiduciária (Trust), Estudo para a sua Consagração no Direito Português*. Coimbra: Almedina, 1999, p. 123. *Vide* PETTIT, Philip H., *Equity and the Law of Trusts*. London: Butterworths, 1993, p. 448 e ss; GARDNER, Simon. *An Introduction to the Law of Trusts*. Oxford University Press, UK, 2003, p. 251 e ss.

[369] REUTLINGER, Mark. *Wills, Trusts, and Estates, Essencial Terms and Concepts*. Second Edition, New York: Aspen Publishers, 1998, p. 228; PENNER, J. E., *The Law of Trusts*. Fifth Edition, Londres: Oxford University Press, 2006, p. 22.

[370] MARTIN, Jill E., *Modern Equity*. Fifteenth Edition. London: Sweet & Maxwell, 1997, p. 532.

[371] LEITE DE CAMPOS, Diogo; VAZ TOMÉ, Maria João. *A Propriedade Fiduciária (Trust), Estudo para a sua Consagração no Direito Português*. Coimbra: Almedina, 1999, p. 125; HAYTON, D.J., *The Law of Trusts*. London: Sweet e Maxwell, 1998, p. 139; MARTIN, Jill E., *Modern Equity*. Fifteenth Edition. London: Sweet & Maxwell, 1997, p. 532.

[372] MARTIN, Jill E., *Modern Equity*. Fifteenth Edition. London: Sweet & Maxwell, 1997, p. 532.

[373] MARTIN, Jill E., *Modern Equity*. Fifteenth Edition. London: Sweet & Maxwell, 1997, p. 533.

SECÇÃO II

Outras questões respeitantes
à administração do *Trust*

Surgem, frequentemente, diversos desafios na administração do *Trust*. Veremos, nesse tópico, sem exauri-los, os principais aspectos implicantes com o tema.

1. Distribuição do Capital e Rendimento

A divisão de beneficiários mais comum, como já referimos, consiste na divisão de beneficiários de rendimento e de beneficiários de capital[374].

Por conseguinte se constata que este método de distribuição patrimonial consente na adaptação do *Trust* ao beneficiário. Essa divisão entre os beneficiários é em ordem a satisfazer as necessidades alimentares do beneficiário vitalício e permite, de acordo com as circunstâncias concretas, o recurso ao rendimento ou ao capital[375].

Logo, poderá o *settlor* garantir que o beneficiário receba um fluxo ordenado de rendimento, sem que o mesmo se acumule na esfera deste. Insta destacar-se que não existe, em princípio, qualquer conexão entre o rendimento líquido atribuído pelo *Trust* e o montante de despesas realizadas pelo beneficiário[376].

---

[374] *Vide* PETTIT, Philip H., *Equity and the Law of Trusts*. London: Butterworths, 1993, p. 448 e ss.

[375] LEITE DE CAMPOS, Diogo; VAZ TOMÉ, Maria João. *A Propriedade Fiduciária (Trust), Estudo para a sua Consagração no Direito Português*. Coimbra: Almedina, 1999, p. 127. MENNEL, L. Robert. *Wills and Trusts in a Nutshell*. Second Edition, Minnesota: West Group, 2004, p. 308.

[376] LEITE DE CAMPOS, Diogo; VAZ TOMÉ, Maria João. *A Propriedade Fiduciária (Trust), Estudo para a sua Consagração no Direito Português*. Coimbra: Almedina, 1999, p. 127; HAYTON, D.J., *The Law of Trusts*. London: Sweet e Maxwell, 1998, p. 137. *Vide* MASTERS, Colin. *The Powers and Duties of Trustees under English Law*. United Kingdom: Trusts & Trustees, Gostick Hall, Volume 2, Issue 1, 1996. MERZ, Sandro; SGUOTTI, Paolo. *La Transmissione Familiare e Fiduciaria della Ricchezza*. Padova: Cedam, 2001.

110 A Tributação dos Trusts

Nesse contexto, esse método de distribuição envolve primeiramente determinar se o específico dinheiro recebido deve ser tratado como capital ou como renda. Portanto, entende-se por capital o património constituído em *Trust* pelo *settlor*, assim como as quantias percebidas pela alienação dos bens ou direitos que o integram. Por sua vez, o rendimento é o proveito patrimonial decorrente da utilização produtiva do capital (rendas de um depósito bancário, juros, aluguer de um apartamento, dividendos, entre outros)[377].

Destaque-se, que os livros contabilísticos do *trustee* devem obrigatoriamente manter a distinção entre rendimentos e capital[378].

Dentro das referidas distinções, pode o *settlor* no acto constitutivo do *Trust*, destinar o capital e o rendimento de várias formas, de acordo com a que melhor lhe convier. Deve, para tanto, recorrer às normas legais respeitantes a distribuição do rendimento e do capital[379].

De facto, poderá o *settlor* destinar a totalidade do rendimento e do capital a um único beneficiário, favorecer um beneficiário em detrimento de outros, ou atribuir, de forma vitalícia, o rendimento a um beneficiário[380].

Por conseguinte, no caso do acto constitutivo do *Trust* conceder ao *trustee* um poder discricionário para determinar o que é rendimento e o que é capital, ou de tanto o acto constitutivo do *Trust* como a lei serem omissas, o *trustee*, na realização das respectivas distribuições, deve adoptar um critério de prudência e observar o seu dever de imparcialidade perante os diversos beneficiários[381].

---

[377] LEITE DE CAMPOS, Diogo; VAZ TOMÉ, Maria João. *A Propriedade Fiduciária (Trust), Estudo para a sua Consagração no Direito Português*. Coimbra: Almedina, 1999, p. 126; MENNEL, L. Robert. *Wills and Trusts in a Nutshell*. Second Edition, Minnesota: West Group, 2004, p. 309; REUTLINGER, Mark. *Wills, Trusts, and Estates, Essencial Terms and Concepts*. Second Edition, New York: Aspen Publishers, 1998, p. 228.

[378] TRIPET, François. *Trust Patrimoniaux Anglo-Saxons et Droit Fiscal Français*. Paris: Litec, 1989, p. 07.

[379] LEITE DE CAMPOS, Diogo; VAZ TOMÉ, Maria João. *A Propriedade Fiduciária (Trust), Estudo para a sua Consagração no Direito Português*. Coimbra: Almedina, 1999, p. 126.

[380] LEITE DE CAMPOS, Diogo; VAZ TOMÉ, Maria João. *A Propriedade Fiduciária (Trust), Estudo para a sua Consagração no Direito Português*. Coimbra: Almedina, 1999, p. 127; HAYTON, D.J., *The Law of Trusts*. London: Sweet e Maxwell, 1998, p. 139; MENNEL, L. Robert. *Wills and Trusts in a Nutshell*. Second Edition, Minnesota: West Group, 2004, p. 309.

[381] LEITE DE CAMPOS, Diogo; VAZ TOMÉ, Maria João. *A Propriedade Fiduciária (Trust), Estudo para a sua Consagração no Direito Português*. Coimbra: Almedina, 1999, p. 127;

2. Despesas Decorrentes da Administração do *Trust*

Primeiramente, tanto as despesas como as respectivas receitas, são passíveis de serem imputadas ao capital (principal), ao rendimento ou a ambos[382].

Deve-se destacar, neste plano e por fundamental, que algumas despesas podem ser directamente atribuídas às rendas (por exemplo, a cobrança de taxas/impostos sobre o proveito da renda) ou ao capital (por exemplo, impostos sobre ganhos de capital sobre a venda dos activos)[383].

Em síntese, as despesas são caracterizadas pela sua relação estrita e clara com o capital ou com o rendimento.

Assim, existem despesas que podem ser atribuídas baseando-se na sua periodicidade. Com efeito, em geral, as despesas periódicas são imputadas ao rendimento ou repartidas entre os diversos beneficiários do rendimento, enquanto que as não periódicas, são imputadas ao capital[384].

Porém, algumas despesas periódicas são realizadas em proveito tanto do rendimento como do capital (por exemplo, comissão do *trustee*, honorários advocatórios, custas judiciais) e são, nos termos legais, divididas entre ambos em partes iguais[385]. Ao seu turno, as despesas extraordinárias são, por via de regra, imputadas ao capital[386].

MENNEL, L. Robert. *Wills and Trusts in a Nutshell*. Second Edition, Minnesota: West Group, 2004, p. 309; HAYTON, D.J., *The Law of Trusts*. London: Sweet e Maxwell, 1998, p. 133; MASTERS, Colin. *The Powers and Duties of Trustees under English Law*. United Kingdom: Trusts & Trustees, Gostick Hall, Volume 2, Issue 1, 1996; MERZ, Sandro; SGUOTTI, Paolo. *La Transmissione Familiare e Fiduciaria della Ricchezza*. Padova: Cedam, 2001.

[382] MENNEL, L. Robert. *Wills and Trusts in a Nutshell*. Second Edition, Minnesota: West Group, 2004, p. 310.

[383] MENNEL, L. Robert. *Wills and Trusts in a Nutshell*. Second Edition, Minnesota: West Group, 2004, p. 311.

[384] MENNEL, L. Robert. *Wills and Trusts in a Nutshell*. Second Edition. Minnesota: West Group, 2004, p. 311.

[385] LEITE DE CAMPOS, Diogo; VAZ TOMÉ, Maria João. *A Propriedade Fiduciária (Trust), Estudo para a sua Consagração no Direito Português*. Coimbra: Almedina, 1999, p. 127; MENNEL, L. Robert. *Wills and Trusts in a Nutshell*. Second Edition, Minnesota: West Group, 2004, p. 311.

[386] MENNEL, L. Robert. *Wills and Trusts in a Nutshell*. Second Edition, Minnesota: West Group, 2004, p. 311. Cfr. LEITE DE CAMPOS, Diogo; VAZ TOMÉ, Maria João. *A Propriedade*

112 A Tributação dos Trusts

Lembramos, neste ponto, que o *trustee* actua em nome próprio frente a terceiros, por isso, ele tem direito a ressarcir-se do *Trust* dos gastos e impostos que tenha que satisfazer na qualidade de *trustee*[387].

3. Rendas e Reservas de Depreciação

A renda de aluguer, na *Common Law,* deve ser distribuída entre os diversos beneficiários, na data acordada[388].

Importante se realçar, que a renda líquida recebida em virtude do uso da *trust property*, deve ser atribuída ao beneficiário do rendimento. Por conseguinte, para determinar o valor líquido da renda, as despesas directamente relacionadas com o arrendamento da propriedade, devem ser deduzidas da renda bruta[389].

É de se destacar, por fim, que excepto quando o *trust instrument* determine cláusulas em sentido diverso, o *trustee* tem o dever de estabelecer uma reserva de depreciação, com vistas a preservar o valor do capital[390].

4. Remuneração do *Trustee*

Como decorrência, então, da administração prestada pelo *trustee*, poderá o *settlor* combinar no acto constitutivo do *Trust* uma remuneração em troca dos seus préstimos. Perceba-se, com razão,

---

Fiduciária (Trust), Estudo para a sua Consagração no Direito Português. Coimbra: Almedina, 1999, p. 127.

[387] TROST, Andreas. *El Trust en la Planificacion Fiscal Internacional.* Fiscalidad Internacional, Madrid, 2003, p. 601; PETTIT, Philip H., *Equity and the Law of Trusts.* London: Butterworths, 1993, p. 459.

[388] MENNEL, L. Robert. *Wills and Trusts in a Nutshell.* Second Edition, Minnesota: West Group, 2004, p. 316.

[389] MENNEL, L. Robert. *Wills and Trusts in a Nutshell.* Second Edition, Minnesota: West Group, 2004, p. 317.

[390] MENNEL, L. Robert. *Wills and Trusts in a Nutshell.* Second Edition, Minnesota: West Group, 2004, p. 316-317. Cfr. MASTERS, Colin. *The Powers and Duties of Trustees under English Law.* United Kingdom: Trusts & Trustees, Gostick Hall, Volume 2, Issue 1, 1996; MERZ, Sandro; SGUOTTI, Paolo. *La Transmissione Familiare e Fiduciaria della Ricchezza.* Padova: Cedam, 2001.

que se o *trustee* for pago, ser-lhe-á exigido um padrão mais elevado de cuidado (exemplo: para exercitar esse grau de cuidado e de habilidade que poderia razoavelmente se esperar das pessoas com os mesmos atributos profissionais que os *trustees*)[391].

Realmente, espera-se do *trustee*, profissional e remunerado, a observância de um critério mais elevado de diligência do que do *trustee* não remunerado[392]. Podemos, assim, configurar três categorias fundamentais de *trustees*: o *trustee* não profissional e não remunerado do tipo *family friend;* o *trustee* remunerado, frequentemente qualificado; e o *trustee* profissional[393].

Conforme o padrão de conduta exigido ao *trustee* não remunerado, este deve, na administração dos bens ou direitos constituídos em *Trust*, adoptar as medidas que uma pessoa de negócios normal e prudente perfilharia na administração de negócios semelhantes àqueles. Contudo, impõe-se aos *trustees* das segundas e terceiras categorias um padrão de conduta mais exigente[394].

Na ausência de disposição legal em sentido contrário, o *trustee* é pessoalmente responsável perante terceiros, independentemente de sua categoria. Por conseguinte, no caso de não ter agido ilícita e culposamente, o *trustee* tem direito de se ressarcir as expensas do *Trust*[395].

---

[391] MARKHAM, Anthony. *Remuneration for professional trustees.* United Kingdom: Trusts & Trustees, Gostick Hall, Volume 1, Issue 8, 1995; HAYTON, D.J., *The Law of Trusts.* London: Sweet e Maxwell, 1998, p. 133.

[392] MARKHAM, Anthony. *Remuneration for professional trustees.* United Kingdom: Trusts & Trustees, Gostick Hall, Volume 1, Issue 8, 1995. *Vide* MASTERS, Colin. *The Powers and Duties of Trustees under English Law.* United Kingdom: Trusts & Trustees, Gostick Hall, Volume 2, Issue 1, 1996.

[393] LEITE DE CAMPOS, Diogo; VAZ TOMÉ, Maria João. *A Propriedade Fiduciária (Trust), Estudo para a sua Consagração no Direito Português.* Coimbra: Almedina, 1999, p. 131. MARKHAM, Anthony. *Remuneration for professional trustees.* United Kingdom: Trusts & Trustees, Gostick Hall, Volume 1, Issue 8, 1995.

[394] LEITE DE CAMPOS, Diogo; VAZ TOMÉ, Maria João. *A Propriedade Fiduciária (Trust), Estudo para a sua Consagração no Direito Português.* Coimbra: Almedina, 1999, p. 131.

[395] LEITE DE CAMPOS, Diogo; VAZ TOMÉ, Maria João. *A Propriedade Fiduciária (Trust), Estudo para a sua Consagração no Direito Português.* Coimbra: Almedina, 1999, p. 131. MENNEL, L. Robert. *Wills and Trusts in a Nutshell.* Second Edition, Minnesota: West Group, 2004, p. 330-332; PETTIT, Philip H., *Equity and the Law of Trusts.* London: Butterworths, 1993, p. 459.

114 *A Tributação dos Trusts*

Nesse passo, deve ser derradeiramente mencionado, que a remuneração do *trustee* pode ser fixada por contrato, por cláusulas no *trust intrument*, por lei ou pelo Tribunal[396].

5. Responsabilidades do *Trustee*

É hora então, por pertinente, de destacarmos os aspectos gerais atinentes à responsabilidade do *trustee*.

O *trustee* é responsável pelos danos que eventualmente causar aos beneficiários quando proceder com negligência na administração dos bens ou direitos constituídos em *Trust*[397].

Por igual, quando o *trustee* não cumpre um dever imposto pelo acto constitutivo, pela lei ou pelos ditames da equidade, ele estará infringindo o *Trust*[398].

Aliás, muito bem exprime a ideia REUTLINGER (1998)[399], *in verbis*:

"Failure to perform a duty is a breach of trust".

É de se lembrar nesse ponto, que todos os deveres do *trustee* supra citados, devem ser determinados previamente em sua natureza e extensão. Em verdade, o *trustee* raramente encontra uma cláusula de exclusão de ilicitude ou de desculpa de sua conduta. De facto, o nexo de causalidade entre o seu descumprimento e os danos é frequentemente ténue e, até, inexistente[400].

---

[396] LEITE DE CAMPOS, Diogo; VAZ TOMÉ, Maria João. *A Propriedade Fiduciária (Trust), Estudo para a sua Consagração no Direito Português*. Coimbra: Almedina, 1999, p. 130; MARTIN, Jill E., *Modern Equity*. Fifteenth Edition. London: Sweet & Maxwell, 1997, p. 585-587.

[397] REUTLINGER, Mark. *Wills, Trusts, and Estates, Essencial Terms and Concepts*. Second Edition, New York: Aspen Publishers, 1998, p. 230.

[398] REUTLINGER, Mark. *Wills, Trusts, and Estates, Essencial Terms and Concepts*. Second Edition, New York: Aspen Publishers, 1998, p. 230.

[399] REUTLINGER, Mark. *Wills, Trusts, and Estates, Essencial Terms and Concepts*. Second Edition, New York: Aspen Publishers, 1998, p. 223.

[400] LEITE DE CAMPOS, Diogo; VAZ TOMÉ, Maria João. *A Propriedade Fiduciária (Trust), Estudo para a sua Consagração no Direito Português*. Coimbra: Almedina, 1999, p. 133; MENNEL, L. Robert. *Wills and Trusts in a Nutshell*. Second Edition, Minnesota: West Group, 2004, p. 271; GARDNER, Simon. *An Introduction to the Law of Trusts*. Oxford University Press, UK, 2003, p. 258 e ss; MASTERS, Colin. *The Powers and Duties of*

Assim, devido a rigorosidade dos deveres impostos ao *trustee*, a violação pode facilmente acontecer. Porém, tal violação também é de fácil comprovação. De facto, para provar que houve a violação de um dever, é geralmente suficiente analisar o acto praticado pelo *trustee* e provar a sua inconsistência com o dever inicialmente imposto pelo *settlor*[401].

Portanto, não cumpridas as obrigações, pode o *trustee* ser sancionado com rigor, pois ele é responsável pessoalmente e ilimitadamente pela administração do *Trust*[402]. Logo, o *trustee* responde com seu património pessoal privado pelos eventuais prejuízos que essa violação possa ter dado causa[403].

Dessa forma, para assegurar o pagamento sobre a ocorrência da violação, o *trustee* pode ser obrigado a ter um contrato de seguro, no qual obriga uma terceira pessoa a pagar os danos causados por tal *trustee*[404].

Poderá, também, sua responsabilidade civil acrescer a sua responsabilidade criminal[405], e consequentemente, poderá ser removido do cargo[406].

Trustees under English Law. United Kingdom: Trusts & Trustees, Gostick Hall, Volume 2, Issue 1, 1996.

[401] MENNEL, L. Robert. *Wills and Trusts in a Nutshell*. Second Edition, Minnesota: West Group, 2004, p. 271.

[402] LEITE DE CAMPOS, Diogo; VAZ TOMÉ, Maria João. *A Propriedade Fiduciária (Trust), Estudo para a sua Consagração no Direito Português*. Coimbra: Almedina, 1999, p. 107.

[403] PETTIT, Philip H., *Equity and the Law of Trusts*. London: Butterworths, 1993, p. 448 e ss.; TROST, Andreas. *El Trust en la Planificacion Fiscal Internacional*. Fiscalidad Internacional, Madrid, 2003, p. 600.

[404] REUTLINGER, Mark. *Wills, Trusts, and Estates, Essencial Terms and Concepts*. Second Edition, New York: Aspen Publishers, 1998, p. 230.

[405] LEITE DE CAMPOS, Diogo; VAZ TOMÉ, Maria João. *A Propriedade Fiduciária (Trust), Estudo para a sua Consagração no Direito Português*. Coimbra: Almedina, 1999, p. 107. No mesmo sentido, MENNEL (2004) ressalta, que em decorrência da violação de um dever do *Trust*, o *trustee* é responsável pelas perdas, e que nas situações mais graves, a violação do *Trust* pode levar a uma adicional indemnização, ao não pagamento, total ou parcial da sua remuneração ou ainda, na ordem de retirada do *trustee*. MENNEL, L. Robert. *Wills and Trusts in a Nutshell*. Second Edition, Minnesota: West Group, 2004, p. 271.

[406] FONSECA, Rodrigo Garcia. *Considerações sobre o Trust (fidúcia) no Direito Comparado*. Revista Forense, Rio de Janeiro, v. 334, 1996, p. 163.

Oportuna a menção aqui, que se o *trustee* foi induzido na sua infracção pelo beneficiário, ou se este consentiu, a *equity* reconhece em determinadas circunstâncias, causas de exoneração ou de limitação da responsabilidade do *trustee*[407].

Já em se tratando de situação onde o *trustee* tiver investido do poder de delegação, e delegar suas funções a um *co-trustee*, sem a devida diligência na escolha deste, ou ainda, sem a devida vigilância de seus actos, o *trustee* será pessoalmente responsável pelos actos do *co-trustees*[408].

Contudo, pode ser permitido pelo *settlor* no acto constitutivo do *Trust*, o afastamento de condutas fiduciárias tradicionais, estabelecendo, assim, cláusulas de exclusão de ilicitude ou culpa. Ao tribunal é igualmente consentido conceder autorização especial, prévia ou ulterior, para a prática de determinado acto[409].

Porém, se por um lado é permitida a exclusão de determinadas responsabilidades do *trustee*, por outro, efectivamente, essa exclusão não pode ser contrária a ordem pública. Neste ponto, considera-se, pois, que a exclusão da responsabilidade do *trustee* em casos de má-fé, de negligência grosseira, ou de descumprimento doloso dos respectivos deveres é contrário a ordem pública[410].

Importante aqui mencionar, que o consentimento expresso de todos os beneficiários para a adopção de certa conduta, desde que estejam absoluta e totalmente esclarecidos e sejam capazes de exercício de direitos para consentir, exclui também a responsabilidade do *trustee*. Ao *settlor* de um *Trust* revogável é igualmente permitido prestar o respectivo consentimento[411].

---

[407] BEILFUSS, Cristina González. *El Trust – La Instituición Anglo-Americana y el Derecho Internacional Privado Español*. Barcelona: Bosch, 1997, p. 30. *Vide* GARDNER, Simon. *An Introduction to the Law of Trusts*. Oxford University Press, UK, 2003, p. 258 e ss.

[408] CHALHUB, Melhim Namem. *Trust*. Rio de Janeiro: Renovar, 2001, p. 52.

[409] MENNEL, L. Robert. *Wills and Trusts in a Nutshell*. Second Edition, Minnesota: West Group, 2004, p. 271. *Vide* MASTERS, Colin. *The Powers and Duties of Trustees under English Law*. United Kingdom: Trusts & Trustees, Gostick Hall, Volume 2, Issue 1, 1996.

[410] LEITE DE CAMPOS, Diogo; VAZ TOMÉ, Maria João. *A Propriedade Fiduciária (Trust), Estudo para a sua Consagração no Direito Português*. Coimbra: Almedina, 1999, p. 133.

[411] LEITE DE CAMPOS, Diogo; VAZ TOMÉ, Maria João. *A Propriedade Fiduciária (Trust), Estudo para a sua Consagração no Direito Português*. Coimbra: Almedina, 1999, p. 133; MENNEL, L. Robert. *Wills and Trusts in a Nutshell*. Second Edition, Minnesota: West Group, 2004, p. 271.

Em síntese e como se observa claramente, a responsabilidade surge quase exclusivamente em virtude da desconformidade objectiva da sua conduta com as cláusulas do acto constitutivo do *Trust*, ou com as normas que regulam a sua função. Realmente, o *trustee* deve devolver ao *Trust* tanto os bens e direitos de que este se viu privado, como a utilidade que o mesmo teria produzido na ausência de seu descumprimento[412].

Dessa forma, o *trustee* responsável pela perda de um bem do *Trust* é obrigado a indemnizar o beneficiário pelo máximo valor que este poderia ter atingido no período que medeia entre o descumprimento e a sentença judicial[413].

Com efeito, o descumprimento do *Trust* não depende do resultado dos investimentos, mas sim da conduta fiduciária do *trustee*. Não é consentido ao *trustee* compensar as perdas causadas por uma determinada violação do *Trust* com os proveitos carreados por outra[414]. Contudo, no caso desses descumprimentos não terem autonomia entre si, o *trustee* é responsável apenas pelo prejuízo líquido[415].

Nesse contexto, o *trustee* não deve ser absentista na administração do *Trust*. O *co-trustee* que de algum modo consente nas deliberações adoptadas age do mesmo modo que os seus pares e é considerado, em igual medida, responsável perante os beneficiários pelos danos decorrentes do descumprimento do *Trust*[416].

---

[412] *Vide* MASTERS, Colin. *The Powers and Duties of Trustees under English Law.* United Kingdom: Trusts & Trustees, Gostick Hall, Volume 2, Issue 1, 1996; MERZ, Sandro; SGUOTTI, Paolo. *La Transmissione Familiare e Fiduciaria della Ricchezza.* Padova: Cedam, 2001.

[413] LEITE DE CAMPOS, Diogo; VAZ TOMÉ, Maria João. *A Propriedade Fiduciária (Trust), Estudo para a sua Consagração no Direito Português.* Coimbra: Almedina, 1999, p. 134.

[414] *Vide* MASTERS, Colin. *The Powers and Duties of Trustees under English Law.* United Kingdom: Trusts & Trustees, Gostick Hall, Volume 2, Issue 1, 1996.

[415] LEITE DE CAMPOS, Diogo; VAZ TOMÉ, Maria João. *A Propriedade Fiduciária (Trust), Estudo para a sua Consagração no Direito Português.* Coimbra: Almedina, 1999, p. 135; MENNEL, L. Robert. *Wills and Trusts in a Nutshell.* Second Edition, Minnesota: West Group, 2004, p. 271.

[416] Além do mais, sobre o *trustee* não activo, pode recair a responsabilidade pela omissão de precauções necessárias e adequadas para obstar ao descumprimento dos restantes *co-trustees*. LEITE DE CAMPOS, Diogo; VAZ TOMÉ, Maria João. *A Propriedade Fiduciária (Trust), Estudo para a sua Consagração no Direito Português.* Coimbra: Almedina, 1999, p. 135.

118 A Tributação dos Trusts

Por último, importa lembrar, que no caso de eventual falência ou insolvência do *trustee*, os credores do *trustee* não podem agredir os bens ou direitos patrimónios do *Trust*. Por igual, a *res* do *Trust* não faz parte do regime matrimonial nem da sucessão do *trustee*[417].

SECÇÃO III
A modificação e extinção do *Trust*

Tema último que se põe nesta Capítulo, então, atine às formas de modificação e extinção do *Trust*.

Por mais uma vez devemos mencionar, referente a modificação do *Trust* pelo *trustee*, que o *trustee* deve administrar o *Trust* de acordo com os termos do *trust instrument*. Qualquer desvio é uma violação do *Trust* e ele pode ser por isso responsabilizado[418].

No entanto, todo beneficiário adulto e capaz de seus actos (*sui júris*) pode tratar de seus interesses benéficos sob o *Trust* da maneira que desejar, consequentemente pode consentir para que o *trustee* transaccione com a *trust property*, porém de uma forma que afecte apenas os seus interesses[419].

De outra parte, o *settlor* pode reservar-se no *trust instrument* poderes de modificação das cláusulas do *Trust*. Ainda, quando o *settlor* detém o poder de revogação do *Trust*, implicitamente ele também reserva-se o poder de modificar as suas cláusulas.

Já em âmbito da extinção do *Trust*, importante ressaltar que, embora a extinção do *Trust* seja um processo simples e claro, existem muitas maneiras e determinadas limitações sobre quando isto pode ocorrer[420].

---

[417] Luzzatto, Ricardo. *Legge Applicabile e Riconoscimento Di Trusts Secondo La Convenzione Dell'Aja del 1 º Luglio 1985*. Rivista di Diritto Internazionale Privato e Processuale, Padova, v. 35, 1999, p. 14.

[418] Martin, Jill E., *Modern Equity*. Fifteenth Edition. London: Sweet & Maxwell, 1997, p. 611.

[419] Martin, Jill E., *Modern Equity*. Fifteenth Edition. London: Sweet & Maxwell, 1997, p. 611.

[420] Reutlinger, Mark. *Wills, Trusts, and Estates, Essencial Terms and Concepts*. Second Edition, New York: Aspen Publishers, 1998, p. 167.

Nesse sentido, o *Trust* pode terminar naturalmente em virtude de seus termos: porque o *settlor* direccionou assim no *trust instrument*, porque as finalidades do *Trust* foram realizadas ou ainda, porque os propósitos do *Trust* tornaram-se ilegais ou de impossível realização[421].

Assim, primeiramente, a extinção ou revogação do *Trust* pode ocorrer pelo *settlor*, que retém expressamente o poder de revogação, de acordo com os termos do *Trust*[422].

Por conseguinte, o acto constitutivo também pode prever circunstâncias conducentes a extinção do *Trust*. Assim, alguns *Trusts* são planeados para vigorarem durante um período específico de tempo (como por exemplo 15 anos) ou até o acontecimento de certo evento (como por exemplo, até a morte de um beneficiário). Dessa forma, a realização do fim subjacente à constituição do *Trust* origina a sua extinção. Adicionalmente, o *settlor* pode conceder ao *trustee*, ao beneficiário, ou a terceiro, o poder de extinguir o *Trust*[423].

Como já sinalizado, o *Trust* também poderá ser extinto caso ocorra sua impraticabilidade, impossibilidade ou ilicitudes supervenientes, que inviabilizem o fim em vista[424].

---

[421] REUTLINGER, Mark. *Wills, Trusts, and Estates, Essencial Terms and Concepts.* Second Edition, New York: Aspen Publishers, 1998, p. 167.

[422] Assim, o *settlor* pode reservar-se o poder de revogar o *Trust* de acordo com sua vontade ou sujeitar o *Trust* a especificas condições. LEITE DE CAMPOS, Diogo; VAZ TOMÉ, Maria João. *A Propriedade Fiduciária (Trust), Estudo para a sua Consagração no Direito Português.* Coimbra: Almedina, 1999, p.165; MENNEL, L. Robert. *Wills and Trusts in a Nutshell.* Second Edition, Minnesota: West Group, 2004, p. 338; REUTLINGER, Mark. *Wills, Trusts, and Estates, Essencial Terms and Concepts.* Second Edition, New York: Aspen Publishers, 1998, p. 167.

[423] MENNEL, L. Robert. *Wills and Trusts in a Nutshell.* Second Edition, Minnesota: West Group, 2004, p. 338. Nesse sentido, complementa REUTLINGER (1998), que os Tribunais da equidade raramente permitem alterações nas provisões do *Trust* nos casos de não previsão expressa do poder pelo *settlor*, excepto nos casos de *Charitable Trust*. REUTLINGER, Mark. *Wills, Trusts, and Estates, Essencial Terms and Concepts.* Second Edition, New York: Aspen Publishers, 1998, p. 167-169.

[424] Assim, o que era inicialmente prático e legal, no decorrer do tempo encontrou dificuldades, às quais não foram fornecidas soluções pelo *settlor* no *trust instrument*, impossibilitando a sua continuidade. ENNEL, L. Robert. *Wills and Trusts in a Nutshell.* Second Edition, Minnesota: West Group, 2004, p. 338.

120   *A Tributação dos Trusts*

Do mesmo modo, se extinguirá, quando os papéis do *trustee* e de beneficiário se confundirem na mesma pessoa em virtude dos termos do *Trust* ou em virtude da transmissão da totalidade do *equitable title* para o único *trustee*[425]. Isso pode ocorrer por exemplo, se o *trustee* adquirir os interesses de todos os beneficiários. O efeito é o mesmo que aquele já mencionado quando o único beneficiário é o único *trustee*. Logo, o *Trust* tende a falhar, tendo em vista que não há ninguém para exigir o cumprimento do *Trust*[426].

Ainda, o consentimento de todos os beneficiários absolutamente intitulados (*sui júris*), desde que não prejudique nenhuma finalidade importante do *Trust* e que não exista nenhum interesse pendente, poderá resultar na extinção do *Trust*[427]. Por outro lado, se o *settlor* der o seu consentimento, mesmo que acarrete frustração de um propósito significativo do *Trust,* poderá ocorrer a extinção[428].

Porém, tal forma de extinção é frequentemente impossível, tendo em vista as condições de consentir dos beneficiários, que podem ser muita vezes nascituros, incompetentes ou que simplesmente se recusam concordar com a extinção[429].

Importante aqui se realçar que a morte do *trustee* não extingue necessariamente o *Trust*. Nesse sentido, aliás, límpida a mensagem Beilfuss (1997), *in verbis*:

> "(...) *la muerte del trustee, em cambio, no significa la desaparición del trust. De hecho, es axiomático que la falta de un trustee no implica la*

---

[425] Leite de Campos, Diogo; Vaz Tomé, Maria João. *A Propriedade Fiduciária (Trust), Estudo para a sua Consagração no Direito Português*. Coimbra: Almedina, 1999, p.165; Mennel, L. Robert. *Wills and Trusts in a Nutshell*. Second Edition, Minnesota: West Group, 2004, p. 339.

[426] Reutlinger, Mark. *Wills, Trusts, and Estates, Essencial Terms and Concepts*. Second Edition, New York: Aspen Publishers, 1998, p. 170.

[427] Martin, Jill E., *Modern Equity*. Fifteenth Edition. London: Sweet & Maxwell, 1997, p. 611; Mennel, L. Robert. *Wills and Trusts in a Nutshell*. Second Edition, Minnesota: West Group, 2004, p. 339.

[428] Leite de Campos, Diogo; Vaz Tomé, Maria João. *A Propriedade Fiduciária (Trust), Estudo para a sua Consagração no Direito Português*. Coimbra: Almedina, 1999, p.165; Mennel, L. Robert. *Wills and Trusts in a Nutshell*. Second Edition, Minnesota: West Group, 2004, p. 339.

[429] Reutlinger, Mark. *Wills, Trusts, and Estates, Essencial Terms and Concepts*. Second Edition, New York: Aspen Publishers, 1998, p. 167.

invalidez del trust, pues se puede acudir a los tribunales para que étos designen a un nuevo trustee" [430].

Em ponteamento final a respeito, resta passar-se então a compreensão dos efeitos da extinção do *Trust*.

Após o término do *Trust* o *title legal* da *trust property* pode passar automaticamente para a esfera jurídica do beneficiário[431].

Contudo, normalmente, a titularidade dos bens ou direitos permanece na esfera jurídica do *trustee*. Logo, o *trustee* que tem o dever de, após a elaboração da contabilidade devida, transferir a titularidade e a posse aos beneficiários designados para isso[432].

---

[430] BEILFUSS, Cristina González. *El Trust – La Instituición Anglo-Americana y el Derecho Internacional Privado Español.* Barcelona: Bosch, 1997, p. 34.

[431] Porém, a transferência automática dependerá de uma regra legal (*statutory*), dos termos do *Trust* ou em decorrência do final do prazo estipulado pelo *settlor*.

[432] Porém, o *trustee* pode reter a propriedade como garantia para suas compensações ou reembolsos das despesas pagas por ele. LEITE DE CAMPOS, Diogo; VAZ TOMÉ, Maria João. *A Propriedade Fiduciária (Trust), Estudo para a sua Consagração no Direito Português.* Coimbra: Almedina, 1999, p. 165; MENNEL, L. Robert. *Wills and Trusts in a Nutshell.* Second Edition, Minnesota: West Group, 2004, p. 339.

CAPITULO V

O Panorama Internacional dos *Trusts* e a Convenção da Haia sobre o Direito Aplicável aos *Trust*s e o seu Reconhecimento

1. A Conferência da Haia de Direito Internacional Privado

Actualmente, a Conferência da Haia de Direito Internacional Privado integra sessenta e cinco países, sendo uma Organização Internacional de carácter global. Perceba-se, sim, que diversas tradições jurídicas são reunidas através de tratados internacionais multilaterais que correspondam às necessidades mundiais.

De facto, as situações pessoais, familiares ou comerciais, que estão relacionadas a mais de um país, são habituais no mundo moderno. Estas podem ser afectadas, pelas diferenças que existem entre os sistemas jurídicos vigentes nesses países. Em razão disso, e visando solucionar essas questões, os Estados adoptam regras especiais, conhecidas como "Direito Internacional Privado"[433].

Neste sentido, a missão estatutária da Conferência consiste em trabalhar pela unificação progressiva dessas regras, em numerosas matérias. Dentre todas as disciplinas enfocadas pela Conferência da Haia, a que trata sobre a Lei Aplicável aos *Trusts* e o seu Reconhecimento é a que nos dedicaremos. Passemos a ela.

---

[433] HCCH. *Hague Conference on Private International Law*. Disponível em: http://hcch.e-vision.nl/index_en.php?act=text.display&tid=26. Acesso em 10.03.2006. *Vide* também: Luzzatto, Ricardo. *Legge Applicabile e Riconoscimento Di Trusts Secondo La Convenzione Dell'Aja del 1 º Luglio 1985*. Rivista di Diritto Internazionale Privato e Processuale, Padova, v. 35, 1999, p. 5-7.

2. Aproximação ao Direito dos *Trusts* e o seu Reconhecimento

Por primeiro, então, abordaremos elementar recordação histórica a respeito.

O tema dos *Trusts* foi incluído nas discussões da Conferência da Haia de Direito Internacional Privado no ano de 1980. Após três anos de intensos trabalhos, a Comissão especial designada para elaborar um texto preliminar de tratado, apresentou seus resultados que, em 1984, foram adoptados e assinados.

O referido texto, apontou as características principais dos *Trusts*, incluindo sua especial particularidade de ser reconhecido pelos países da *Common Law*.

Assim, a tarefa da futura Convenção dos *Trusts* seria a de servir como uma ponte entre o Direito dos países anglo-saxões e os países continentais[434]. De facto, a aproximação ao Direito positivo, com a tradicional necessidade de regras estritas dos países da *Civil Law* seria o principal desafio.

Ademais, a existência de institutos análogos ao Direito dos *Trusts* seria outro problema a ser resolvido: a comparação, na interpretação da nova disciplina que se apresentava, seria constante.

Neste passo, os países que reconhecem o Direito dos *Trusts*, em seu ordenamento jurídico, pleiteavam a extensão deste novo instituto aos ordenamentos que não conheciam o *Trust*. Estes, por sua vez, priorizavam em instruir os seus sistemas jurídicos, com as ferramentas necessárias, para lidar com o inovador regime.

Dessa forma, uma das justificativas para a introdução dos *Trusts* nos novos países se dava pelos constantes conflitos internacionais na utilização do Direito dos *Trusts* em outras jurisdições. Em complemento, os *Trusts* adentravam na resolução de diversos meandros da vida das pessoas e das empresas, o que dava praticidade à Convenção que, por ora, se negociava.

Em verdade, ao final das negociações havia um sentimento generalizado de que se dava um passo fundamental e inovador na integração

---

[434] VON OVERBECK, Alfred E. *Explanatory Report on the 1985 Hague Trusts Convention.* HAIA: HCCH, 1985.

dos países da *Common Law* e da *Civil Law*, através do reconhecimento do Direito dos *Trusts*[435].

3. Panorama Internacional dos Países Signatários

Em um conjunto diversificado de sistemas legais, dos Estados Unidos ao Reino Unido, de Malta à China, da Holanda à Itália, os *Trusts* são vistos, cada vez mais, como uma alternativa potencialmente complementar e inovadora para os sistemas jurídicos tradicionais.

Nas últimas décadas, o mundo presenciou um aumento significativo do compromisso com a democracia e com as políticas de integração. Esses objectivos políticos e económicos, que se complementam, deram origem a uma enorme quantidade de leis importantes. Isso inclui reformas constitucionais e de Direitos civis, acordos de integração e legislação comercial, bem como inovações fiscais. Essas tendências de integração resultaram no surgimento de um melhor conhecimento pelos sistemas estrangeiros.

Neste sentido, aparece o Direito dos *Trusts*.

Conforme discorremos, o tema do Direito dos *Trusts* foi incluído nas discussões da Conferência da Haia de Direito Internacional Privado no ano de 1980. Após três anos de intensos trabalhos, a Comissão especial designada para elaborar um texto preliminar de tratado, apresentou seus resultados que, em 1984, foram adoptados e assinados. Em Julho do ano seguinte, a Convenção foi definitivamente concluída, permanecendo aberta à assinatura e posterior ratificação pelos países interessados.

Já em 1º de Janeiro de 1992, entrou em vigor o texto da Convenção da Haia sobre o Direito aplicável aos *Trusts* e o seu reconhecimento.

3.1. *Status* da Convenção

Em seu histórico construtivo, a Convenção sobre o Direito dos *Trusts* recebeu diplomatas e outros representantes de dezenas de países,

---

[435] VON OVERBECK, Alfred E. *Explanatory Report on the 1985 Hague Trusts Convention.* HAIA: HCCH, 1985, p. 05.

126 A Tributação dos Trusts

entre eles, de diversos países europeus como Áustria, Bélgica, Chipre, Checoslováquia (antes da separação), Dinamarca, Finlândia, França, Alemanha, Grécia, Irlanda, Itália, Luxemburgo, Noruega, Holanda, Polónia, Portugal, Espanha, Suécia, Suíça, Jugoslávia, Turquia e Reino Unido.

Portanto, quase a totalidade dos países, da actual União Europeia, tiveram papel fundamental na construção da referida Convenção, com esforços integrados aos dos representantes dos Estados Unidos da América, Argentina, Austrália, Canadá, Egipto, Israel, Japão, Suriname, Uruguai, Venezuela e Panamá.

Por conseguinte, apesar das discussões em torno da aceitabilidade do Direito dos *Trusts* nos países de Direito Continental, o sucesso dos resultados da Convenção demonstram-nos como bom exemplo a ser verificado na adopção e adaptação pelos sistemas jurídicos da *Civil Law*.

Neste passo, actualmente, a Convenção está em vigor para dez (10) países signatários, de acordo com a relação a seguir:

- *Austrália, desde 1 de Janeiro de 1992.*
- *Canadá, desde 1 de Janeiro de 1993.*
- *China, desde 1 de Janeiro de 1992.*
- *Itália, desde 1 de Janeiro de 1992.*
- *Luxemburgo, desde 1 de Janeiro de 2004.*
- *Malta, desde 1 de Março de 1996.*
- *Holanda, desde 1 Fevereiro de 1996.*
- *Reino Unido, desde 1 de Janeiro de 1992.*
- *Liechtenstein, desde 1 de Abril de 2006.*
- *San Marino, a partir de 1 de Agosto de 2006.*

Neste contexto, entre os países signatários, são aguardados para ratificação, o Chipre, a França e os Estados Unidos da América.

4. O Texto da Convenção da Haia Sobre o Direito Aplicável aos *Trusts* e o seu Reconhecimento

De todo coerente, por conseguinte, passar-se ao exame, detido e fundamental, dos artigos da Convenção em referência[436].

Inicialmente, o texto da Convenção é dividido em 5 partes, principiando pela delimitação dos objectivos do tratado, quais sejam, o Direito dos *Trusts* e o seu reconhecimento, em uma perspectiva mais contratual do instituto[437].

A referida Convenção nos oferece, especialmente, um conjunto de definições e regras interessantes para compreender e assimilar o instituto do *Trust,* sendo de enorme interesse para as jurisdições que ainda não reconhecem o instituto.

Iniciaremos nossa análise, agora dentro da perspectiva da Convenção, pelo seu artigo 2º, em rememoração a definição de *Trust,* nestes termos:

> *"For the purposes of this Convention, the term "trust" refers to the legal relationships created – inter vivos or on death – by a person, the settlor, when assets have been placed under the control of a trustee for the benefit of a beneficiary or for a specified purpose"*[438].

Em verdade, neste artigo, os negociadores preferiram definir o instituto com os elementos que consideram os *Trusts* na Inglaterra e nos Estados Unidos da América, onde a transferência dos bens é condição essencial para a criação dos *Trusts.*

Observamos ainda, que esta definição resguarda o *Trust* expresso, criado *inter vivos* ou *causa mortis.* De facto, pelo artigo 3º da Convenção, a mesma só se aplicará aos *Trusts* criados voluntariamente e cuja prova do acto constitutivo possa ser provado por escrito. Posto

---

[436] Em complemento *vide*: RESCIGNO, Pietro. *Notazioni a chiusura di un seminario sul trust.* Europa e diritto privato, Milano, n.2, 1998, 456-457.

[437] GARRIGUES, Abelardo Delgado Pacheco. *Las Entidades en Atribuición de Rentas y el Régimen Fiscal de Partnerships y Trust en España.* Manual de Fiscalidad Internacional, Madri, 2004, p. 374.

[438] HCCH. *Convention on the Law Applicable to Trusts and on their Recognition.* Disponível em: http://hcch.e-vision.nl/index_en.php?act=conventions.text&cid=59. Acesso em 13.03.2006. *Vide* ainda: SANTORO, Laura. *Trust e Fiducia.* Contratto e Impresa, Padova, Anno XI-N.3, p. 976-995, Settembre-Dicembre, 1995, p. 977.

128   A Tributação dos Trusts

tudo isso, a Convenção não se aplica aos *Trusts* implícitos e aos *Trusts* criados por lei[439].

Entretanto, por outro lado, o artigo 20° da Convenção autoriza qualquer Estado contratante a declarar que as disposições da Convenção em questão serão extensivas a um *Trust* criado por decisão judicial[440]. Para tal, o país declarante deverá notificar por escrito o Ministério das Relações Exteriores da Holanda, país depositário da Convenção.

É mister salientar, que a definição oferecida pela Convenção da Haia, reflecte os aspectos fundamentais do *Trust:* o *Trust* é uma forma de propriedade e, a sua especificidade, supõe uma divisão de propriedade como resultado de uma relação triangular simples na qual um proprietário formal (o *trustee*), actua em interesse de um terceiro (o beneficiário), de acordo com as instruções e desejos do constituinte inicial do *Trust* (o *settlor*)[441].

Nesse passo, merece enfoque o artigo 2° da Convenção, que confere ao *Trust* três características fundamentais, a seguir[442]:

a) Os bens do *Trust* constituem um fundo separado e não formam parte do património do *trustee*.

Em razão disso, aqui vale lembrar, que no caso de insolvência e falência do *trustee*, os credores do *trustee* não podem executar os bens que ele administra como *trustee*.

b) O título sobre os bens do *Trust* se estabelece em nome do *trustee* ou de outra pessoa por conta do *trustee*.

Nesse sentido, o constituinte deverá transferir ao *trustee* a propriedade dos bens ou direitos constituídos em *Trust*. O *trustee* deverá ser o titular do fundo patrimonial do *Trust*.

---

[439] Nesse sentido, *vide*: MAZZAMUTO, Salvatore. *The Italian Law of Trust in the Aftermath of the Hague Convention*. Europa e diritto privato, Milano, n.3, 1998, p. 782.

[440] *Vide* VON OVERBECK, Alfred E. *Explanatory Report on the 1985 Hague Trusts Convention*. HAIA: HCCH, 1985, p. 11.

[441] GARRIGUES, Abelardo Delgado Pacheco. *Las Entidades en Atribuición de Rentas y el Régimen Fiscal de Partnerships y Trust en España*. Manual de Fiscalidad Internacional, Madri, 2004, p. 374.

[442] Cfr. LUZZATTO, Ricardo. *Legge Applicabile e Riconoscimento Di Trusts Secondo La Convenzione Dell'Aja del 1 ° Luglio 1985*. Rivista di Diritto Internazionale Privato e Processuale, Padova, v. 35, 1999, p. 08; SANTORO, Laura. *Trust e Fiducia*. Contratto e Impresa, Padova, Anno XI-N.3, p. 976-995, Settembre-Dicembre, 1995, p. 977.

c) O *trustee* tem a faculdade e a obrigação, de prestar contas, de administrar, negociar ou dispor dos bens segundo as condições do *Trust* e das obrigações particulares que a lei imponha. Dessa forma, perceba-se que o *trustee* tem o poder de disposição sobre os bens como regra da titularidade ou propriedade legal sobre aquilo que ostenta. Não obstante, o *trustee* actua sempre no interesse ou por conta do beneficiário. Com efeito, para actuar deste modo, o *trustee* deverá ajustar-se ao disposto pelo *settlor* no acto constitutivo do *Trust* e na forma da lei, onde lhe são aplicáveis.

Finalizando, o artigo 2º da Convenção, dispõe que o constituinte (*settlor*) poderá conservar certas prerrogativas, e o *trustee,* a seu turno, poderá ter certos direitos como beneficiário, sem obstar, com isso, a existência do *Trust.*

Já no artigo 4º, a Convenção explicita a regra de não se aplicar a questões preliminares, relativas à validez de testamentos ou outros actos jurídicos, em virtude dos quais são apenas transferidos bens ao *trustee*[443]. Na verdade, a Convenção se aplica ao efectivo estabelecimento dos *Trusts,* propriamente ditos, e não na validação de actos onde as transferências de bens são levadas a cabo.

Em prosseguimento, o capítulo seguinte da Convenção estabelece sobre a lei aplicável aos *Trusts.* O artigo 6º determina que o *Trust* será regulado pela lei escolhida pelo *settlor,* em consonância ao princípio de autonomia da parte. A eleição deverá ser expressa, ou resultar das disposições do instrumento no qual se criou o *Trust*[444].

Neste passo, quando a lei eleita pelo *settlor* não reconhecer a instituição do *Trust* ou a categoria de que se trate o *Trust*, essa eleição não surtirá efeito e será aplicável a lei a que se refere o artigo 7º da Convenção. Sendo assim, o artigo 7º impõe que o *Trust* se

---

[443] *Vide*: MARELLA, Maria Rosaria. *Il Divieto Dei Patti Successori E Le Alternative Convenzionali Al Testamento. Riflessioni Sul Dibattito Piu' Recente.* The Cardozo Electronic Law Bulletin, Torino, v. 3, 1997. Disponível em: http://www.jus.unitn.it/cardozo/ Review. Acesso em: 02/05/2007.

[444] Vide também sobre o artigo 6º: NUZZO, Enrico. *Il trust interno privo di "flussi" e "formanti".* Banca Borsa Titoli di Credito, Milano, v. 54, p. 427-436, Luglio-Agosto, 2004.

130 A Tributação dos Trusts

regulará pela lei que está mais estreitamente vinculado[445]. Para este fim, será levado em conta:

a) O lugar da administração do *Trust* designado pelo constituinte (*settlor*);

b) O lugar onde se encontrem os bens do *Trust*;

c) O lugar onde o *trustee* resida ou exerça suas actividades;

d) Os objectivos do *Trust* e os lugares onde se devam cumprirem.

Dessa forma, dispõe o artigo 8º da Convenção, que a lei escolhida pelo *settlor* no artigo 6º, ou a lei determinada no caso do artigo 7º, deverá reger a validade do *Trust*, sua interpretação e seus efeitos, bem como a sua administração[446]. Logo, a lei também determinará os direitos, deveres e compromissos do *trustee,* seus poderes de administração e de investimento, as suas relações com os beneficiários e, por fim, as suas responsabilidades perante a administração do *Trust.* Apesar de numerosa, a lista do referido artigo não é exaustiva quanto aos inúmeros aspectos do *Trust,* como observa VON OVERBECK (1985)[447].

Em seguida, o capítulo III se concentra no reconhecimento do *Trust* criado em conformidade com o capítulo anterior. Neste sentido, os artigos 11º e 12º da Convenção, desenvolvem um aspecto importante do *Trust* no que respeita a divisão da propriedade e da recuperação dos bens do *Trust.* Dentre outros aspectos, os bens não formam parte do património do *trustee* nem se incorporam a sua sociedade patrimonial. Desta forma, como já antes sinalizado, seus credores não têm acção nenhuma sobre os bens do *Trust* em decorrência de eventuais dívidas do *trustee.*

Por um outro lado, o artigo 11º em sua letra "d", diz que se podem reivindicar os bens do *Trust* no caso do *trustee* que, em infração às obrigações derivadas do *Trust,* tenha confundido os seus bens particulares com os bens do *Trust* ou os tenha alienado.

---

[445] *Vide* LA NOTTE, Maria. *Il trust e la Convenzione de l'Aja del 1985 (L.364/89).* Napoli: Seconda Università degli Studi di Napoli, 2002, p. 15

[446] LUZZATTO, Ricardo. *Legge Applicabile e Riconoscimento Di Trusts Secondo La Convenzione Dell'Aja del 1 º Luglio 1985.* Rivista di Diritto Internazionale Privato e Processuale, Padova, v. 35, 1999, p 16.

[447] VON OVERBECK, Alfred E. *Explanatory Report on the 1985 Hague Trusts Convention,* HAIA: HCCH, 1985, p. 18.

Deverá ainda, o artigo 11° ser interpretado com estrita associação ao artigo 2°, visto que, este, é o indicador do conteúdo mínimo do reconhecimento do *Trust,* em função de quanto deverá ter a sua norma regulamentar[448].

Importante mencionar, por conseguinte, que pelos termos do artigo 12°, o *trustee* estará facultado para solicitar a inscrição, na sua qualidade de *trustee*, sempre que desejar registar um bem móvel ou imóvel, ou um título relativo ao mesmo, desde que, ele não esteja proibido pela lei do país. Neste caso, deve ele se alinhar aos requisitos legais do país em questão, a fim de efectuar os referidos registos com o intuito de explicitar a relação em *Trust*[449].

De seu turno, o artigo 13° da Convenção estipula que nenhum Estado está obrigado a reconhecer o *Trust* cujos elementos significativos (salvo a eleição da lei aplicável, o lugar da administração e a residência habitual do *trustee)*, estão vinculados mais estreitamente com Estados que desconhecem a instituição do *Trust* ou a classe do *Trust* de que se trate[450].

Contudo, para facilitar o reconhecimento do instituto, a Convenção autoriza, no seu artigo 14°, a aplicação de normas mais favoráveis ao reconhecimento dos *Trusts,* nestes termos:

---

[448] CARBONE. Sergio Maria. *Autonomia Privata, Scelta Della Legge Regolatrice Del Trust e Riconoscimento Dei Suoi Effetti Nella Convenzione Dell'Aja del 1985.* Rivista di Diritto Internazionale Privato e Processuale, Padova, v. 35, 1999, p. 776. *Vide* também nesse sentido: LUZZATTO, Ricardo. Legge Applicabile e Riconoscimento Di Trusts Secondo La Convenzione Dell'Aja del 1 ° Luglio 1985. Rivista di Diritto Internazionale Privato e Processuale, Padova, v. 35, 1999, p. 13.

[449] *Vide* VON OVERBECK, Alfred E. *Explanatory Report on the 1985 Hague Trusts Convention,* HAIA: HCCH, 1985, p. 27.

[450] *Vide* também: NUZZO, Enrico. *Il trust interno privo di "flussi" e "formanti".* Banca Borsa Titoli di Credito, Milano, v. 54, p. 427-436, Luglio-Agosto, 2004; NUZZO, Enrico. *E Luce Fu Sul Regime Fiscale Del Trust.* Banca Borsa Titoli di Credito, Milano, v. 55, n. 2, p. 244-269, Marzo-Aprile, 2002; GIULIANI, Federico Maria. *Il trust "interno" (regolato da una "legge trust") e la Convenzione dell'Aja.* Contratto e impresa, Padova, Anno XIX-N.1 Gennaio-Aprile, 2003, p. 434; CARBONE. Sergio Maria. *Autonomia Privata, Scelta Della Legge Regolatrice Del Trust e Riconoscimento Dei Suoi Effetti Nella Convenzione Dell'Aja del 1985.* Rivista di Diritto Internazionale Privato e Processuale, Padova, v. 35, 1999, p. 356.

132　　　　　　　　　*A Tributação dos Trusts*

"The Convention shall not prevent the application of rules of law more favourable to the recognition of trusts" [451].

Por sua vez, o capítulo IV reúne as cláusulas gerais da Convenção, ora em análise.

Em princípio, o artigo 15º da Convenção, trata de salvaguardar na aplicação da Convenção dos *Trusts,* as normas públicas dos países participantes que possam afectar a protecção de menores ou incapazes, Direito matrimonial, legítimas, protecção de credores e terceiros de boa fé. Entretanto, caso a aplicação desta norma dificulte o reconhecimento do instituto do *Trust* os tribunais devem procurar outros meios para aprovisionar efeitos ao *Trust.*

Finalmente, especial ponto deste capítulo disciplina o artigo 19º, que dispõe que nada na Convenção deverá prejudicar os poderes dos países nas matérias fiscais, de modo que esta matéria se regulará pela lei de cada Estado. Em alinhamento a tal regra, passaremos, mais a frente, a verificar as principais disposições regratórias fiscais no Reino Unido, na Itália e em França[452]. Tudo, pois, em preparação a nossa análise fiscal própria.

---

[451] HCCH. *Convention on the Law Applicable to Trusts and on their Recognition.* Disponível em: http://hcch.e-vision.nl/index_en.php?act=conventions.text&cid=59. Acesso em 13.03.2006.

[452] Os artigos seguintes da Convenção de Haia Sobre o Direito Aplicável aos *Trusts* e o seu Reconhecimento tratam de aspectos regratórios gerais do Tratado, como o disciplinamento do tema das reservas, das adesões, do país depositário, bem como da entrada em vigor. Para mais informações, nestes pontos, convidamos a leitura de VON OVERBECK, Alfred E. *Explanatory Report on the 1985 Hague Trusts Convention.* HAIA: HCCH, 1985.

PARTE II
A TRIBUTAÇÃO DOS *TRUSTS* NO REINO UNIDO, NA ITÁLIA E EM FRANÇA

Por tudo quanto analisado ao longo da primeira parte de nosso trabalho, passamos agora, a reflectir, sobre a Tributação do Instituto dos *Trusts*.

Nesse contexto, para iniciarmos as considerações acerca da Tributação do Instituto, é hora, pois, por pertinente, de chamarmos atenção para o tratamento fiscal do *Trust* em alguns países da União Europeia.

Inicialmente, e por necessário, nosso foco de estudos será o Reino Unido. Claro, que com o intuito de observarmos e aproveitarmos a longa experiência existente naquele país, no assunto.

Depois, de suma importância a análise da Tributação dos *Trusts* na Itália e em França. A Itália, introduziu o *Trust* em seu ordenamento jurídico, permitindo novas possibilidades negociais, idóneas, e que não eram satisfeitas pelos instrumentos tradicionais civilísticos ou comerciais. A França, recentemente, aprovou a Lei da *Fiducie*, passo que consideramos fundamental para uma futura, porém, próxima, implementação dos *Trusts* naquele País.

Pois, sim, vale então aqui se enfatizar, que o *Trust* se aproxima vertiginosamente da realidade dos países da *Civil Law*, e por isso deve ser estudado.

Sendo assim, nos dedicaremos à verificação das hipóteses de incidência tributária do instituto actualmente relevantes para estes países, em suas particulares realidades. Logo, não se perquire, por patente, pela análise exauriente do tema, mas, sim, dos assuntos principais que podem ser vislumbrados em relação à tributação dos *Trusts* no Reino Unido, na Itália e em França, e que serão fundamentais para a análise portuguesa do assunto.

CAPÍTULO I

Tributação dos *Trusts* no Reino Unido

1. Introdução

Deve-se destacar, nesse plano e por fundamental, que o Reino Unido concentra a maior, a mais antiga, bem como a mais consistente utilização do instituto dos *Trusts* na União Europeia.

De outra parte, embora a utilização seja muito antiga, a legislação fiscal dos *Trusts* no Reino Unido é bem moderna, sendo constantemente actualizada.

De facto, recentemente, em 1 de Fevereiro de 2006, foi emanado um esboço de Legislação, após dois anos de processo de consultas, que começou com o *Pre-Budget Report* de Dezembro de 2003, quando o Chanceler anunciou planos para modernizar e simplificar o tratamento fiscal no Reino Unido aos *Trusts* residentes.

As diretrizes principais das mudanças concentraram-se em tornar a tributação dos *Trusts,* quanto aos Impostos sobre a Renda e sobre os Ganhos de Capital, mais consistente e reduzir os fardos administrativos aos *trustees*, em particular, aqueles de *Trusts* de menores valores[453].

Ademais, o carácter ordinário dos *Trusts* é bem demonstrado pelo Reino Unido no documento consultivo sobre o tratamento tributário aos Impostos sobre a Renda e sobre os Ganhos de Capital nos *Trusts* do *UK Inland Revenue.* O *UK Inland Revenue* disse ter recebido declarações de mais de 190.000 *interest in possession trusts* e quase 70.000 *Trusts* discricionários e de acumulação. Daí o inconteste acerto,

---

[453] RICHES, John. *Modernising the Tax System for Trusts – Draft Legislation Issued.* UK: Withers LLP, February, 2006.

138   *A Tributação dos Trusts*

sim, de GAILLARD que capturou a normalidade e a importância dos *Trusts*, na seguinte assertiva, *in verbis:*

> *"the trust was more important to English life than tea and more important to Americans than baseball"*[454].

Oportuna e necessária, por conseguinte, a apreciação nesse plano, dos principais Aspectos Tributários concernentes aos *Trusts* no Reino Unido.

Nesse passo, para finalidades Fiscais, o Reino Unido utiliza a palavra *"settlement"*[455] quando refere-se a um *"Trust Arrangement"*, com excepção do *Bare Trust*[456]. Por conseguinte, *"settled property"*[457] significa qualquer propriedade detida por um *Trust,* com ressalva da propriedade detida por *bare trustees*[458].

Logo, *"settlement"* é definida como sendo qualquer disposição de propriedade, quer seja efectuada por escrito, oralmente, ou por decorrência de lei, pela qual a propriedade é mantida em um *Trust* com a finalidade de um pagamento de uma anuidade ou outro pagamento periódico.

Deve-se atentar também que, no Reino Unido, quando o beneficiário não tem um direito qualitativo e quantitativo ao rendimento do

---

[454] GAILLARD, E. *Introductory Note to the Final Act of the Hague Conference on Private International Law.* In: TIMOTHY, Lyons; WHEELER, Joanna. *The International Guide to the Taxation of Trusts.* Amsterdam: IBFD, 2005.

[455] *Vide* sobre *"settlement"* in: HM REVENUE & CUSTOMS. *Inheritance Tax Act 1984, Sec. 43.* Disponível em: http://www.hmrc.gov.uk/ihta/part_3_chapter_1/ihta043.htm#TopOfPage. Acesso em 30.11.2006.

[456] Complementarmente, a HM REVENUE & CUSTOMS explica, *in verbis: "For Capital gains tax purposes a bare trust is one where the beneficiaries are 'absolutely entitled as against the trustee.' This means that either: • the trustee has no right to deal with the property except with the consent of the beneficiaries, or; • the beneficiaries, all of which have similar interests, can take control of the property on giving due notice to the trustee. Also, it is a bare trust where the beneficiaries could take control but for being infants or under some other legal disability. The right of the trustees to retain the property until tax, costs or other outgoings have been met is disregarded for these purposes".* HM REVENUE & CUSTOMS. *Trust and Capital gains tax.* Publicado em 5 de abril de 2006. Disponível em: http://www.direct.gov.uk. Acesso em 30.01.2007.

[457] Portanto, o termo *"settled property"* é a *res* do *Trust* ou a *trust property.*

[458] HM REVENUE & CUSTOMS. *Taxation of Chargeable Gains Act 1992, Sec. 68.* Disponível em: http://www.hmrc.gov.uk/taxes_act_2002/vol_03/tcgapt03/tcgapt03-11.htm#TopOfPage. Acesso em: 12.12.2006.

Trust, ou seja, não tem um interesse individualizado na posse, a *trust property* é chamada de *"relevant property"*[459].

Com efeito, as regras da tributação dos *Trusts* variam de acordo com o tipo de *Trust*. É sob tal prisma, então, que os *Express Trusts* no Reino Unido são divididos em quatro amplas categorias principais para propósitos tributários: *Bare Trusts, Interest in Possession Trusts, Acumulation and Maintenance Trusts* e *Discretionary Trusts*.

Deve se atentar ainda, que o *quantum* do imposto obedecerá as circunstâncias e as necessidades da pessoa vulnerável. Assim, para os beneficiários vulneráveis, tais como menores de 18 anos, órfãos, deficientes físicos ou mentais, são aplicadas alíquotas especiais[460].

Posto tudo isso, cabe enfatizar-se, que concentraremos nossa análise no *Capital Gains Tax,* no Imposto de Renda e no *Inheritance Tax.*

2. Tipos de *Trust* no Reino Unido

É hora, pois, de serem conhecidos os diferentes tipos de *Express Trust* que, como já salientamos, é fundamental para o prosseguimento da presente etapa.

a) *Bare Trusts*

No Reino Unido, um *Bare Trust* é aquele onde o *trustee* possui a propriedade do *Trust* meramente como um *repository* ou *nominee* (depositários dos bens ou direitos), sem ter deveres activos para manter claramente um balanço entre beneficiários com interesses sucessivos[461]. Porém, o *trustee* tem um número de deveres activos para executar.

Nesse contexto, HARDY (2005) explica, que os beneficiários são resguardados com a posse absoluta da *trust property*, ou seja, cada

---

[459] HARDY, Amanda. *The International Guide to the Taxation of Trusts – United Kingdom*. Amsterdam: IBFD, 2005, p. 17.

[460] HM REVENUE & CUSTOMS. *Trusts An introduction*. Disponível em: http://www.hmrc.gov.uk/trusts/introduction.htm#interest . Acesso em 12.02.2007.

[461] HAYTON, D.J., *The Law of Trusts*. London: Sweet e Maxwell, 1998, p. 45.

140   *A Tributação dos Trusts*

beneficiário tem direito imediato e absoluto, tanto sobre o capital como sobre a renda[462].

Dessa forma, o *trustee* não possui poderes discricionários e deverá passar todo rendimento do *Trust* aos beneficiários. Do mesmo modo, deverá no momento indicado pelo *settlor* no *trust instrument*, transferir a propriedade para o beneficiário absolutamente intitulado.

Oportuno salientar aqui, que se por um lado o *trustee* mantém a propriedade em seu nome, por outro, efectivamente, ele não pode negociá-la sem pedir a autorização ao beneficiário.

Nesse particular, desde já devemos mencionar, que no caso do *Bare Trust*, não existe nenhuma particularidade Fiscal, os bens são tratados como se do beneficiário fossem, sendo ignorada a presença e propriedade do *trustee*[463].

b) *Interest in Possession Trust*

Um *Interest in Possession* confere ao beneficiário um direito para uma imediata satisfação sobre a *trust property*. Logo, um beneficiário pode receber toda a renda arrecadada na *trust property,* se investida. Alternativamente, poderá usar a *trust property* se for propriedade tangível, por exemplo, uma casa.

Nesse passo, salienta HAYTON (1998), que um beneficiário poderá ser intitulado somente sobre a renda líquida levantada na *trust property*, ou seja, a renda com a dedução dos valores pagos pelo *trustee* (despesas e impostos) no exercício dos seus poderes administrativos e de gerência[464].

Normalmente, neste tipo de *Trust*, o beneficiário tem um direito legal sobre os rendimentos do *Trust,* mas não possui necessariamente um direito sobre o capital do *Trust*, que passará a um beneficiário diferente em algum específico tempo no futuro ou após um determinado evento futuro[465].

---

[462] HARDY, Amanda. *The International Guide to the Taxation of Trusts – United Kingdom*. Amsterdam: IBFD, 2005, p. 8.

[463] HARDY, Amanda. *The International Guide to the Taxation of Trusts – United Kingdom*. Amsterdam: IBFD, 2005, p. 8.

[464] HAYTON, D.J., *The Law of Trusts*. London: Sweet e Maxwell, 1998, p. 46.

[465] HM REVENUE & CUSTOMS. *Trusts An introduction*. Disponível em: http://www.hmrc.gov.uk/trusts/introduction.htm#interest. Acesso em 24.11.2006.

A Tributação dos Trusts no Reino Unido, na Itália e em França   141

Em termos gerais, o beneficiário recebe a renda do *Trust* por determinado prazo, e quando o *Trust* cessar, o capital do *Trust* passará absolutamente para ele ou para outro beneficiário já predeterminado. Em breve ilustração a respeito, podemos citar uma viúva que recebe os rendimentos do *Trust,* sendo que futuramente o capital deste *Trust* passará ao seu filho[466].

Em ponteamento final a respeito, *Interest in Possession* significa que tendo rendimento o *Trust,* o beneficiário pode sempre reivindicar esse rendimento. Nesse passo, o *trustee* deve passar ao beneficiário todas as receitas do *Trust.*

c) *Trust Discretionary*

Por primeiro, insta destacar, que a flexibilidade desse tipo de *Trust* se ajusta às transformações fiscais, sociais e económicas na Inglaterra e envolve as famílias nos últimos 100 anos[467].

O *Trust Discretionary* é aquele em que o *trustee* possui um poder discricionário sobre a maneira em que o rendimento do capital do *Trust* deverá ser utilizado e distribuído aos beneficiários (o *quantum* da distribuição), e se deverá ser totalmente distribuído ou ser acumulado e adicionado ao capital do *Trust*[468].

Assim, pode ser concedido ao *trustee* o poder de acumular a renda no *Trust*. Logo, a renda acumulada torna-se parte do capital do *Trust*[469].

De facto, o *trustee* poderá decidir qual será o destino dos rendimentos. Por outro lado, eles podem ser requeridos a utilizar a renda para o benefício de uma ou mais classes de beneficiários, porém o *trustee* poderá decidir: o quanto é pago, a qual beneficiário ou classe de beneficiários os pagamentos serão feitos, com qual frequência o pagamento será feito, e ainda, impor condições aos receptores[470].

---

[466] HARDY, Amanda. *The International Guide to the Taxation of Trusts – United Kingdom*. Amsterdam: IBFD, 2005, p. 13.

[467] HAYTON, D.J., *The Law of Trusts*. London: Sweet e Maxwell, 1998, p.47.

[468] HARDY, Amanda. *The International Guide to the Taxation of Trusts – United Kingdom*. Amsterdam: IBFD, 2005, p. 08.

[469] HM REVENUE & CUSTOMS. *Trusts An introduction*. Disponível em: http://www.hmrc.gov.uk/trusts/introduction.htm#interest . Acesso em 24.11.2006.

[470] Ressalta-se, que a distribuição da renda do *Trust* pode variar dependendo das necessidades dos beneficiários, por exemplo, para aulas de ténis, para sua Universidade,

142   *A Tributação dos Trusts*

Na opinião de HAYTON (1998), *in verbis*:

> *"The flexibility of discretionary trusts makes them a very attractive vehicle for family money"*[471].

Por fim, deve-se atentar, que o beneficiário do *Trust Discretionary* não tem um direito certo e determinado quanto ao rendimento do *Trust*, seu direito à renda do *Trust* está sempre vinculado à discricionariedade concedida ao *trustee*[472].

Por tal motivo, a *trust property*, no caso do *Trust Discretionary*, é chamada de *relevant property*.

d) *Acumulation and Maintenance Trust*

Inicialmente, devemos esclarecer que o *Acumulation and Maintenance Trust* não pode mais ser criado no Reino Unido desde 22 de março de 2006. Tal *Trust* encontrava-se dentro das categorias do *Privileged Trust*.

Em suma a respeito, os *Privileged Trust*, em razão de suas finalidades, são privilegiados para fins tributários e incluem-se aqui os seguintes tipos de *Trust: Acumulation and Maintenance, Charitable, Trusts for the Disabled, Employee Trust, Newspaper Trust, Maintenance Funds, Trusts for Conditionally Exempt Property* e os *Pension Trusts*[473].

Na prática Inglesa, dentre os *Privileged Trust*, o *Acumulation and Maintenance* era o mais frequentemente encontrado[474].

Em síntese, o referido *Trust* era constituído quando o *settlor* considerava indesejável conferir a beneficiários menores de 25 anos

---

festa de casamento ou outros fins, de acordo com as necessidades actuais dos beneficiários. Em verdade, esse tipo de *Trust* é principalmente susceptível quando um familiar da confiança do settlor supervisiona as distribuições realizadas pelo *trustee*. HM REVENUE & CUSTOMS. *Trusts An introduction*. Disponível em: http://www.hmrc.gov.uk/trusts/introduction.htm#interest . Acesso em 24.11.2006.

[471] HAYTON, D.J., *The Law of Trusts*. London: Sweet e Maxwell, 1998, p. 47.

[472] HARDY, Amanda. *The International Guide to the Taxation of Trusts – United Kingdom*. Amsterdam: IBFD, 2005, p. 08.

[473] HM REVENUE & CUSTOMS. *Trusts An introduction*. Disponível em: http://www.hmrc.gov.uk/trusts/introduction.htm#interest . Acesso em 18.03.2006.

[474] HARDY, Amanda. *The International Guide to the Taxation of Trusts – United Kingdom*. Amsterdam: IBFD, 2005, p. 08.

um direito imediato sobre a renda do *Trust*[475]. Nesse passo, os beneficiários serão intitulados ao capital, ou ao menos receberão os rendimentos do *Trust* ao atingirem determinada idade, contudo, não mais do que 25 anos de idade[476].

Devemos acrescentar, que nos casos dos *Trusts* já existentes, o *trustee* deveria alterar os termos do *Trust* para que o beneficiário se tornasse intitulado absolutamente na propriedade até 6 de abril de 2008[477].

SECÇÃO

Impostos principais que envolvem o *Trust* no Reino Unido

1. Introdução

Por primeiro, elementar se faz sejam alcançadas algumas definições e aspectos principais dos impostos que envolvem o *Trust*: o *Capital Gains Tax,* o Imposto de Renda e o *Inheritance Tax*.

a) *Capital Gains Tax*

O *Capital Gains Tax* recai sobre os ganhos tributáveis quando ocorrer uma disposição de um activo, ou quando se obtém uma soma de capital proveniente de um activo[478].

---

[475] HAYTON, D.J., *The Law of Trusts*. London: Sweet e Maxwell, 1998, p. 49.

[476] Portanto, o *trustee* poderia acumular a renda ou utilizá-la apenas para a manutenção de um beneficiário, até que ele complete certa idade, ou até determinada data, a partir da qual o beneficiário receberá a titularidade da propriedade ou passará a levantar rendas do *Trust*. É de se destacar, por fim, que na Inglaterra o beneficiário (excepto se os termos do *Trust* estipularem outra idade) torna-se intitulado à renda do *Trust* quando alcança 18 anos de idade. Após tal facto, se o beneficiário desejar, poderá ser transformado em um *Interest in Possession Trust*. HARDY, Amanda. *The International Guide to the Taxation of Trusts – United Kingdom*. Amsterdam: IBFD, 2005, p.09.

[477] HM REVENUE & CUSTOMS. Disponível em: http://www.hmrc.gov.uk. Acesso em 30.11.2006.

[478] Qualquer forma de propriedade pode ser considerada um activo para os propósitos do *Capital gains tax*, nesse sentido, pode ser encontrado alguns exemplos na

144 *A Tributação dos Trusts*

Neste passo, ressalta-se, que o ganho de capital não será tributável para os fins do *Capital Gains Tax,* se este ganho compuser parte do rendimento para as finalidades do Imposto de Renda[479].

Tipicamente, a hipótese de incidência do tributo ocorre quando, na ocasião da disposição de um activo, este valer mais do que na época da aquisição originária dele, ou seja, se foi obtido lucro na venda de uma propriedade.

Destaca-se, que toda forma de propriedade são activos para as finalidades do *Capital Gains Tax,* seja situado no Reino Unido ou não[480].

Nesse contexto, importa ainda mencionar que o *Capital Gains Tax* recai sobre todos os ganhos obtidos pelos *trustees,* na ocorrência de uma disposição de activos de capitais submetidos a *Taxation of Chargeable Gains Act 1992*[481]. Em suma, para tais efeitos, uma disposição ocorre na venda de um activo, na doação de um activo, ou ainda na troca de um activo por outro[482].

Por conseguinte, o *Capital Gains Tax* incidirá na quantidade total de ganhos tributáveis do *trustee* no ano do lançamento do im-

---

HM REVENUE & CUSTOMS, *in verbis*: *"shares in a company, units in a unit trust, land and buildings, business assets, such as machinery and goodwill. Assets which do not give rise to chargeable gains"*. Por outro lado, alguns activos não dão origem ao *Capital Gains Tax* como, por exemplo, a venda da casa própria ou do carro particular. HM REVENUE & CUSTOMS. *Capital gains tax and Trusts.* Disponível em: http://www.hmrc.gov.uk/trusts/ tmacapital-gains-tax-and-trusts.shtml. Acesso em 09.02.2007.

[479] HM REVENUE & CUSTOMS. *Capital gains tax and Trusts.* Disponível em: http://www.hmrc.gov.uk/trusts/tmacapital-gains-tax-and-trusts.shtml. Acesso em 09.02.2007.

[480] HARD (2005), completa, *in verbis*: *"including options, debts and incorporeal property generally, any currency other than sterling and any form of property created by the person disposing of it, or otherwise coming to be owned without being acquired, such as goodwill built up by the person disposing of it"*. HARDY, Amanda. *The International Guide to the Taxation of Trusts* – United Kingdom. Amsterdam: IBFD, 2005, p. 32.

[481] Ainda, HARD (2005), *in verbis*: *"Chargeable gains realized by companies are included in their total profits for corporation tax purposes and, in general, are computed in accordance with the principles applying for capital gains tax under the Taxation of Chargeable Gains Act 1992"*. HARDY, Amanda. *The International Guide to the Taxation of Trusts – United Kingdom.* Amsterdam: IBFD, 2005, p. 26.

[482] HM REVENUE & CUSTOMS. *Capital gains tax and Trusts.* Disponível em: http://www.hmrc.gov.uk/trusts/tmacapital-gains-tax-and-trusts.shtml. Acesso em 09.02.2007.

A *Tributação dos Trusts no Reino Unido, na Itália e em França*   145

posto, após a dedução de algumas perdas permitidas[483] em tal ano, e ainda, algumas perdas permitidas ocorridas no ano anterior ao do lançamento[484].

b) Imposto de Renda

Quando o imposto de renda foi primeiramente introduzido no Reino Unido, há 200 anos atrás, não havia provisão para os *Trusts*. Consequentemente, os Tribunais desenvolveram princípios com respeito a tributação da renda dos *Trusts,* com base em cada caso[485].

Em suma, o imposto é imputável sobre a renda tributável de um indivíduo, na alíquota estipulada anualmente no *Finance Act*.

c) *Inheritance tax*

No Reino Unido, o *Inheritance Tax*[486] é aplicado sobre a transferência de capital, nos casos em que essa transferência não for uma transferência isenta[487].

---

[483] Em suma, útil destacar, que uma perda permitida ou *"allowable loss"* ocorre quando na disposição de um activo ou de um recebimento de uma soma de capital, os custos existentes (*"allowable costs"* – custos de aquisição, custos incidentais da aquisição, custos de melhoramento, despesas em defender ou em estabelecer seus direitos sobre os activos e custos incidentais da disposição), tornam-se maiores do que o lucro obtido na disposição ou maiores do que a soma do capital recebida ou ainda quando os valores dos activos são considerados insignificantes. HM REVENUE & CUSTOMS. *Capital gains tax and Trusts*. Disponível em: http://www.hmrc.gov.uk/trusts/tmacapital-gains-tax-and-trusts.shtml. Acesso em 09.02.2007.

[484] *Vide*: OFFICE OF PUBLIC SECTOR INFORMATION. *Taxation of Chargeable Gains Act 1992. Parte I, Sec.2 (1)*. Disponível em: http://www.opsi.gov.uk/acts/acts1992/Ukpga_19920012_en_1.htm. Acesso em: 07.02.2007.

[485] HARDY, Amanda. *The International Guide to the Taxation of Trusts* – United Kingdom. Amsterdam: IBFD, 2005, p. 9.

[486] Em Portugal, o *Inheritance Tax* corresponde ao Imposto de Selo sobre as sucessões e doações, incidente sobre a transmissão gratuita por ato *inter vivos* ou *mortis causa*, dos bens móveis e imóveis (ou do património mobiliário e imobiliário) a favor de pessoas singulares.

[487] Nesse sentido, em consonância com a HM REVENUE & CUSTOMS, *in verbis*: *"Inheritance tax: shall be charged on the value transferred by a chargeable transfer"*. Sec. 1 e 2. *Inheritance Tax Act 1984*. HM REVENUE & CUSTOMS. *Inheritance Tax Act. 1984*. Disponível em: http://www.hmrc.gov.uk/ihta/part_1/ihta001.htm#TopOfPage. Acesso em 30.11.2006.

146 A Tributação dos Trusts

Em síntese a respeito, HARDY (2005) destaca três tipos importantes de transferências tributáveis no Reino Unido: a doação *inter vivos* para um indivíduo, a transmissão *causa mortis*, e as transferências feitas para uma *"settled property"*[488].

Dessa forma, o *Inheritance Tax* é cobrado quando uma transferência tributável de valor é feita por um indivíduo. De facto, se por um lado deve haver uma disposição e uma imediata redução na propriedade do *settlor (transferor),* por outro efectivamente, deverá haver o aumento do património da outra pessoa, pois que, de outro modo nenhum valor é transferido[489]. Para os propósitos do *Inheritance Tax*, é considerado o valor de mercado da propriedade[490].

Neste passo, a base tributável de uma disposição *inter vivos* é o montante no qual o valor da propriedade do *transferor* diminuiu, como resultado da disposição feita. Já em uma disposição *causa mortis*, o activo que integrar o património do falecido deverá ser avaliado e o imposto será cobrado como se ele tivesse feito uma transferência de valor igual ao valor líquido da propriedade dele, imediatamente antes da sua morte[491].

Muitas transferências *inter vivos* (*lifetime transfer*) de valor são transferências potencialmente isentas e apenas tornam-se tributáveis se o doador morrer antes de completar 7 (sete) anos da transferência inicial.

Porém, se o doador morrer depois de 3 anos e antes de 7 anos da transferência, o imposto *causa mortis* será reduzido em uma escala regressiva (*sliding scale*)[492]. Ainda, se o doador morrer no prazo de 3 anos da doação, o imposto *causa mortis* será aplicado[493].

---

[488] HARDY, Amanda. *The International Guide to the Taxation of Trusts – United Kingdom.* Amsterdam: IBFD, 2005, p. 11.

[489] HM REVENUE & CUSTOMS. *Inheritance Tax Act 1984, Sec. 3 (1).* Disponível em: http://www.hmrc.gov.uk/ihta/part_1/ihta003.htm#TopOfPage. Acesso em: 30.11.2006.

[490] HM REVENUE & CUSTOMS. *Inheritance Tax Act 1984, Sec. 160.* Disponível em: http://www.hmrc.gov.uk/ihta/part_6_chapter_1/ihta160.htm#TopOfPage. Acesso em 05.12.2006.

[491] HARDY, Amanda. *The International Guide to the Taxation of Trusts – United Kingdom.* Amsterdam: IBFD, 2005, p. 14.

[492] HM REVENUE & CUSTOMS. *Inheritance Tax Act 1984, Sec. 7(4).* Disponível em: http://www.hmrc.gov.uk/ihta/part_1/ihta007.htm#TopOfPage. Acesso em 05.12.2006.

[493] HARDY, Amanda. *The International Guide to the Taxation of Trusts – United Kingdom.* Amsterdam: IBFD, 2005, p.16.

Nesse contexto, vale destacar que o *Inheritance Tax* é cobrado sobre a morte em duas alíquotas: a *"nil rate band"* e a alíquota de 40 % (imposto *causa mortis*).

Nesse sentido, a Lei permite que um indivíduo deixe para um beneficiário uma propriedade até o valor de £285,000 (2006/2007)[494] sem incidir tal imposto. Este valor de £285,000 é chamado de *"nil rate band"*[495]. A propriedade que ultrapassar o valor de £285,000 (*nil rate band*), será tributada pelo imposto *causa mortis* na alíquota de 40%[496].

No Reino Unido, essencialmente, destacam-se para a finalidade do *Inheritance Tax*: o *Discretionary Trust, o Interest in Possession Trust* e o *Accumulation and Maintenance Trusts*[497].

De facto, no *Bare Trust* o beneficiário tem direito absoluto sobre a renda e sobre o capital. Dessa forma, neste tipo de *Trust* o interesse benéfico do beneficiário faz parte da sua propriedade para os fins do *Inheritance Tax* e dependerá das regras aplicadas para a propriedade em geral. Neste caso específico, a posse do *trustee* é ignorada[498].

2. Incidência do *Capital Gains Tax*

Inicialmente, no Reino Unido, se realiza uma disposição sujeita ao *Capital Gains Tax* no *Trust* (que, especifica-se, não é tributo sobre o rendimento, porque é transferência de activos, a titulo oneroso ou gratuito) quando:

a) A propriedade de activos é transferida a um *Trust*;
b) Quando o *trustee* dispõe de tal propriedade;
c) Se o *Trust* é liquidado;

---

[494] FRIENDS PROVIDENT. *Tax Tables 2006/2007*. Disponível em: http://www.friendsprovident.co.uk/doclib/cxg411.pdf. Acesso em 27.11.2006.

[495] HARDY, Amanda. *The International Guide to the Taxation of Trusts – United Kingdom*. Amsterdam: IBFD, 2005, p. 15.

[496] FRIENDS PROVIDENT. *Tax Tables 2006/2007*. Disponível em: http://www.friendsprovident.co.uk/doclib/cxg411.pdf. Acesso em 27.11.2006.

[497] HARDY, Amanda. *The International Guide to the Taxation of Trusts – United Kingdom*. Amsterdam: IBFD, 2005, p. 09.

[498] HARDY, Amanda. *The International Guide to the Taxation of Trusts – United Kingdom*. Amsterdam: IBFD, 2005, p. 09.

148 A Tributação dos Trusts

No caso de a), quando se tratar de doação de bens de empresa ou de disposição a favor de um *Trust* discricionário, poderá o *settlor* escolher beneficiar-se da concessão do *"hold over"* (que consiste na prorrogação do pagamento do imposto até a transferência sucessiva da propriedade). Em b), o *trustee* deverá pagar o imposto no ganho que derivar-se da disposição de um bem no curso na administração do *Trust*; e ainda em c), salienta-se, que no Reino Unido é considerado que a cessação do *Trust* é equiparada a um acto de disposição de activos.

2.1. *Na Criação do* Trust

a) *Trust inter vivos*

Nesse contexto, para os fins do *Capital Gains Tax*, uma transferência *inter vivos* para um *Trust* (*settlement*), seja ele irrevogável ou revogável, é uma disposição inteira da propriedade tornando-se, neste caso, uma *"settled property"*. Isto ocorre independentemente do *settlor* ser o beneficiário ou ser o *trustee* do *Trust* (*settlement*)[499].

Dessa forma, o *settlor* é o responsável por qualquer *Capital Gains Tax* devido no momento da criação do *Trust*[500].

Contudo, em determinados casos quando uma doação *inter vivos* é feita, o *hold-over relief* permite que a responsabilidade pelo *Capital Gains Tax* seja passada para a pessoa a quem a doação é feita[501].

---

[499] HM REVENUE & CUSTOMS. *Taxation of Chargeable Gains Act 1992,Parte III, Sec. 70.* Disponível em: http://www.hmrc.gov.uk/taxes_act_2002/vol_03/tcgapt03/tcgapt03-13.htm#TopOfPage. Acesso em: 29.01.2007.

[500] Em complemento, destaca HARD (2005), *in verbis*: *"Sec. 282 of the Taxation of Chargeable Gains Act 1992 provides that where a donor fails to pay capital gains tax referable to a gift, the Revenue may collect the tax from the donee, who would for these purposes, include the trustees".* HARDY, Amanda. *The International Guide to the Taxation of Trusts – United Kingdom.* Amsterdam: IBFD, 2005, p. 27. Cfr. HM REVENUE & CUSTOMS. *Taxation of Chargeable Gains Act 1992,Parte III, Sec. 260 e 165.* Disponível em: http://www.hmrc.gov.uk/taxes_act_2002/index.htm. Acesso em: 29.01.2007.

[501] A corroborar como esse raciocínio, complementa HARDY (2005), *in verbis*: *"Hold-over relief is available in respect of any property where the trust is of a nature such that the transfer into trust is an occasion of charge to inheritance tax (such as a discretionary*

b) *Trust Testamentary*

Já no âmbito do *Trust testamentary*, como já antes sinalizado, tal *Trust* passa a existir somente após a morte do *settlor*. Nesse passo, na fase de criação do *Trust*, o *trustee* é considerado legatário e é chamado para receber e manter em *Trust* os activos do *settlor*, considerando o valor de mercado destes. Neste ponto, destaca-se que não haverá *Capital Gains Tax* na criação do *Trust testamentary*[502].

2.2. Na Existência do *Trust*

Desde já, pois, deve ser mencionado que o *Trust* (excepto o *Bare Trust*) é tratado como um contribuinte separado para os propósitos do *Capital Gains Tax*. Insta relembrar, que a propriedade do *Trust* é uma propriedade separada da propriedade dos *trustees*, do *settlor* e dos beneficiários[503].

---

settlement) regardless of the fact that inheritance tax will not be paid if the value transferred is within the annual exempt amount or the nil rate band. The settlor and the trustees must be resident in the United Kingdom for the settlor to elect for hold-over relief to apply but the trustees' consent to such an application is not necessary. Hold-over relief is not available on a gift that is a potentially exempt transfer (such as a gift to an interest in possession settlement or an accumulation and maintenance settlement). Where the transfer is not a chargeable transfer for inheritance tax purposes (for example because it is a PET) hold-over relief is nevertheless available if the assets are, broadly, business assets". HARDY, Amanda. *The International Guide to the Taxation of Trusts* – United Kingdom. Amsterdam: IBFD, 2005, p. 33.

[502] Em complemento, HARDY (2005) destaca, *in verbis*: *"On an individual's death, there is a tax-free uplift in the value of the assets that the deceased was competent to dispose of, so that no charge to capital gains tax arises on death. This is achieved by deeming the personal representatives to acquire the assets of the deceased at market value, and deeming the legatee to acquire the assets in the same manner as the personal representatives".* HARDY, Amanda. *The International Guide to the Taxation of Trusts* – *United Kingdom*. Amsterdam: IBFD, 2005, p. 27. Nesse mesmo sentido, *vide*: HM REVENUE & CUSTOMS. *Taxation of Chargeable Gains Act 1992, Parte III, Sec. 62 (1) e (4)*. Disponível em: http://www.hmrc.gov.uk/taxes_act_2002/vol_03/tcgapt03/table_of_contents.htm. Acesso em: 29.01.2007.

[503] HM REVENUE & CUSTOMS. *Trust and Capital gains tax*. Publicado em 5 de abril de 2006. Disponível em: http://www.direct.gov.uk. Acesso em 30.01.2007.

150 *A Tributação dos Trusts*

Veremos, que em determinadas circunstâncias, o *settlor* pode ser o responsável pelo pagamento do *Capital Gains Tax* que surgirem durante a existência do *Trust*[504].

a) *Settlor* como Sujeito Passivo

Nesse passo, HAYTON (1998) explica, que se durante a existência do *Trust*, o *settlor*, a esposa do *settlor* ou seu sócio civil, possuir um actual ou um potencial direito sobre os activos do *Trust* ou, gozar de algum benefício, o *settlor* é o responsável tributário, se ele for residente no Reino Unido[505]. Dessa forma, os ganhos de capital obtidos pelo *trustee* são tratados como se tivessem sido obtidos pelo *settlor*[506].

b) Beneficiário como Sujeito Passivo

Normalmente, os beneficiários não são tributados pelo *Capital Gains Tax*. Porém, existem casos em que o beneficiário poderá ser responsabilizado por tal tributo durante a existência do *Trust*[507].

Inicialmente, no caso do *Bare Trust*, os responsáveis tributários serão os beneficiários. Assim, o *Capital Gains Tax* é cobrado como se os activos pertencessem a ele, e como se tal propriedade não fosse detida por um *Trust*.

Nesse sentido, as disposições feitas pelos *trustees* são ignoradas, para as finalidades do *Capital Gains Tax,* e a transferência da propriedade feita pelo *trustee* ao beneficiário é indiferente. É sob tal prisma, que os beneficiários de um *Bare Trust* são tratados como se tributados fora do *Trust*, e as transacções feitas pelo *trustee* são consideradas particulares[508].

---

[504] HM REVENUE & CUSTOMS. *Capital gains tax and Trusts.* Disponível em: http://www.hmrc.gov.uk/trusts/tmacapital-gains-tax-and-trusts.shtml. Acesso em 09.02.2007.

[505] HAYTON, D.J., *The Law of Trusts.* London: Sweet e Maxwell, 1998, p. 49. *Vide* no mesmo sentido: HM REVENUE & CUSTOMS. *Trust and Capital gains tax.* Publicado em 5 de abril de 2006. Disponível em: *http://www.hmrc.gov.uk.* Acesso em: 30.01.2007.

[506] HM REVENUE & CUSTOMS. *Taxation of Chargeable Gains Act 1992, Sec. 78.* Disponível em: http://www.hmrc.gov.uk/taxes_act_2002/vol_03/tcgapt03/tcgapt03-23.htm#TopOfPage. Acesso em: 01.02.2007.

[507] HM REVENUE & CUSTOMS. *Capital gains tax and Trusts.* Disponível em: http://www.hmrc.gov.uk/trusts/tmacapital-gains-tax-and-trusts.shtml. Acesso em 10.02.2007

[508] HM REVENUE & CUSTOMS. *Trust and Capital gains tax.* Publicado em 5 de abril de 2006. Disponível em: http://www.hmrc.gov.uk. Acesso em: 30.01.2007.

Deve se atentar também, que em determinadas circunstâncias, onde o beneficiário recebeu alguma propriedade do *Trust* tornando-se absolutamente intitulado[509] e os *trustees* não pagaram o *Capital Gains Tax* no tempo devido, poderá ser recuperado o imposto no beneficiário[510].

Por fim, os beneficiários também serão os responsáveis quando, no ano do lançamento do imposto em questão, os *trustees* não forem, no tempo, residentes ou *"ordinarily resident"* no Reino Unido. Dessa forma, os ganhos realizados pelos *trustees* podem ser atribuídos aos

---

[509] Neste contexto, explica HARDY (2005), *in verbis: "A person is "absolutely entitled" for these purposes if he has the exclusive right, subject only to satisfying any outstanding charge or lien or other right of the trustee, to direct how the asset should be dealt with"*. Ainda, *"When a beneficiary becomes absolutely entitled to any settled property, hether by virtue of the trust terminating or the trustees exercising a power of appointment or advancement, the trustees are deemed to dispose at market value of all the assets forming part of the trust property to which the beneficiary becomes entitled and immediately to reacquire them at the same value to hold as bare trustee. Any gains or losses on this deemed disposal are those of the trustees. If the trustees have an allowable loss, whether from this deemed disposal or an earlier disposal, the beneficiary takes over entitlement to the loss provided it arose in respect of the property now ceasing to be settled (or in respect of property represented by that property) and the trustees do not have enough chargeable gains before the deemed disposal in that year to utilize that loss"*. HARDY, Amanda. *The International Guide to the Taxation of Trusts* – United Kingdom. Amsterdam: IBFD, 2005, p. 34. Cfr. OFFICE OF PUBLIC SECTOR INFORMATION. *Taxation of Chargeable Gains Act 1992. Parte I, Sec.71 e 72 (2).* Disponível em: http://www.opsi.gov.uk/acts/acts1992/Ukpga_19920012_en_1.htm. Acesso em: 07.02.2007; Também reparo merece, a menção feita por HM REVENUE & CUSTOMS, *in verbis: "When one or more beneficiaries become absolutely entitled to trust property as against the trustees, for Capital gains tax purposes there is a deemed disposal at market value by the trustees of the property in question, and they thereafter hold the property as bare trustees. There is no further disposal for Capital gains tax purposes when the relevant property is formally transferred to the beneficiaries following the occasion of absolute entitlement"*. REVENUE & CUSTOMS. *Trust and Capital gains tax.* Publicado em 5 de abril de 2006. Disponível em: http://www.hmrc.gov.uk. Acesso em: 30.01.2007.

[510] De facto, existe previsão expressa no Reino Unido, autorizando o lançamento do imposto sobre os beneficiários, quando o imposto devido pelos *trustees* não for pago em 6 meses da data devida e os activos procedentes da venda dos activos, forem transferidos para o beneficiário, que é absolutamente intitulado para esses activos. HM REVENUE & CUSTOMS. *Trust and Capital gains tax.* Publicado em 5 de abril de 2006. Disponível em: http://www.direct.gov.uk. Acesso em 30.01.2007; HARDY, Amanda. *The International Guide to the Taxation of Trusts* – United Kingdom. Amsterdam: IBFD, 2005, p. 34.

152 A Tributação dos Trusts

beneficiários domiciliados no Reino Unido que auferiram pagamentos advindos do capital do *Trust*[511].

c) *Trustee* como Sujeito Passivo

Os *trustees* são responsáveis pelo imposto sobre todo Ganho de Capital ocorrido durante a existência do *Trust*, ressalvadas determinadas excepções já analisadas, onde o *trustee* se exime dessa responsabilidade.

Por igual, o *trustee* também será o responsável pela verificação do montante dos Ganhos de Capital levantados no *Trust* e, ainda, de notificar esse montante aos serviços fiscais do Reino Unido (HMRC). Todavia, se o *trustee* actual não pagar o imposto devido, poderá ser exigido seu pagamento de qualquer pessoa que tiver sido *trustee* no ano em que o ganho se levantou[512].

Nesse passo, o *Capital Gains Tax* no Reino Unido, é especialmente aplicável aos *Trusts*, em uma alíquota de 40% (2006/2007[513]).

Porém, existe um valor isento anual de até £ 4,400 (2006/2007[514]), sobre o valor de Ganhos de Capital levantados no *Interest in Possession Trust*, no *Trust Discretionary*, no *Accumulation and Maintenance Trust* e no *Mixed Trust*[515].

Finalmente, o *trustee* também será o responsável quando, durante a existência do *Trust*, o beneficiário de um *Interest in Possession*

---

[511] HARDY (2005) complementa, *in verbis* "*A capital payment means any payment which is not chargeable to income tax or (in the case of a beneficiary who is neither resident nor ordinarily resident in the United Kingdom) not receivable as income and includes the transfer of an asset*". HARDY, Amanda. *The International Guide to the Taxation of Trusts* – United Kingdom. Amsterdam: IBFD, 2005, p. 35.

[512] HM REVENUE & CUSTOMS. *Trust and Capital gains tax.* Publicado em 5 de abril de 2006. Disponível em: http://www.direct.gov.uk. Acesso em 30.01.2007.

[513] FRIENDS PROVIDENT. *Tax Tables 2006/2007.* Disponível em: http://www.friendsprovident.co.uk/doclib/cxg411.pdf. Acesso em 27.11.2006.

[514] FRIENDS PROVIDENT. *Tax Tables 2006/2007.* Disponível em: http://www.friendsprovident.co.uk/doclib/cxg411.pdf. Acesso em 27.11.2006..

[515] Segundo o HM REVENUE & CUSTOMS do Reino Unido, *in verbis*: "*The annual exempt amount is normally equal to half the annual exempt amount for an individual. Trustees of trusts for the benefit of people who are mentally handicapped or in receipt of certain specified allowances may be entitled to the whole annual exempt amount for an individual*". Cfr. HM REVENUE & CUSTOMS. *Trusts An introduction.* Disponível em: http://www.hmrc.gov.uk/trusts/introduction.htm#interest. Acesso em 27.03.2006.

morrer e a propriedade na qual o interesse dele subsistiu, continuar em *Trust* para um posterior beneficiário. Tal facto é considerado no Reino Unido como sendo uma reaquisição da propriedade pelo *trustee*, dando origem ao *Capital Gains Tax*.

Porém, o ganho levantado sobre tal "reaquisição da propriedade", somente será um ganho tributável se, na transferência inicial ao *Trust*, foi utilizado o *hold-over* na disposição dos activos do *settlor* aos *trustees*. Neste caso, somente a importância dos ganhos do *hold-over*[516] torna-se tributável.

2.3. Na Extinção do *Trust*

Será cobrado o *Capital Gains Tax* quando uma pessoa tornar-se absolutamente intitulada para a *trust property*, e consequentemente deixar de ser *settled property*[517]. O responsável pelo pagamento será o *trustee*.

2.4. Residência Fiscal para os Propósitos do *Capital Gains Tax*

Ante o até aqui examinado, derradeiramente destaca-se, que as disposições realizadas pelos *trustees* dos *Trusts* residentes no Reino Unido, nas quais o *settlor* não retém um interesse nos activos do *Trust*, estão sujeitas às isenções e alívios existentes no Reino Unido.

Com efeito, se o *settlor* for residente ou *"ordinary residence"*[518], mas não for domiciliado no Reino Unido, e os activos transferidos

---

[516] Em breve menção a respeito, em certos casos onde os activos são transferidos para os beneficiários, os ganhos nessa disposição pode ser objecto de reivindicação da *hold-over* (Alívios para doações e similar transacções). Efectivamente isso significa que os ganhos dos *trustees* serão tributados quando o beneficiário dispuser dos activos. Cfr. FRIENDS PROVIDENT. *Tax Tables 2006/2007*. Disponível em: http://www.friendsprovident.co.uk/doclib/cxg411.pdf. Acesso em 27.11.2006. HM REVENUE & CUSTOMS. *Relief for Gifts and Similar Transactions*. Publicado em 05 de abril de 2006. Disponível em: http://www.hmrc.gov.uk/helpsheets/ir295.pdf. Acesso em 08.02.2007.

[517] HARDY, Amanda. *The International Guide to the Taxation of Trusts* – United Kingdom. Amsterdam: IBFD, 2005, p. 37.

[518] Segundo HARDY (2005), *"There is no definition of the term "ordinary residence" in the Taxes Acts. Broadly, it denotes greater permanence than residence and is equivalent*

154 A Tributação dos Trusts

para o *trustee* estiverem situados fora do Reino Unido, o lançamento do *Capital Gains Tax* é limitado ao montante ganho (se houver), recebidos no Reino Unido em respeito àqueles ganhos tributáveis[519].

Por fim, o *trustee* se exime da responsabilidade pelo imposto no caso de *Trust* não residente. Neste caso, a responsabilidade pelo *Capital Gains Tax* pode recair nos beneficiários ou no *settlor*, se residentes no Reino Unido[520].

3. Imposto de Renda

3.1. Na Existência do *Trust*

a) Rendas Levantadas no *Trust*

Inicialmente, explica HARDY (2005), que existem dois tipos de responsabilidades tributárias do *trustee* que devem ser consideradas: a responsabilidade definitiva e a responsabilidade representativa[521].

Os *trustees* terão responsabilidade definitiva sobre a renda do *Trust* de *Accumulation and Maintenance* e do *Trust Discretionary*. Nestes casos, os *trustees* são responsáveis pelo Imposto sobre a Renda que se acumula na *trust property* e sobre a renda utilizada para o pagamento das despesas do *Trust*[522].

De outra parte, os *trustees* não terão responsabilidade definitiva sobre a renda do *Interest in Possession Trust* e do *Bare Trust*, pois, nestes casos, a renda é um direito fixo do beneficiário. Aqui, os *trustees* terão uma responsabilidade representativa.

---

to habitual residence year after year". HARDY, Amanda. *The International Guide to the Taxation of Trusts* – United Kingdom. Amsterdam: IBFD, 2005, p. 40.

[519] HM REVENUE & CUSTOMS. *Taxation of Chargeable Gains Act 1992, Sec. 12.* Disponível em: http://www.hmrc.gov.uk/taxes_act_2002/vol_03/tcgapt01/tcgapt01-13.htm#TopOfPage. Acesso em: 29.01.2007.

[520] HM REVENUE & CUSTOMS. *Trust and Capital gains tax.* Publicado em 5 de abril de 2006. Disponível em: http://www.direct.gov.uk. Acesso em 30.01.2007.

[521] HARDY, Amanda. *The International Guide to the Taxation of Trusts* – United Kingdom. Amsterdam: IBFD, 2005, p. 44.

[522] HARDY, Amanda. *The International Guide to the Taxation of Trusts* – United Kingdom. Amsterdam: IBFD, 2005, p. 9.

Nesse passo, quando os *trustees* possuírem "responsabilidade definitiva" sobre o Imposto de Renda, a carga tributária será suportada pelo *"Corpus do Trust Fund"*.

Porém, onde os *trustees* possuem somente a "capacidade representativa", a renda na realidade pertence a outra pessoa. Portanto, os *trustees* serão responsáveis apenas pelo pagamento do imposto e agirá como colector do imposto.

Logo, a carga tributária será suportada pelo beneficiário da renda, que terá direito a um crédito tributário do imposto já retido na fonte pelo *trustee* com capacidade representativa[523].

No caso do *Trust Discretionary*, a *Inland Revenue* determina que os *trustees* são "definitivamente responsáveis" pelo imposto sobre os rendimentos produzidos pela *trust property*, mesmo que os *trustees,* no uso de sua discrição, distribuam todos os rendimentos.

Dessa forma, quando uma distribuição é feita para um beneficiário sob discrição dos *trustees*, o beneficiário é intitulado para um crédito em relação ao imposto já pago pelos *trustees*[524].

Porém, poderá o *trustee* autorizar que a renda seja paga directamente ao beneficiário. Nesta escolha, o *trustee* deverá informar as autoridades tributárias e fornecer-lhes o nome e o endereço do beneficiário e os detalhes da renda então paga. Assim sendo, o lançamento será feito no próprio beneficiário, e não no *trustee*[525].

b) Rendimento Tributável do Beneficiário

Primeiramente, em cotejo importante, no Reino Unido os interesses pessoais de um beneficiário podem ser divididos em *"vested in interest"* e em *"vested in possession"*.

Nesse sentido, o *"vested in possession"* significa um direito presente do beneficiário para uma satisfação actual. Por outro lado, o *"vested in interest"* significa que o beneficiário possui um direito presente, mas para uma satisfação futura.

---

[523] HARDY, Amanda. *The International Guide to the Taxation of Trusts* – United Kingdom. Amsterdam: IBFD, 2005, p. 9.

[524] OFFICE OF PUBLIC SECTOR INFORMATION. *Income and Corporation Taxes Act 1988.* Chapter IV. Sec.687. Disponível em: http://www.opsi.gov.uk/ACTS/acts1988/Ukpga_19880001_en_59.htm#mdiv687. Acesso em: 12.02.2007.

[525] HARDY, Amanda. *The International Guide to the Taxation of Trusts* – United Kingdom. Amsterdam: IBFD, 2005, p. 44.

156   *A Tributação dos Trusts*

Ainda, destaca-se, que o beneficiário poderá ter um interesse *"contingent"*, no qual ele apenas recebe algum benefício do *Trust* caso algum evento predeterminado nos termos do *Trust* aconteça[526].

Nesse contexto, os valores que formam parte da renda do beneficiário para os propósitos do Imposto de Renda são:

- As rendas nas quais o beneficiário tem um interesse *"vested in possession"*, seja tal renda paga ou acumulada;
- As somas oriundas de rendimento que são aplicadas para o benefício do beneficiário nos termos do *Trust*;
- As somas oriundas de rendimento, que são aplicadas ou pagas para o benefício do beneficiário, no uso da discrição do *trustee*[527].

Em angulação oposta, caso o interesse do beneficiário seja *"vested in interest"* ou um interesse *"contingent"* que é acumulado, as rendas levantadas no *Trust* não formam parte das rendas deste beneficiário[528].

Por conseguinte, onde o beneficiário possui um *"vested in interest"* durante sua vida, o rendimento acumulado faz parte da contabilidade do Imposto de Renda pago pelo *trustee*.

Logo, o beneficiário, ao receber um rendimento, é intitulado para um crédito do imposto de renda já pago pelo *trustee*, e podem ser intitulados a um reembolso se esse valor exceder a responsabilidade dele para o Imposto de Renda anual[529].

A renda acumulada do beneficiário não é necessariamente a mesma renda obtida no *Trust*. As despesas da administração do *Trust* são dedutíveis na computação da renda do beneficiário[530].

---

[526] HARDY, Amanda. *The International Guide to the Taxation of Trusts* – United Kingdom. Amsterdam: IBFD, 2005, p. 44.

[527] HARDY, Amanda. *The International Guide to the Taxation of Trusts* – United Kingdom. Amsterdam: IBFD, 2005, p. 44.

[528] Por exemplo, as rendas utilizadas na manutenção dele, educação ou outros benefícios formam parte de sua renda. HARDY, Amanda. *The International Guide to the Taxation of Trusts* – United Kingdom. Amsterdam: IBFD, 2005, p. 45.

[529] HARDY, Amanda. *The International Guide to the Taxation of Trusts* – United Kingdom. Amsterdam: IBFD, 2005, p. 44.

[530] HARDY, Amanda. *The International Guide to the Taxation of Trusts* – United Kingdom. Amsterdam: IBFD, 2005, p. 47.

A Tributação dos Trusts no Reino Unido, na Itália e em França   157

Quando os *trustees* fazem um pagamento ao beneficiário no uso de sua discrição, a soma é tratada, para os fins do Imposto de Renda, como sendo do beneficiário. O pagamento é tratado como montante líquido, após a dedução do imposto na alíquota especial do *Trust*, e o beneficiário é tratado como se tivesse pago o imposto igual, para efeitos da quantia de dedução nacional. O beneficiário pode requerer que o *trustee* forneça um certificado que demostre as quantidades brutas e líquidas do pagamento e a quantia do imposto nacionalmente deduzida[531].

Por fim, o beneficiário que recebe o pagamento de um *discretionary trust* pode reivindicar certos alívios para redução ou isenção do imposto[532].

c) A Remuneração dos *trustees*

Primeiramente, vimos que actualmente o *trustee* é remunerado por seus serviços. Nesse passo, pode ser estipulada uma remuneração fixa ou não. Poderá, por exemplo, o *settlor* estipular uma remuneração líquida ao *trustee*, assim, o *trustee* receberá sua remuneração deduzindo já o imposto[533].

---

[531] HARDY, Amanda. *The International Guide to the Taxation of Trusts* – United Kingdom. Amsterdam: IBFD, 2005, p. 47.

[532] Em tais casos, destacam-se: *"Exemption for certain government securities, , exemption for income from overseas securities, personal reliefs for non-residents and the relief provided by double taxation treaty"*. OFFICE OF PUBLIC SECTOR INFORMATION. *Income and Corporation Taxes Act 1988. Sec. 47, 48 e 123*. Disponível em: http://www.opsi.gov.uk/ACTS/acts1988/Ukpga_19880001_en_1.htm. Acesso em: 13.02.2007. Nesse sentido, HARD (2005) complementa, *in verbis*: *"If a discretionary payment is made by trustees to a beneficiary and the net income after deduction of tax at the rate applicable to trusts is treated as the income of the beneficiary for income tax purposes, the beneficiary may claim double taxation relief if the income of the trustees out of which the payment is made includes income in respect of which the trustees are entitled to a tax credit for overseas tax"*. HARDY, Amanda. *The International Guide to the Taxation of Trusts* – United Kingdom. Amsterdam: IBFD, 2005, p. 47.Cfr. OFFICE OF PUBLIC SECTOR INFORMATION. *Income and Corporation Taxes Act 1988. Sec.809*. Disponível em: http://www.opsi.gov.uk/ACTS/acts1988/Ukpga_19880001_en_1.htm. Acesso em: 13.02.2007.

[533] OFFICE OF PUBLIC SECTOR INFORMATION. *Income and Corporation Taxes Act 1988*. Sec. 348-350. Disponível em: http://www.opsi.gov.uk/ACTS/acts1988/Ukpga_19880001_en_30.htm#mdiv348.

158   *A Tributação dos Trusts*

Onde o *trustee* não tem estipulado um valor fixo, mas apenas um poder de cobrar por seus serviços, que ele executa como *trustee* do *Trust*, as receitas que fazem parte da receita profissional dele podem ser incluídas na contabilidade e computada nos seus lucros tributáveis[534].

3.2. Na Extinção do *Trust*

Posto tudo isso, se na extinção do *Trust* o beneficiário originário tornar-se absolutamente intitulado para a *settled property*, não ocasionará a incidência do Imposto de Renda.

Porém, se ocorrer a transferência da *trust property* a um outro beneficiário diferente, será transferido, consequentemente, o direito à renda dessa propriedade, de modo que a renda que se levanta depois disso será tributável na pessoa que possuir a propriedade[535].

3.3. Os Tipos de *Trust* e o Imposto de Renda

Neste plano, faremos breve síntese sobre a Incidência do Imposto de Renda nos tipos de *Trusts* existentes no Reino Unido.

a) *Bare Trust*

Os *Bare Trusts* são tratados para finalidades Fiscais como se o beneficiário prendesse a *trust property* em seu próprio nome. Em razão disso, o Imposto de Renda é cobrado do beneficiário, como se o *Trust* não existisse[536].

Nesse passo, o beneficiário deve declarar tais rendas na declaração do imposto pessoal dele. Como vimos, os *trustees* terão responsabilidade representativa para o Imposto de Renda, e embora possam

---

[534] HARDY, Amanda. *The International Guide to the Taxation of Trusts* – United Kingdom. Amsterdam: IBFD, 2005, p. 47.

[535] HARDY, Amanda. *The International Guide to the Taxation of Trusts* – United Kingdom. Amsterdam: IBFD, 2005, p. 48.

[536] HM REVENUE & CUSTOMS. *Trusts An introduction.* Disponível em: http://www.hmrc.gov.uk/trusts/introduction.htm#interest. Acesso em 18.03.2006.

pagar o imposto em nome do beneficiário, é este último o responsável pelo imposto[537].

b) *Interest in Possession*

Da mesma forma, aqui, os *trustees* também terão responsabilidade representativa no que diz respeito ao Imposto de Renda.

Em consonância com a *Tax Table* 2006/2007, os *trustees* pagam o Imposto de Renda pelas rendas recebidas no *Trust*, nestes termos[538]:

– Alugueres e rendas comerciais são tributados em uma alíquota de 22%;
– As rendas de dividendos são tributadas em uma alíquota básica de 10%;
– As rendas de poupança são tributadas em 20%. Tais rendas são normalmente tributadas na fonte pelos bancos ou sociedades financeiras[539].

Vale ressaltar, que os beneficiários são intitulados para a renda do *Trust* depois que o *trustee* deduzir as cargas tributárias devidamente encontradas por ele[540].

Nesse passo, os beneficiários são tributados sobre essa renda ordinariamente, e são intitulados para um crédito do imposto pago pelo *trustee*, para os efeitos da declaração do Imposto de Renda. Os

---

[537] HM REVENUE & CUSTOMS. *Trusts An introduction.* Disponível em: http://www.hmrc.gov.uk/trusts/introduction.htm#interest. Acesso em 18.03.2006.

[538] HM REVENUE & CUSTOMS. *Trusts An introduction.* Disponível em: http://www.hmrc.gov.uk/trusts/introduction.htm#interest. Acesso em 18.03.2006. Cfr. FRIENDS PROVIDENT. *Tax Tables 2006/2007.* Disponível em: http://www.friendsprovident.co.uk/doclib/cxg411.pdf. Acesso em 27.11.2006; DIRECT GOV. *Tax on income and gains from UK family trusts.* Publicado em 18 de Outubro de 2006. Disponível em: http://www.direct.gov.uk/en/MoneyTaxAndBenefits/Taxes/InheritanceTaxEstatesAndTrusts/DG_1001495. Acesso em 11.02.2007.

[539] Para verificar a tabela completa e actual das alíquotas *vide*: FRIENDS PROVIDENT. *Tax Tables 2006/2007.* Disponível em: http://www.friendsprovident.co.uk/doclib/cxg411.pdf. Acesso em 27.11.2006.

[540] DIRECT GOV. *Tax on income and gains from UK family trusts.* Publicado em 18 de Outubro de 2006. Disponível em: http://www.direct.gov.uk/en/MoneyTaxAndBenefits/Taxes/InheritanceTaxEstatesAndTrusts/DG_1001495. Acesso em 11.02.2007.

160 · A Tributação dos Trusts

beneficiários têm a obrigação de declarar o Imposto de Renda, mesmo que não tenham quantia a recolher[541].

c) *Trust Discretionary*

Neste caso, os *trustees* são os responsáveis definitivos pelo Imposto sobre as Rendas recebidas, e devem observar as alíquotas (2006/2007) especiais aplicadas ao *Trust Discretionary*, que são as seguintes[542]:

- As rendas de dividendos e outras similares são tributadas em uma alíquota de 32.5%;
- Outras rendas são tributadas na alíquota aplicada aos *Trusts* em 40%.

Vale mencionar, neste ponto, que de acordo com o ano fiscal de 2006-2007, as primeiras £1000 de rendimentos do *Trust,* se provenientes de dividendos, são tributadas a uma alíquota de 10%; em rendas oriundas de poupança, a alíquota será de 20%; e será de 22% para outras rendas[543].

Nesse contexto, no Reino Unido, toda a renda paga aos beneficiários carrega um crédito tributário da alíquota aplicável aos *Trusts* (actualmente 40%). Dessa forma, os pagamentos são tratados como se tivessem sido feitos após a dedução do imposto naquela alíquota[544].

Importante aqui realçar, que caso os *trustees* tenham também o poder de acumular a renda, a mesma transforma-se em capital adicional do *Trust*. Logo, quando os *trustees* distribuem alguma renda

---

[541] DIRECT GOV. *Tax on income and gains from UK family trusts.* Publicado em 18 de Outubro de 2006. Disponível em: http://www.direct.gov.uk/en/MoneyTaxAndBenefits/Taxes/InheritanceTaxEstatesAndTrusts/DG_1001495. Acesso em 11.02.2007.

[542] HM REVENUE & CUSTOMS. *Trusts An introduction.* Disponível em: http://www.hmrc.gov.uk/trusts/introduction.htm#interest. Acesso em 12.02.2007.

[543] Para maiores detalhes, convidamos a leitura do *Trusts Modernisation article* em Tax Bulletin 78. Disponível em: http://www.hmrc.gov.uk/bulletins/tb78.htm. Acesso em 27.03.2006. Cfr. FRIENDS PROVIDENT. *Tax Tables 2006/2007.* Disponível em: http://www.friendsprovident.co.uk/doclib/cxg411.pdf. Acesso em 27.11.2006.

[544] HM REVENUE & CUSTOMS. *Trusts An introduction.* Disponível em: http://www.hmrc.gov.uk/trusts/introduction.htm#interest. Acesso em 12.02.2007; FRIENDS PROVIDENT. *Tax Tables 2006/2007.* Disponível em: http://www.friendsprovident.co.uk/doclib/cxg411.pdf. Acesso em 27.11.2006.

A Tribuição dos Trusts no Reino Unido, na Itália e em França 161

acumulada aos beneficiários, o pagamento é tratado como distribuição de capital e não distribuição de renda[545]. Evidencie-se, que os beneficiários não são tributados sobre as distribuições de capital no Reino Unido[546].

d) *Accumulation and Maintenance Trust*

No período em que o *trustee* pode acumular a renda, o *trustee* e os beneficiários são tributados na mesma forma que no *Trust Discretionary*, conforme discorremos em ponto anterior, ou seja, os *trustees* são responsáveis definitivos pelo Imposto de Renda.

Saliente-se, que os *trustees* podem acumular a renda até determinada data, e essa renda transforma-se em capital adicional do *Trust*. Mais tarde, quando os *trustees* distribuem a renda acumulada aos beneficiários, o pagamento é tratado como distribuição de capital, e não distribuição de renda[547].

Nesse contexto, HAYTON (1998) explica que, normalmente, o período de acumulação termina quando o beneficiário atinge 18 anos de idade, a não ser que o *trust instrument* determine idades diferentes, que não poderá ser mais do que 25 anos[548].

Quando o período de acumulação terminar, o tratamento do Imposto de Renda dependerá do que acontecer com a *trust property*. Nestes termos:

- Em caso de formação de um *Interest in Possession Trust*, o tratamento será o mesmo que o do *Interest in Possession Trust*;
- Da mesma forma, em caso de formação de um *Discretionary Trust*, o tratamento aplicado será o do *Discretionary Trust;*
- Na hipótese do beneficiário optar pela não continuidade do *Trust*, o *trustee* deverá passar a propriedade do *Trust* aos

---

[545] HM REVENUE & CUSTOMS. *Trusts An introduction.* Disponível em: http://www.hmrc.gov.uk/trusts/introduction.htm#interest. Acesso em 18.03.2006.

[546] Aqui, deve ser verificado a incidência do *Capital Gains Tax.* HM REVENUE & CUSTOMS. *Trusts An introduction.* Disponível em: http://www.hmrc.gov.uk/trusts/introduction.htm#interest.

[547] HM REVENUE & CUSTOMS. *Trusts An introduction.* Disponível em: http://www.hmrc.gov.uk/trusts/introduction.htm#interest. Acesso em 18.03.2006.

[548] HAYTON, D.J., *The Law of Trusts.* London: Sweet e Maxwell, 1998, p. 50.

162   *A Tributação dos Trusts*

beneficiários. Neste caso, o *trustee* deve pagar o *Capital Gains Tax* devido no tempo em que foi *trustee*. Logicamente, ele não terá qualquer responsabilidade sobre os rendimentos ou ganhos futuros[549].

4. *Inheritance Tax*

4.1. Na Criação do *Trust*

Para as finalidades do *Inheritance Tax*, desde já, pois, devemos mencionar, que a criação de um *Trust* não é uma transferência de valor se não houver diminuição da propriedade do *settlor*. Por exemplo, não há cobrança do imposto quando o *settlor* é um dos beneficiários, pois aqui não há uma diminuição do património do *settlor*[550]. Já no caso do *settlor* se declarar como *trustee* para outros beneficiários, ocorre uma diminuição do seu património e, neste caso, poderá ocorrer uma transferência tributável[551].

Nesse contexto, a criação do *Trust*, quer seja por testamento ou *inter vivos*, é frequentemente uma transferência tributável no Reino Unido e dará origem a um custo de *Inheritance Tax* [552].

Porém, para os propósitos do *Inheritance Tax*, é fundamental a distinção entre a criação de um *Fixed Trust* e de um *Trust Discretionary*.

A norma tributária equipara as transferências feitas para um *Fixed Trust* como uma doação *inter vivos*[553], no seu quadro de dispo-

---

[549] HM REVENUE & CUSTOMS. *Trusts An introduction.* Disponível em: http://www.hmrc.gov.uk/trusts/introduction.htm#interest. Acesso em 18.03.2006.

[550] HM REVENUE & CUSTOMS. *Inheritance Tax Act 1984, Sec. 49 (1).* Disponível em: http://www.hmrc.gov.uk/ihta/part_1/table_of_contents.htm. Acesso em 28.11.2006.

[551] HARDY, Amanda. *The International Guide to the Taxation of Trusts – United Kingdom.* Amsterdam: IBFD, 2005, p. 19.

[552] HM REVENUE & CUSTOMS. *Inheritance Tax Act 1984, Séc. 2* (chargeable transfers) ou Séc. 4, (transfers on death). Disponível em: http://www.hmrc.gov.uk/ihta/part_1/table_of_contents.htm. Acesso em 28.11.2006.

[553] Logo, uma doação feita *inter vivos* para criar um *Interest in Possession*, um *Accumulation and Maintenance* ou *Trusts* constituídos para beneficiários inválidos, são considerados no Reino Unido como "transferências potencialmente isentas". HM REVENUE & CUSTOMS. *Inheritance Tax Act 1984, Sec. 3A.* Disponível em: http://www.hmrc.gov.uk/ihta/part_1/table_of_contents.htm. Acesso em 28.11.2006.

A Tributação dos Trusts no Reino Unido, na Itália e em França   163

sições potencialmente isentas. Deste modo, o *settlor* não deve pagar o *Inheritance Tax* sempre que sobreviver a sete anos da doação.

As doações para um *Trust Discretionary* não são qualificadas como potencialmente isentas mas, na medida em que são feitas as transferências aos beneficiários, submetem-se à imposição.

Dessa forma, não podendo adiar a tributação ao momento da distribuição dos bens ao beneficiário, o legislador Inglês escolheu atingir tal transferência, primeiramente, com um tipo de imposto patrimonial, pago periodicamente a cada 10 anos e, sucessivamente, com um outro imposto cobrado na saída dos bens do *Trust*.

Nesse contexto, insta destacar, que existem isenções geralmente disponíveis para os propósitos do *Inheritance Tax* que são aplicadas na criação de um *Trust* em circunstâncias apropriadas, como por exemplo, na criação de um *Trust* com um *Interest in Possession* constituído para a esposa do *settlor*[554].

Ainda, os activos de negócios e os destinados à agricultura, podem atrair alívios fiscais concernentes ao *Inheritance Tax*, de 50% ou até 100%, dependendo das circunstâncias[555].

Por fim, deve-se atentar, que a *res* do *Trust* ficará fora dos custos do *Inheritance Tax* se ela é situada fora do Reino Unido e o *settlor* não era domiciliado no Reino Unido na época em que foi constituído o *Trust*[556].

a) Sujeito Passivo do Imposto

Quando o *settlor* constitui um *Trust inter vivos* e transfere a propriedade para o *trustee*, o *settlor* é a pessoa primeiramente responsável pelo pagamento do imposto devido.

---

[554] HM REVENUE & CUSTOMS. *Inheritance Tax Act. 1984, Sec. 18*. Disponível em: http://www.hmrc.gov.uk/ihta/part_2_chapter_1/ihta018.htm#TopOfPage. Acesso em 06.12.2006. *Vide* sobre outras isenções: HM REVENUE & CUSTOMS. *Inheritance Tax Act 1984, Séc. 23,24,24 A, 25,26 e 27*. Disponível em: http://www.hmrc.gov.uk/ihta/ part_2_chapter_1/table_of_contents.htm. Acesso em 05.11.2006.

[555] Neste ponto, para mais informações, *vide*: HM REVENUE & CUSTOMS. *Inheritance Tax Act 1984, Séc. 103-114 e 115-124*. Disponível em: http://www.hmrc.gov. uk/ihta/index.htm. Acesso em 05.12.2006.

[556] HM REVENUE & CUSTOMS. *Inheritance Tax Act. 1984, 48 (3)*. Disponível em: http://www.hmrc.gov.uk/ihta/part_1/table_of_contents.htm. Acesso em 28.11.2006.

164 A Tributação dos Trusts

Por sua vez, os *trustees* são apenas responsáveis por qualquer pagamento referente ao *Inheritance Tax* na criação do *Trust inter vivos*, se o *settlor* deixar de recolher o imposto, pois conforme visto, ele (*settlor*) é o primeiro responsável[557]. Do mesmo modo, o beneficiário somente é o responsável pelo pagamento do *Inheritance Tax*, devido na criação de um *Trust inter vivos*, se o imposto não foi recolhido pelo *settlor*[558].

Porém, se for um *Trust testamentary,* os *trustees* são os primeiramente responsáveis pelo *Inheritance Tax* devido no momento da criação do *Trust*[559].

4.2. Na Existência do *Trust*

Por primeiro, como vimos, a incidência do *Inheritance Tax* nos factos ocorridos durante a existência do *Trust* dependerá, em princípio, se o beneficiário tem um *Interest in Possession* (rendimento) na propriedade do *Trust*[560].

Assim, no caso do *Trust Discretionary*, existirá um custo periódico de *Inheritance Tax,* durante a sua existência, sobre a "*relevant property*"[561] a cada 10 anos[562].

A alíquota do imposto será de 30 % sobre a "taxa efectiva", que é a taxa na qual o imposto seria cobrado em uma hipotética transferência de valores tributado sobre a *Lifetime Rates*[563]. Caso o *settlor*

---

[557] HM REVENUE & CUSTOMS. *Inheritance Tax Act 1984, Sec. 204 (6)*. Disponível em: http://www.hmrc.gov.uk/ihta/part_1/table_of_contents.htm. Acesso em 28.11.2006.

[558] HM REVENUE & CUSTOMS. *Inheritance Tax Act 1984, Sec. 199 (1)*. Disponível em: http://www.hmrc.gov.uk/ihta/part_1/table_of_contents.htm. Acesso em 28.11.2006.

[559] HARDY, Amanda. *The International Guide to the Taxation of Trusts – United Kingdom*. Amsterdam: IBFD, 2005, p. 19.

[560] Ressalta-se, que um beneficiário de um *interest in possession* é tratado como se possuísse absolutamente a propriedade do *Trust*. HARDY, Amanda. *The International Guide to the Taxation of Trusts – United Kingdom*. Amsterdam: IBFD, 2005, p. 20.

[561] Lembramos aqui, que *relevant property* corresponde a *trust property*.

[562] HM REVENUE & CUSTOMS. *Inheritance Tax Act 1984, Sec. 64*. Disponível em: http://www.hmrc.gov.uk/ihta/part_3_chapter_3/ihta064.htm#TopOfPage. Acesso em 01.12.2006

[563] FRIENDS PROVIDENT. *Tax Tables 2006/2007*. Disponível em: http://www.friendsprovident.co.uk/doclib/cxg411.pdf. Acesso em 27.11.2006.

A *Tributação dos Trusts no Reino Unido, na Itália e em França*   165

sobreviva por 5 anos da transferência inicial, essa taxa é de 50% sobre o Imposto *Causa Mortis*[564].

Nesse contexto, a taxa efectiva máxima é atualmente 20% (metade do Imposto *Causa Mortis*). Dessa forma, de acordo com HARDY (2005), a alíquota máxima a ser cobrada em um período de 10 anos é de 6%[565]. A base tributável é a *"relevant property"*.

Perceba-se, nesse passo, que a máxima responsabilidade do *Inheritance Tax* periódico é de 6 % sobre a *trust property*, que será lançado a cada 10 anos. Porém, HAYTON (1998) destaca que a alíquota pode ser reduzida em 100% ou 50% no caso da *trust property* integrar propriedade quantificada para negócios ou para agricultura[566].

De outra parte, útil destacar, que existem excepções à regra geral utilizada à *"relevant property"*, onde não é cobrado o imposto periódico. São os casos do *Trust Charitable*, os *Trusts* para manutenção de edifícios históricos, o *Accumulation and Maintenance Trusts* e os *Trusts* constituídos para "empregados"[567].

Devemos acrescentar, que em consonância com MARTIN (1997), a propriedade no *Accumulation and Maintenance*, embora sendo um *Trust* onde ninguém tem um *Interest in Possession*, não era considerada como *"relevant property"* para fins do regime do *Inheritance Tax* e não tinha custo periódico[568].

Porém, após 6 de abril de 2008[569], a propriedade do *Acumulation and Maintenance Trust* passará a ser considerada como *"relevant*

---

[564] HARDY, Amanda. *The International Guide to the Taxation of Trusts – United Kingdom*. Amsterdam: IBFD, 2005, p. 23. Cfr. FRIENDS PROVIDENT. *Tax Tables 2006/2007*. Disponível em: http://www.friendsprovident.co.uk/doclib/cxg411.pdf. Acesso em 27.11.2006.

[565] HARDY, Amanda. *The International Guide to the Taxation of Trusts – United Kingdom*. Amsterdam: IBFD, 2005, p. 23.

[566] HAYTON, D.J., *The Law of Trusts*. London: Sweet e Maxwell, 1998, p. 48.

[567] HM REVENUE & CUSTOMS. *Inheritance Tax Act 1984, Sec. 58 (1)*. Disponível em: http://www.hmrc.gov.uk/ihta/part_3_chapter_3/ihta058.htm#TopOfPage. Acesso em 28.11.2006.

[568] MARTIN, Jill E., *Modern Equity*. Fifteenth Edition. London: Sweet & Maxwell, 1997, p. 211. Cfr. HM REVENUE & CUSTOMS. *Inheritance Tax Act 1984, Sec. 58 (1) (b)*. Disponível em: http://www.hmrc.gov.uk/ihta/part_3_chapter_3/ihta058.htm#TopOfPage. Acesso em: 28.11.2006.

[569] HM REVENUE & CUSTOMS. Disponível em: http://www.hmrc.gov.uk. Acesso em: 28.04.2007.

166 A Tributação dos Trusts

property", e consequentemente, não terá mais uma imposição tributária privilegiada.

Por fim, durante a existência do *Trust*, o *settlor* pode transferir de sete em sete anos um montante dentro da *"nil rate band"*, £285,000 (2006/2007) para um *Discretionary Trust*, sem ter que pagar o *Inheritance Tax*[570].

a) Sujeito Passivo do Imposto

Em referido contexto, onde há incidência do *Inheritance Tax* durante a existência do *Trust*, os *trustees* são os primeiramente responsáveis pelo pagamento do imposto[571]. No caso de *trustees* não residentes no Reino Unido, o responsável será o *settlor*.

São também potencialmente responsáveis pelo pagamento, os beneficiários que se tornarem absolutamente intitulados, durante a existência do *Trust*, em um *Interesse in Possession* ou em um *Discretionary Trust*[572]. Porém, apenas se responsabilizam pelo imposto remanescente[573].

b) Beneficiário Intitulado na *Trust Property* Durante a Existência do *Trust*

Por primeiro, um beneficiário de um *Interest in Possession* é tratado como beneficiário intitulado para a propriedade na qual o interesse dele subsiste[574]. Portanto, não haverá cobrança do *Inheritance Tax*, se este beneficiário, tornar-se absolutamente intitulado na propriedade na qual o interesse dele subsistiu[575].

---

[570] HAYTON, D.J., *The Law of Trusts*. London: Sweet e Maxwell, 1998, p. 48.

[571] HARDY, Amanda. *The International Guide to the Taxation of Trusts – United Kingdom*. Amsterdam: IBFD, 2005, p. 20.

[572] HM REVENUE & CUSTOMS. *Inheritance Tax Act 1984, Sec. 201 e 204 (6)*. Disponível em: http://www.hmrc.gov.uk/ihta/part_7/table_of_contents.htm. Acesso em 28.11.2006.

[573] HARDY, Amanda. *The International Guide to the Taxation of Trusts – United Kingdom*. Amsterdam: IBFD, 2005, p. 20.

[574] HM REVENUE & CUSTOMS. *Inheritance Tax Act 1984, Sec. 49 (1)*. Disponível em: http://www.hmrc.gov.uk/ihta/part_3_chapter_2/ihta049.htm#TopOfPage. Acesso em: 05.12.2006.

[575] HM REVENUE & CUSTOMS. *Inheritance Tax Act 1984, Sec. 53 (2)*. Disponível em: http://www.hmrc.gov.uk/ihta/part_3_chapter_2/ihta053.htm#TopOfPage. Acesso em: 05.12.2006.

A Tributação dos Trusts no Reino Unido, na Itália e em França   167

Por conseguinte, outra hipótese ocorre quando o interesse benéfico do beneficiário intitulado para um *Interest in Possession* chegar a termo, e o interesse benéfico dele passar a um outro beneficiário do *Trust*. Em tal caso, o imposto será cobrado como se fosse feita uma transferência de um montante correspondente ao valor da propriedade na qual o interesse dele subsistiu[576]. No entanto, tal evento será uma transferência potencialmente isenta, tornando-se tributável, somente, se o primeiro beneficiário morrer dentro de 7 anos do término do interesse benéfico dele[577].

Além disso, pode ocorrer que outro membro de uma classe de beneficiários venha a existir, causando assim, uma redução na parte do primeiro beneficiário. Nesse caso, poderá haver uma despesa, sujeita à regra geral do *Inheritance Tax*[578].

Em determinados casos, ainda, poderá o beneficiário de um *Interest in Possession Trust,* vender os seus interesses benéficos no *Trust*. Nesse caso, será tratado como se terminasse o interesse dele na propriedade subjacente[579]. Logo, o *Inheritance Tax* é cobrado como se o beneficiário tivesse feito uma transferência de valor igual ao valor da propriedade na qual o interesse dele subsistiu[580].

Por fim, onde um beneficiário intitulado em um *Interest Possession Trust* rejeita o interesse dele, desde que seja antes de qualquer benefício aceito, a legislação do *Inheritance Tax* considera como se o beneficiário nunca tivesse sido intitulado no *Interest in Possession*[581].

---

[576] HM REVENUE & CUSTOMS. *Inheritance Tax Act 1984. Sec 52.* Disponível em http://www.hmrc.gov.uk/ihta/part_3_chapter_2/ihta052.htm#TopOfPage. Acesso em 29.03.2006

[577] HARDY, Amanda. *The International Guide to the Taxation of Trusts – United Kingdom.* Amsterdam: IBFD, 2005, p. 21.

[578] HARDY, Amanda. *The International Guide to the Taxation of Trusts – United Kingdom.* Amsterdam: IBFD, 2005, p. 22.

[579] HARDY, Amanda. *The International Guide to the Taxation of Trusts – United Kingdom.* Amsterdam: IBFD, 2005, p. 22.

[580] HM REVENUE & CUSTOMS. *Inheritance Tax Act 1984,* Sec. 51 (1). Disponível em: http://www.hmrc.gov.uk/ihta/part_3_chapter_2/ihta051.htm#TopOfPage. Acesso em 29.11.2006.

[581] Por conseguinte, completa HARD (2005), *in verbis*: *"is not for consideration in money or money's worth".* HARDY, Amanda. *The International Guide to the Taxation of Trusts* – United Kingdom. Amsterdam: IBFD, 2005, p. 22.

Já no âmbito do *Accumulation and Maintenance Trust*, não incidirá o imposto quando o beneficiário tornar-se absolutamente intitulado na *trust property* ou tornar-se intitulado em um *Interesse in Possession* antes de atingir uma idade específica, não mais que 25 anos, ou ainda, antes de 6 de abril de 2008[582]. Após tal data, terão o mesmo tratamento que o *Trust Discretionary*.

Diferentes regras se aplicam em relação ao beneficiário de um *Trust Discretionary*, onde não há ninguém tratado como se possuísse a *trust property*. Neste caso, normalmente incidirá o *Inheritance Tax* (custo de saída) quando a propriedade deixar de ser uma *"relevant property"*[583]. Isso ocorre, por exemplo, quando um beneficiário de um *Trust Discretionary* torna-se intitulado para um *Interest in Possession*.

Dessa forma, se durante o período de 10 anos o capital deixar de ser sujeito ao *Trust Discretionary* porque o beneficiário foi intitulado para a *trust property*, poderá ter um custo de saída em respeito àquele capital[584].

Nesse passo, a alíquota do imposto de saída dependerá de quando o evento ocorrer, se antes ou depois do primeiro aniversário de 10 anos da constituição do *Trust*[585].

Em geral, se o evento tributável ocorrer antes do primeiro aniversário de 10 anos, será uma fração apropriada[586] da taxa efectiva,

---

[582] HM REVENUE & CUSTOMS. *Inheritance Tax Act 1984, Sec. 71 (4) (a)*. Disponível em: http://www.hmrc.gov.uk/ihta/part_3_chapter_3/ihta071.htm#TopOfPage. Acesso em: 28.11.2006.

[583] HM REVENUE & CUSTOMS. *Inheritance Tax Act 1984, Sec. 65 (1)*. Disponível em: http://www.hmrc.gov.uk/ihta/part_3_chapter_3/ihta065.htm#TopOfPage. Acesso em: 05.12.2006. *Vide* no mesmo sentido: HAYTON, D.J., *The Law of Trusts*. London: Sweet e Maxwell, 1998, p. 48.

[584] HAYTON, D.J., *The Law of Trusts*. London: Sweet e Maxwell, 1998, p. 49.

[585] HM REVENUE & CUSTOMS. *Inheritance Tax Act 1984, Sec. 65,68 e 69*. Disponível em: http://www.hmrc.gov.uk/ihta/part_3_chapter_3/table_of_contents.htm. Acesso em: 28.11.2006.

[586] A corroborar como esse raciocínio, editou o *Inheritance Tax Act 1984*, a definição de fracção apropriada, em sua Séc. 68 (2), *in verbis*: *"The appropriate fraction is three tenths multiplied by as many fortieths as there are complete successive quarters in the period beginning with the day on which the settlement commenced and ending with the day before the occasion of the charge"*. HM REVENUE & CUSTOMS. *Inheritance Tax Act 1984, Sec. 68 (2)*. Disponível em: http://www.hmrc.gov.uk/ihta/part_3_chapter_3/ihta068.htm#TopOfPage. Acesso em 06.12.2006.

A Tributação dos Trusts no Reino Unido, na Itália e em França   169

na qual o imposto seria cobrado em uma hipotética transferência de valor[587]. A taxa efectiva, normalmente, será uma parte do imposto *causa mortis*[588].

Por outro lado, a alíquota do custo de saída, ocorrendo o evento tributário depois do primeiro aniversário de 10 anos, em geral, é a mesma alíquota do último custo periódico [589].

Importa mencionar, como salienta HAYTON (1998), que a morte de um beneficiário de um *Trust Discretionary,* ou o término do interesse dele, não ocasiona cobrança de *Inheritance Tax*[590]. Por igual, a adição ou remoção de um beneficiário de um *Trust Discretionary* de uma classe de beneficiários, não faz, por si só, a origem de um custo de herança[591].

Por fim, em qualquer das hipóteses acima mencionadas, haverá isenção quando a *"settled property"* do beneficiário em questão, reverter para o *settlor* ou para sua esposa, desde que, ele (a) seja domiciliado (a) no Reino Unido[592].

---

[587] Deve-se salientar, neste ponto, a definição de *hypothetical transfer* feita por HARDY (2005), *in verbis: "With regard to the hypothetical transfer of value, the history of chargeable transfers of value made by the hypothetical transferor is the settlor's cumulative total of chargeable transfers made in the period of 7 years endingwith the day on which the settlement commenced, disregarding transfers made on that day".* HARDY, Amanda. *The International Guide to the Taxation of Trusts – United Kingdom.* Amsterdam: IBFD, 2005, p. 20. *Vide* também nesse sentido: HM REVENUE & CUSTOMS. *Inheritance Tax Act 1984, Sec. 68 (4) (b).* Disponível em: http://www.hmrc. gov.uk/ihta/part_3_chapter_3/ihta068.htm#TopOfPage. Acesso em: 06.12.2006.

[588] HM REVENUE & CUSTOMS. *Inheritance Tax Act 1984, Sec.68 (4) (c).* Disponível em: http://www.hmrc.gov.uk/ihta/part_3_chapter_3/ihta068.htm#TopOfPage. Acesso em: 06.12.2006.

[589] HM REVENUE & CUSTOMS. *Inheritance Tax Act 1984, Sec.69.* Disponível em: http://www.hmrc.gov.uk/ihta/part_3_chapter_3/ihta069.htm#TopOfPage. Acesso em: 06.12.2006.

[590] HAYTON, D.J., *The Law of Trusts.* London: Sweet e Maxwell, 1998, p. 48.

[591] HARDY, Amanda. *The International Guide to the Taxation of Trusts – United Kingdom.* Amsterdam: IBFD, 2005, p. 21.

[592] HM REVENUE & CUSTOMS. *Inheritance Tax Act 1984, Sec. 54.* Disponível em: http://www.hmrc.gov.uk/ihta/part_3_chapter_2/ihta054.htm#TopOfPage. Acesso em 29.11.2006.

4.3. Na Extinção do *Trust*

Na extinção do *Trust*, as consequências do *Inheritance Tax* sobre a distribuição dos activos do *Trust,* para os beneficiários, serão as mesmas consequências que as ocorridas durante a existência do *Trust*.

Não há incidência do *Inheritance Tax*, no término total ou parcial de um *Interesse in Possession*, quando o beneficiário de tal interesse tornar-se intitulado, na mesma ocasião, à propriedade em que o interesse dele subsistiu ou a um outro interesse nesta propriedade[593].

Porém, quando o beneficiário de um *Interest in Possession Trust* morrer e a *trust property* for distribuída a um outro beneficiário distinto, o *Inheritance Tax* normalmente incide sobre o valor da propriedade na qual o interesse dele subsistiu[594].

Por outro lado, nos outros tipos de *Trust* onde não há um *Interest in Possession*, haverá um custo de saída quando ocorrer a extinção do *Trust* e a consequente distribuição da propriedade aos beneficiários[595].

Por fim, deve ser recordado, que em qualquer das hipóteses, haverá isenção quando a *"settled property"* do beneficiário em questão, reverter para o *settlor* ou para sua esposa, desde que, ele (a) seja domiciliado (a) no Reino Unido[596].

---

[593] HM REVENUE & CUSTOMS. *Inheritance Tax Act 1984, Sec. 53 (2).* Disponível em: http://www.hmrc.gov.uk/ihta/part_3_chapter_2/ihta053.htm#TopOfPage. Acesso em 29.11.2006.

[594] HM REVENUE & CUSTOMS. *Inheritance Tax Act 1984, Sec. 4,5 e 49.* Disponível em: http://www.hmrc.gov.uk/ihta/part_1/table_of_contents.htm. Acesso em 29.11.2006.

[595] HARDY, Amanda. *The International Guide to the Taxation of Trusts – United Kingdom.* Amsterdam: IBFD, 2005, p. 23.

[596] HM REVENUE & CUSTOMS. *Inheritance Tax Act 1984, Sec. 54.* Disponível em: http://www.hmrc.gov.uk/ihta/part_3_chapter_2/ihta054.htm#TopOfPage. Acesso em 29.11.2006.

4.4. Administração e Responsabilidade

Posto tudo isso, oportuna a menção aqui que, o *Inheritance Tax* esta sob os cuidados e gestão da *Board of Inland Revenue* e, ainda, o *Inheritance Tax* é administrado no Reino Unido pelo *Capital Taxes Office*[597].

Nesse passo, a *Board* pode prescrever a forma e o conteúdo da contabilidade a ser entregue bem como outros documentos a serem feitos como, por exemplo, a declaração[598].

Em cotejo importante, a contabilidade é a base na qual uma avaliação para o *Inheritance Tax* é feita. Por sua vez, a declaração é o documento que fornece informações à *Board*. Existem específicos requerimentos para determinadas pessoas[599] entregarem a contabilidade ou a declaração, sem precisar do pedido da *Board*.

Ademais, a *Board* tem o poder de notificar o *trustee* para requerer a revelação de informações, produções de documentos, contabilidade ou, ainda, quaisquer outras informações que possam servir para as finalidades do *Inheritance Tax*[600]. Essa notificação não pode ser dada sem o consentimento de uma comissão especial (a primeira instância de uma Corte tributária no Reino Unido)[601].

a) Responsabilidade na Criação do *Trust*

Na criação de um *Trust,* o *settlor* é o responsável pelo imposto sobre o valor transferido, se for uma transferência tributável. Assim, ele deve entregar para a *Board* uma contabilidade, especificando a propriedade e os valores daquela propriedade. Isso deverá ser feito no prazo de 12 meses contando do final do mês na qual a transferência

---

[597] HM REVENUE & CUSTOMS. *Inheritance Tax Act 1984, Sec. 215*. Disponível em: http://www.hmrc.gov.uk/ihta/part_8/ihta215.htm#TopOfPage. Acesso em 04.12.2006.

[598] HM REVENUE & CUSTOMS. *Inheritance Tax Act 1984, Sec. 257*. Disponível em: http://www.hmrc.gov.uk/ihta/part_8/ihta257.htm#TopOfPage. Acesso em 04.12.2006.

[599] HARDY, Amanda. *The International Guide to the Taxation of Trusts – United Kingdom*. Amsterdam: IBFD, 2005, p. 24.

[600] HM REVENUE & CUSTOMS. *Inheritance Tax Act 1984, Sec. 219*. Disponível em: http://www.hmrc.gov.uk/ihta/part_8/ihta219.htm#TopOfPage. Acesso em 04.12.2006.

[601] HARDY, Amanda. *The International Guide to the Taxation of Trusts – United Kingdom*. Amsterdam: IBFD, 2005, p. 24.

172 *A Tributação dos Trusts*

foi feita. Destaca-se que o *settlor* não precisa entregar a contabilidade se o *trustee* já a entregou[602].

Nesse contexto, na criação de um *Trust inter vivos*, quando ocorrer uma transferência tributável e não uma transferência potencialmente isenta, as pessoas responsáveis para o pagamento do imposto são: o *settlor*, o *trustee* e o beneficiário.

De facto, no Reino Unido, o *Inheritance Tax* é baseado sobre a diminuição da propriedade do *settlor*, e não sobre o aumento da propriedade dele. Portanto, o *settlor* é primeiramente responsável pelo pagamento do *Inheritance Tax*, o *trustee* e o beneficiário são responsáveis subsidiariamente sobre o imposto remanescente, que deveria ter sido pago e não foi[603].

Em geral, o *Inheritance Tax* é devido seis meses depois do fim do mês na qual a transferência foi feita, ou, no caso da transferência ser feita depois de 5 de Abril e antes de 1 de Outubro, em qualquer ano que não o da morte, no final de Abril do ano seguinte[604].

No caso de qualquer tributo extra sobre a transferência tributável tornar-se pagável com o resultado da morte do *settlor* dentro de 7 anos, o *trustee* e os beneficiários serão os responsáveis pelo pagamento do imposto[605].

Logo, no caso de uma transferência potencialmente isenta revelar-se uma transferência tributável, o imposto será devido 6 meses depois do final do mês, no qual a morte do *settlor* ocorreu[606].

Nesse contexto, se o *Inheritance Tax* devido na criação do *Trust* não for pago, os *trustees* tornam-se responsáveis pelo seu pagamento, bem como as pessoas na qual a propriedade foi vestida, conforme explanado acima[607].

---

[602] HM REVENUE & CUSTOMS. *Inheritance Tax Act 1984, Sec. 216 (6) (c)*. Disponível em: http://www.hmrc.gov.uk/ihta/part_8/ihta216.htm#TopOfPage. Acesso em 04.12.2006.

[603] HM REVENUE & CUSTOMS. *Inheritance Tax Act 1984, Sec. 204 (6)*. Disponível em: http://www.hmrc.gov.uk/ihta/part_7/ihta204.htm#TopOfPage. Acesso em 04.12.2006.

[604] HM REVENUE & CUSTOMS. *Inheritance Tax Act 1984, Sec. 226 (1)*. Disponível em: http://www.hmrc.gov.uk/ihta/part_8/ihta226.htm#TopOfPage. Acesso em 04.12.2006.

[605] HM REVENUE & CUSTOMS. *Inheritance Tax Act 1984, Sec. 199 (2)*. Disponível em: http://www.hmrc.gov.uk/ihta/part_7/ihta199.htm#TopOfPage. Acesso em 04.12.2006.

[606] HM REVENUE & CUSTOMS. *Inheritance Tax Act 1984, Sec. 226 (3)*. Disponível em: http://www.hmrc.gov.uk/ihta/part_8/ihta226.htm#TopOfPage. Acesso em 04.12.2006.

[607] HARDY, Amanda. *The International Guide to the Taxation of Trusts – United Kingdom*. Amsterdam: IBFD, 2005, p. 25.

A Tribuação dos Trusts no Reino Unido, na Itália e em França | 173

No caso de um *Trust testamentary*, os representantes pessoais do falecido devem entregar uma contabilidade, especificando toda a propriedade que forma o património do falecido e, consequentemente, isso deverá ser quando eles transferirem tal propriedade para o *trustee,* conforme as exigências do testamento. Dessa forma, os *trustees* não precisarão entregar uma contabilidade adicional[608].

Por conseguinte, na transferência *causa mortis*, os representantes pessoais[609] do falecido são geralmente os responsáveis pelo *Inheritance Tax* devido. Eles devem contabilizar e pagar o imposto na entrega da contabilidade[610].

b) Responsabilidade no Funcionamento e Término do *Trust*

Quando o beneficiário de um *Interest in Possession Trust* morre, a propriedade do *Trust* é adicionada na herança livre dele com a finalidade de calcular o *Inheritance Tax* devido.

Nesse passo, os representantes pessoais do beneficiário são os responsáveis pelo *Inheritance Tax* da sua herança livre e os *trustees* são os responsáveis pelo impostos da propriedade "segurada" no *Trust (settled property)*. Os representantes pessoais, contudo, são os responsáveis por entregar a contabilidade para a *Board* em respeito de ambos: da herança livre e da *settled property*[611].

Nesse passo, os representantes pessoais do falecido, devem pagar o imposto sobre a herança livre e "podem" pagar o imposto sobre a *settled property*. Todavia, podem pedir, nesse último caso, o reembolso aos *trustees*.

---

[608] HARDY, Amanda. *The International Guide to the Taxation of Trusts – United Kingdom*. Amsterdam: IBFD, 2005, p. 25.

[609] Neste ponto, deve ser notado, que os representantes pessoais são as pessoas que administram a propriedade no momento da morte do indivíduo. A posse sobre a propriedade do falecido não é vestida automaticamente nos herdeiros deles. Dessa forma, na morte, a posse é vestida nos representantes pessoais que as transferem depois aos herdeiros ou ao *Trust testamentary*.

[610] HM REVENUE & CUSTOMS. *Inheritance Tax Act 1984, Sec. 226 (2)*. Disponível em: http://www.hmrc.gov.uk/ihta/part_8/ihta226.htm#TopOfPage. Acesso em 04.12.2006.

[611] HM REVENUE & CUSTOMS. *Inheritance Tax Act 1984, Sec. 216 (3)*. Disponível em: http://www.hmrc.gov.uk/ihta/part_8/ihta216.htm#TopOfPage. Acesso em 04.12.2006.

174 A Tributação dos Trusts

Oportuna a menção aqui, que os *trustees* devem entregar a contabilidade sobre a *settled property*, antes de expirar 12 meses do final do mês do falecimento de tal beneficiário[612].

Simultânea responsabilidade também atinge qualquer pessoa que seja intitulada em tal propriedade (beneficamente ou de outra forma), em qualquer tempo depois da morte do beneficiário[613].

Por fim, quando um evento ocorrer no *Interest in Possession Trust*, diferente do término em decorrência da morte de um beneficiário intitulado para tal interesse, os *trustees* são os primeiramente responsáveis pelo pagamento do *Inheritance Tax* devido. Os *trustees* não terão que entregar a contabilidade se está já tiver sido entregue por alguma outra pessoa[614].

Da mesma forma, se o *Inheritance Tax* não for pago na data devida, o *Inland Revenue* pode exigir o pagamento do imposto de qualquer pessoa que tenha sido intitulada para um *Interest in Possession* naquela propriedade, ou em um interesse absoluto na *"settled property"*.

5. Considerações Gerais – Os *Trustees*

Em derradeiro na presente etapa de nosso trabalho, vamos abordar algumas considerações particulares ao *trustee* no Reino Unido.

Por primeiro, desde o *Trustee Act* de 2000, os *trustees* são obrigados a verificar se os seus investimentos são apropriados ao *Trust*. Os factores determinantes para tal são, a eficiência tributária e o impacto dos investimentos sobre os benefícios do *Trust*. Logo, o acompanhamento por parte do *trustee* sobre os investimentos e sua consequente tributação, deve ser constante[615].

---

[612] HARDY, Amanda. *The International Guide to the Taxation of Trusts – United Kingdom*. Amsterdam: IBFD, 2005, p. 26.

[613] HM REVENUE & CUSTOMS. *Inheritance Tax Act 1984, Sec. 200*. Disponível em: http://www.hmrc.gov.uk/ihta/part_7/ihta200.htm#TopOfPage. Acesso em 04.12.2006.

[614] HARDY, Amanda. *The International Guide to the Taxation of Trusts – United Kingdom*. Amsterdam: IBFD, 2005, p. 26.

[615] Cfr. FRIENDS PROVIDENT. *Taxation of Trusts – Rates of Tax on Income Producing Assets from 6 April 2004*. UK: Technical Factsheet n. 01/2004, p. 3.

A *Tributação dos Trusts no Reino Unido, na Itália e em França*   175

As demais responsabilidades, normalmente, dependem do tipo do *Trust* e dos termos existentes na sua criação. Em verdade, o *settlor* pode ter dado instruções para que os *trustees* realizem várias funções, e a lei do *Trust* podem impor obrigações adicionais[616].

A corroborar com esse raciocínio, podemos mencionar algumas responsabilidades do *trustee* no Reino Unido para fins Fiscais, que são as seguintes: notificar a HMRC (autoridade fiscal responsável) sobre o imposto devido dentro de seis meses do final do ano do lançamento; arquivar o histórico dos Ganhos tributáveis e das Rendas do *Trust*; completar a declaração do imposto e enviá-la ao HMRC; pagar qualquer imposto devido sobre a Renda ou Ganhos de Capital tributáveis no *Trust*; prover o beneficiário de certificados e informações sobre suas rendas no *Trust* para fins Fiscais[617].

Deve-se destacar nesse plano, que o *Self Assessment* (auto lançamento) é o método para calcular e pagar o imposto. O *trustee* (excepto *bare trust*) é o responsável para completar e emitir a declaração do Imposto sobre as Rendas e Ganhos de Capital do *Trust* e pagar o imposto no tempo certo[618].

Ainda, vale ressaltar, que na ocasião da extinção do *Trust*, o *trustee* deve notificar a HMRC e completar a Declaração do imposto para o período, até a data que o *Trust* foi extinto.

Por igual, deve o *trustee* fazer uma provisão para todo imposto que possa ser devido. Para isso, deve analisar se a extinção do *Trust* dará origem a cobrança adicional do *Capital Gains Tax*. Portanto, se a propriedade do *Trust* é distribuída, antes do proeminente imposto ser pago, o *trustee* pode estar sujeito à suportar a carga do imposto[619].

Nesse contexto, em havendo mais de um *trustee*, todos são responsáveis tributários, conjuntamente. Entretanto, na prática, normalmente um dos *trustees* age na qualidade de "*trustee* activo" para

---

[616] HM Revenue & Customs. *Trusts An introduction.* Disponível em: http://www.hmrc.gov.uk/trusts/introduction.htm#4b. Acesso em: 10.02.2007.

[617] HM REVENUE & CUSTOMS. *Trusts An introduction.* Disponível em: http://www.hmrc.gov.uk/trusts/introduction.htm#4b. Acesso em: 10.02.2007.

[618] "*Failure to do so may result in automatic interest, surcharges and penalties.*" HM REVENUE & CUSTOMS. *Trusts An introduction.* Disponível em: http://www.hmrc.gov.uk/trusts/introduction.htm#4b. Acesso em: 10.02.2007

[619] HM REVENUE & CUSTOMS. *Trusts An introduction.* Disponível em: http://www.hmrc.gov.uk/trusts/introduction.htm#4b. Acesso em: 10.02.2007.

tratar com as autoridades tributárias do Reino Unido. Mas, vale dizer que as actividades efectuadas pelo "*trustee* activo" são tratadas como acções de todos os *trustees*[620].

Por fim, a falha em um destes procedimentos pode acarretar na sua retirada da qualidade de *trustee*, em penalidades e multas.

---

[620] HM REVENUE & CUSTOMS. *Trusts An introduction.* Disponível em: http://www.hmrc.gov.uk/trusts/introduction.htm#interest. Acesso em 18.03.2006.

CAPÍTULO II
A Tributação dos *Trusts* na Itália

1. Introdução

Ponto fundamental no ordenamento jurídico italiano foi a entrada em vigor da Convenção de Haia sobre o Direito Aplicável aos *Trusts* e o seu Reconhecimento, de 1985[621]. A Itália aderiu a órbita jurídica internacional da Convenção em 1 de Janeiro de 1992[622].

---

[621] MALINCONICO (2007) conceitua o *Trust* na Itália, *in verbis*: *"Per trust si intende quel rapporto giuridico alla cui costituzione e gestione intervengono generalmente tre soggetti, che in alcune legislazioni possono anche coincidere: il disponente (o settlor), che si spossessa dei propri beni e costituisce il trust, attribuendo la proprietà degli stessi al gestore (o trustee), il quale, a sua volta, oltre a divenire l'effettivo proprietario, dispone dei beni secondo l'atto di trust per uno scopo prestabilito, purchè lecito e non contrario all'ordine pubblico"*. MALINCONICO, Giuseppe. *La tassazione dei vincoli di destinazione e dei trust*. Roma: Agenzia delle Entrate, FISCOoggi, Publicado em 16 Fevereiro de 2007. Disponível em: http://www.fiscooggi.it/reader/?MIval=cw_usr_view_articoloN&articolo= 23184&giornale=23295. Acesso em: 25.04.2007.

[622] BOGONI, Renato. *Panoramica degli aspetti fiscali del Trust in Itália*. Milano: Assotrust, Publicado em 10 de Março de 2005. Disponível em: http://www.assotrust.it/ Pagine/4%20Intervento%20Seminario%20Trust%20a%20Padova.pdf. Acesso em: 26.03.2007, p. 03. No mesmo sentido, *vide*: BERLINGUER, Aldo. *The Italian Road to the Trust*. In: Report presented on 3 May 2006 to the Committee on Legal Affairs of the European Parliament. English translation by Carolina Cigognini. Disponível em: http:// www.europarl.europa.eu/comparl/juri/hearings/20060503/berlinguer_en.pdf. Acesso em: 03.04.2007. Complementa ainda, DE ANGELIS (1992), *in verbis*: *"La ratifica della Convenzione dell'Aja comporta l'automatico riconoscimento, da parte degli Stati ratificanti, solo dei trusts volontariamente creati: i trusts di diverso tipo devono essere espressamente riconoscinti in virtù di specifiche ed esplicite dichiarazioni di ciascuno Stato"*. DE ANGELIS, Lorenzo. *Trust e Fiducia Nell'Ordinamento Italiano*. Rivista Di Diritto Civile, Padova, a.45, n.3, Maggio-Giugno, 1992, p. 371.

178 *A Tributação dos Trusts*

Tratou-se, pois, de um passo decisivo na integração do Direito Continental com o Direito da *Common Law*, para aquele país[623].

Neste sentido, GUIDOTTI (1998) discorre que a finalidade da referida Convenção foi a de procurar um canal idóneo, eficaz e seguro para o funcionamento do instituto dos *Trusts,* com suas ferramentas necessárias e hábeis a percorrer os países que não o reconheciam[624].

Sob outra óptica, destaca MESSANA (2000), que o *Trust* introduziu no ordenamento jurídico italiano novas possibilidades negociais, idóneas que, actualmente, não eram satisfeitas pelos instrumentos tradicionais civilísticos[625].

De facto, os *Trusts* representam uma ampliação jurídica capaz de satisfazer as exigências dos grandes e médios empreendedores, bem como a possibilidade de expandir o raio de acção de um país para atracção de capitais[626].

Oportuna a menção aqui, que não há ainda hoje na legislação italiana, nenhuma regra sistemática "exaustiva" em relação ao *Trust*, e por isso, a orientação se dá através das determinações da já citada Convenção de Haia de 1985[627].

---

[623] ITÁLIA. *Legge n. 364 del 16 Ottobre de 1989.* Aprovação interna da Convenção de Haia sobre o Direito Aplicável aos *Trusts* e o seu Reconhecimento. Disponível em: http://www.italgiure.giustizia.it/nir/lexs/1989/lexs_307702.html. Acesso em: 25.04.2007. Em complemento *vide*: CASTRONOVO, Carlo. *Il Trust e 'Sostiene Lupoi'.* Europa e diritto privato. Milano, n.2, p. 441- 451, 1998.

[624] GUIDOTTI, Lorenzo. *La Convenzione dell'Aja del 1985 e la legge applicabile ai Trusts.* Genova: Università degli studi di Genova, 1998, p.11.

[625] MESSANA, Graziano. *Effetti Civili e Fiscali del Trust: un'analisi comparativa.* Roma: Libera Univ. Internaz. di Studi Soc. G.Carli-(LUISS) di Roma, 2000, p. 02.

[626] GUIDOTTI, Lorenzo. *La Convenzione dell'Aja del 1985 e la legge applicabile ai Trusts.* Genova: Università degli studi di Genova, 1998, p.12.

[627] BERLINGUER, Aldo. *The Italian Road to the Trust.* In: Report presented on 3 May 2006 to the Committee on Legal Affairs of the European Parliament. English translation by Carolina Cigognini. Disponível em: http://www.europarl.europa.eu/comparl/juri/hearings/20060503/berlinguer_en.pdf. Acesso em: 03.04.2007. *Vide* complementarmente: LUPOI, Maurizio. *Riflessioni Comparatistiche sui Trusts.* Europa e diritto privato. Milano, n.2, 1998, p. 437; LUPOI, Maurizio. *Perché I Trust in Italia.* Milano, Il Trust nel Diritto delle Persone e della Famiglia, p. 18-24, 2003; CARBONE. Sergio Maria. *Autonomia Privata, Scelta Della Legge Regolatrice Del Trust e Riconoscimento Dei Suoi Effetti Nella Convenzione Dell'Aja del 1985.* Rivista di Diritto Internazionale Privato e Processuale, Padova, v. 35, p. 773-788, 1999.

Como já antes sinalizado, em conformidade com o artigo 19 da Convenção de Haia de 1985, os países participantes mantém suas competências em matéria Fiscal[628].

No caso italiano, a entrada em vigor deste importante compromisso internacional vem comportando, progressivamente, a inovação do sistema de Direito Fiscal italiano[629]. Com efeito, a tributação dos *Trusts* na Itália está sendo construída em consonância com os princípios gerais do Direito italiano[630].

---

[628] MOJA, Andréa. *Trust, vincoli di destinazione, e patti di famiglia: comparazione civilística e relativo preliminare inquadramento tributário seguito della recentíssima introduzione dell'imposta sulle successioni e donazioni.* Milano: Assotrusts, Publicado em 16 de Fevereiro de 2007. Disponível em: http://www.assotrusts.it/SLIDES_PIACENZA% 20_16.02.07.pdf. Acesso em: 19.04.2007. Em complemento, NICODEMO ressalta, *in verbis*: "*A titolo di premessa si rileva che l'unica norma della Convenzione dell'Aja in materia tributaria è contemplata dall'art. 19, ai sensi del quale "la Convenzione non pregiudicherà la competenza degli Stati in materia fiscale".* NICODEMO, Massimiliano. *Trust: spiegazioni, aspetti fiscali e giurisprudenziali.* In: Unione Consulenti – Consulenza Legale e Fiscale, Studio Legale Tributario Nicodemo : la guida utile per il privato e l'azienda. Disponível em: http://www.unioneconsulenti.it/article.php?sid=1334. Acesso em: 28/04/2007.

[629] *Vide* SACHI, Andrea. *The Italian 'Fiscal Shield' – New Rules on Foreign Held Funds.* United Kingdom: Trusts & Trustees, Gostick Hall, Volume 8, Issue 3, p. 20-22, 2002. Complementarmente, GRECO e ROSSI (1998) discorrem nestes termos: "*Il riconoscimento dei trust da parte dell'ordinamento italiano nella forma aperta, che deriva dalla possibilità di ricorrere a qualsiasi legge straniera che disciplini l'istituto, ha una rilevanza immediata nell'individuazione del trattamento tributario, condizionato esso stesso dal contenuto delle disposizioni impartite dal settlor in sede di costituzione del trust".* GRECO, Ricardo; ROSSI, Iginio. *La Circolazione dei "Trust" Esteri in Italia.* In: Servizio Consultivo ed Ispettivo Tributário - Ministero dell' Economia e delle Finanze. Publicado em Fevereiro de 1998. Disponível em: http://www.secit.finanze.it/ site.php?page=20060327163955126. Acesso em: 18.04.2007.

[630] MOJA, Andréa. *Trust, vincoli di destinazione, e patti di famiglia: comparazione civilística e relativo preliminare inquadramento tributário seguito della recentíssima introduzione dell'imposta sulle successioni e donazioni.* Milano: Assotrusts, Publicado em 16 de Fevereiro de 2007. Disponível em: http://www.assotrusts.it/SLIDES_PIACENZA% 20_16.02.07.pdf. Acesso em: 19.04.2007; No mesmo sentido Cfr: BOGONI, Renato. *Panoramica degli aspetti fiscali del Trust in Itália.* Milano: Assotrust, Publicado em 10 de Março de 2005. Disponível em: http://www.assotrust.it/Pagine/4%20Intervento%20 Seminario%20Trust%20a%20Padova.pdf. Acesso em: 26.03.2007; BERLINGUER, Aldo. *The Italian Road to the Trust.* In: Report presented on 3 May 2006 to the Committee on Legal Affairs of the European Parliament. English translation by Carolina Cigognini. Disponível em: http://www.europarl.europa.eu/comparl/juri/hearings/20060503/berlinguer_en.pdf. Acesso em: 03.04.2007.

180   *A Tributação dos Trusts*

Por fim, o legislador fiscalista italiano está indubitavelmente alinhado ao aumento na Itália desse fenómeno, o *"Trust"*[631].

2. Enquadramento Civilístico

O *Trust* encontrou o pleno reconhecimento jurídico na Itália com a introdução do artigo 2645-ter no Código Civil italiano, em vigor desde 1º de Março de 2006, tendo, então, legitimado a sua constituição na Itália[632].

Tal artigo vem a consentir a criação de um "vínculo de destinação"[633] com referência a determinados bens[634]. O objecto do "vinculo

---

[631] PODDIGHE, Andrea. *I Trusts in Italia Anche Alla Luce Di Una Rilevante Manifestazione Giurisprudenziale*. Diritto e Pratica Tributaria, Bologna, v. 72, n.2, Marzo-Aprile, 2001, p. 311.

[632] Nesse sentido, *in verbis*: *"Art. 2645-ter. Trascrizione di atti di destinazione per la realizzazione di interessi meritevoli di tutela riferibili a persone con disabilità, a pubbliche amministrazioni, o ad altri enti o persone fisiche. (articolo introdotto dall'articolo 39-nonies della legge n. 51 del 2006) Gli atti in forma pubblica con cui beni immobili o beni mobili iscritti in pubblici registri sono destinati, per un periodo non superiore a novanta anni o per la durata della vita della persona fisica beneficiaria, alla realizzazione di interessi meritevoli di tutela riferibili a persone con disabilità, a pubbliche amministrazioni, o ad altri enti o persone fisiche ai sensi dell'articolo 1322, secondo comma, possono essere trascritti al fine di rendere opponibile ai terzi il vincolo di destinazione; per la realizzazione di tali interessi può agire, oltre al conferente, qualsiasi interessato anche durante la vita del conferente stesso. I beni conferiti e i loro frutti possono essere impiegati solo per la realizzazione del fine di destinazione e possono costituire oggetto di esecuzione, salvo quanto previsto dall'articolo 2915, primo comma, solo per debiti contratti per tale scopo".* ITÁLIA. *Codice Civile.* Disponível em: http://www.lexced.it/Codice_Civile.aspx?libro=6. Acesso em: 03.05.2007.

[633] Complementarmente, já explanava LEMBO (1999), *in verbis*: *" Oggetto del trust, pertanto, e una sorta di fondo che si configura come patrimonio separato con un vinculo di destinazione su cui esistono due diferenti tipi di proprietà: una proprietà fiduciaria, in capo al trustee ed una proprietà beneficiaria, in capo al beneficiary".* LEMBO, Massimo. *Il Trust-L'orizzonte legislativo.* Rivista Di Dottrina e Giurisprudenza, Padova, Ano LXXIV, Maggio-Giugno, 1999, p. 427.

[634] Nesse sentido, explica BOTTERO, *in verbis*: *"I beni sono affidati in gestione dal settlor al trustee.Oggetto del trust possono essere i beni immobili, i beni mobili registrati, i titoli di credito e le partecipazioni societarie.Non esistono particolari limiti di durata se non quelli indicati dalla legge dello Stato di istituzione".* BOTTERO, Simone. *La Disciplina Fiscale Del Trust.* La Pratica Forense, Roma, Maggioli, Disponível em: http://www.lapraticaforense.it/articolo.php?idart=218. Acesso em: 25.04.2007.

A Tributação dos Trusts no Reino Unido, na Itália e em França   181

de destinação" pode ser tanto bens imóveis quanto bens móveis escritos em registos públicos, e a sua duração não pode ser superior a 90 anos ou, caso o beneficiário seja pessoa singular, a um período superior a vida dele. Deve se atentar, que para produzir efeitos oponíveis a terceiros, o acto de destinação deve necessariamente ser escrito de forma pública e deve ser transcrito nos registos imobiliários[635].

Nesse passo, os bens conferidos e os frutos que destes derivam, podem ser empregados exclusivamente ao fim de realizar o instituído no *Trust*[636]. Ainda, como visto na primeira parte de nosso trabalho, o "vinculo de destinação" (*trust*) faz com que estes bens não possam constituir objecto de execução com referência a acontecimentos referentes ao *settlor* ou ao *trustee*, mas exclusivamente com relação aos débitos contraídos na gestão do próprio *Trust*. Por tal motivo, os credores pessoais do *settlor* ou do *trustee* podem expropriar unicamente os bens relativos ao património destes últimos, e não aqueles bens vinculados em *Trust*[637].

---

[635] MALINCONICO, Giuseppe. *La tassazione dei vincoli di destinazione e dei trust*. Roma: Agenzia delle Entrate, FISCOoggi, Publicado em 16 Fevereiro de 2007. Disponível em: http://www.fiscooggi.it/reader/?MIval=cw_usr_view_articoloN&articolo= 23184&giornale=23295. Acesso em: 25.04.2007; MARTANI, Gianluca. *Il trust diventa soggetto passivo Ires*. Roma: Agenzia delle Entrate, FISCOoggi, Publicado em 11 de Janeiro de 2007. Disponível em: http://www.fiscooggi.it/reader/?MIval=cw_usr_view_ articoloN&articolo=22727&giornale=22806. Acesso em: 18.04.2007; MOJA, Andréa. *Trust, vincoli di destinazione, e patti di famiglia: comparazione civilística e relativo preliminare inquadramento tributário seguito della recentíssima introduzione dell'imposta sulle successioni e donazioni*. Milano: Assotrusts, Publicado em 16 de Fevereiro de 2007. Disponível em: http://www.assotrusts.it/SLIDES_PIACENZA%20_16.02.07.pdf. Acesso em: 19.04.2007.

[636] Em complemento, devemos mencionar que na Itália o *Trust* é basicamente tipificado em: "*Trust di famiglia;Trust di garanzia;Trust per disabili;Trust per il controllo di una societ*". BOTTERO, Simone. *La Disciplina Fiscale Del Trust*. La Pratica Forense, Roma, Maggioli, Disponível em: http://www.lapraticaforense.it/articolo.php?idart=218. Acesso em: 25.04.2007.

[637] MARTANI, Gianluca. *Il trust diventa soggetto passivo Ires*. Roma: Agenzia delle Entrate, FISCOoggi, Publicado em 11 de Janeiro de 2007. Disponível em: http:// www.fiscooggi.it/reader/?MIval=cw_usr_view_articoloN&articolo=22727&giornale= 22806. Acesso em: 18.04.2007.

3. Enquadramento Fiscal – Lei *Finanziária* 2007

A Itália assistiu a uma ligeira discussão doutrinária relativamente à questão do sujeito passivo tributário do *Trust*[638]. A causa da referida polémica deu-se em virtude da ausência normativa nesta matéria[639].

Porém, em 1º de Janeiro de 2007, o *Trust* entra juridicamente no elenco dos sujeitos passivos "IRES" (*Imposta sul reddito delle società*)[640]. A esse respeito, o *Trust* é assimilado[641]:

---

[638] Para CHIMIENTI (2003), os autores interessados no regime fiscal do *Trust* designavam que a dificuldade se encontrava na tipologia do *Trust*, que é totalmente múltipla. CHIMIENTI, Maria Teresa. *Trusts Interni Disposti Inter Vivos: Orientamenti in Materia di Imposte Dirette*. Diritto e Pratica Tributaria, Bologna, v. 74, n.2, Marzo-Aprile, 2003, p. 304; *Vide* ainda: LUPOI, Maurizio. *Osservazioni sui primi interpelli riguardanti trust*. Roma: Il Fisco, n. 28/2003, n. 1, p. 4342-4347, 2003, p. 4342.

[639] CHIMIENTI, Maria Teresa. *Trusts Interni Disposti Inter Vivos: Orientamenti in Materia di Imposte Dirette*. Diritto e Pratica Tributaria, Bologna, v. 74, n.2, p. 303-322, Marzo-Aprile, 2003, p. 304. No mesmo sentido, *vide*: BOGONI, Renato. *Panoramica degli aspetti fiscali del Trust in Itália*. Milano: Assotrust, Publicado em 10 de Março de 2005. Disponível em: http://www.assotrust.it/Pagine/4%20Intervento%20Seminario%20Trust%20a%20Padova.pdf. Acesso em: 26.03.2007; NICODEMO, Massimiliano. *Trust: spiegazioni, aspetti fiscali e giurisprudenziali*. In: Unione Consulenti – Consulenza Legale e Fiscale, Studio Legale Tributario Nicodemo : la guida utile per il privato e l'azienda. Disponível em: http://www.unioneconsulenti.it/article.php?sid=1334. Acesso em: 28/04/2007; NUZZO, Enrico. *E Luce Fu Sul Regime Fiscale Del Trust*. Banca Borsa Titoli di Credito, Milano, v. 55, n. 2, p. 244-269, Marzo-Aprile, 2002; DE ANGELIS, Lorenzo. *Trust e Fiducia Nell'Ordinamento Italiano*. Rivista Di Diritto Civile, Padova, a.45, n.3, Maggio-Giugno, p. 353-372, 1992; GRECO, Ricardo; ROSSI, Iginio. *La Circolazione dei "Trust" Esteri in Italia*. In: Servizio Consultivo ed Ispettivo Tributário – Ministero dell' Economia e delle Finanze. Publicado em Fevereiro de 1998. Disponível em: http://www.secit.finanze.it/site.php?page=20060327163955126. Acesso em: 18.04.2007; DI SALVATORE, Salvatore. *New legal provisions on trusts in Italy: back to foundations: an italian retrospective*. United Kingdom: Trusts & Trustees, Gostick Hall, Volume 13, Issue 5, p. 172-173, 2007.

[640] IRES é na Itália semelhante ao IRC em Portugal.

[641] O parágafo 74 do artigo 1º da Lei de 27 de dezembro de 2006, n. 296 (Finanziaria 2007) modificou o artigo 73 do Texto Único do Imposto de Rendimento (T.U.I.R.), inserindo os *Trusts* entre os sujeitos passivos IRES. ITÁLIA. *Legge n. 296 del 27 dicembre 2006 (legge finanziaria 2007)*.

Disponível em: http://www.parlamento.it/leggi/eleletip.htm. Acesso em: 04.05.2007. *Vide* também: BOTTERO, Simone. *La Disciplina Fiscale Del Trust*. La Pratica Forense, Roma, Maggioli, Disponível em: http://www.lapraticaforense.it/articolo.php?idart=218. Acesso em: 25.04.2007; MOJA, Andréa. *Trust, vincoli di destinazione, e patti di famiglia: comparazione civilística e relativo preliminare inquadramento tributário seguito della*

A Tributação dos Trusts no Reino Unido, na Itália e em França   183

- Aos entes comerciais não residentes, se tiver a residência fiscal no exterior;
- Aos entes comerciais residentes (art. 73, parágrafo 1º, b) do T.U.I.R), se tiver como objecto exclusivo ou principal o exercício de actividade comercial;
- Aos entes não comerciais residentes (art. 73, parágrafo 1º, c) do T.U.I.R), se não tiver por objecto exclusivo ou principal o exercício de actividade comercial.

Dessa forma, sob o ponto de vista fiscal, o *Trust* é considerado um sujeito passivo IRES, à comparação de um ente. Mais precisamente, vem classificado na letra b), c) e d) do artigo 73, parágrafo 1º, do T.U.I.R. (*Testo Unico delle Imposte sui Redditi*[642]) segundo a actividade realizada, comercial ou não comercial, e segundo a residência[643].

Com referência ao rendimento produzido no *Trust*, a mesma Lei modificou também, o parágrafo 2º do art. 73 do T.U.I.R., prevendo a imputação da tributação pela Transparência Fiscal[644] na pessoa do beneficiário, se este for individualizado[645].

---

recentíssima introduzione dell'imposta sulle successioni e donazioni. Milano: Assotrusts, Publicado em 16 de Fevereiro de 2007. Disponível em: http://www.assotrusts.it/ SLIDES_PIACENZA%20_16.02.07.pdf. Acesso em: 19.04.2007.

[642] ITÁLIA. *Decreto del Presidente della Repubblica del 22 dicembre 1986, n. 917.* Testo Unico delle imposte sui redditi (TUIR). Disponível em: http://www.unipv.it/ giurisprudenza/didattica/redditi.pdf. Acesso em: 11.05.2007.

[643] MARTANI, Gianluca. *Il trust diventa soggetto passivo Ires.* Roma: Agenzia delle Entrate, FISCOoggi, Publicado em 11 de Janeiro de 2007. Disponível em: http:// www.fiscooggi.it/reader/?MIval=cw_usr_view_articoloN&articolo=22727& giornale=22806. Acesso em: 18.04.2007; BOTTERO, Simone. *La Disciplina Fiscale Del Trust.* La Pratica Forense, Roma, Maggioli, Disponível em: http://www.lapraticaforense.it/ articolo.php?idart=218. Acesso em: 25.04.2007.

[644] Nesse sentido, em consonância com a circular IRES/4: *"Il regime di trasparenza fiscale è un sistema di tassazione delle società che consente di imputare gli utili o le perdite della società a ciascun socio, in proporzione alla propria quota di possesso, a prescindere dall'effettiva percezione. Il regime della trasparenza può essere scelto qualora sussistano le condizioni".* ITÁLIA. *Decreto Legislativo 12 dicembre 2003, n.344. Circolari IRES/4.* Disponível em: http://www.agenziaentrate.it/ilwwcm/resources/file/eb7df40a8bd582e/ circ_49e.pdf. Acesso em: 09.05.2007.

[645] Para BOTTERO, a diferença entre a tributação no *Trust* e tributação na pessoa do beneficiário não dependerá do facto do beneficiário receber rendimentos durante a vida do

184 A Tributação dos Trusts

Logo, os rendimentos produzidos no *Trust* são imputados directamente aos beneficiários individualizados, na proporção de sua quota-parte indicada no acto constitutivo do *Trust*[646].

Na opinião de MOJA (2007)[647], a tributação pela Transparência Fiscal parece ser coerente e idónea aos propósitos dos rendimentos produzidos no caso do *"bare trust"*, isto é, no *Trust* em que seja previsto que os bens são administrados pelo *trustee*, mas que os frutos gerados, são directamente distribuídos aos beneficiários, sem chegar a fazer parte do património do *Trust*[648].

Em prosseguimento, a Lei *"Finanziária"* de 2007, ainda estabeleceu no seu parágrafo 75, sob o perfil fiscal, que os rendimentos obtidos pelos beneficiários, pessoas singulares ou ente não comercial, são considerados rendimentos de capitais, assim disciplinados pelo artigo 44, parágrafo 1º, letra *g-sexies* do T.U.I.R.[649].

Por fim, o artigo 76 da Lei em questão, determina expressamente a obrigatoriedade do *Trust* predispor as escritas contábeis para as finalidades fiscais[650].

Veremos, seguidamente, que, ao constituir um *Trust*, poderá haver implicação em imposições tributárias de impostos indirectos e directos[651].

Trust, mas da mera circunstância dele ser "individualizado" no acto constitutivo do *Trust*. BOTTERO, Simone. *La Disciplina Fiscale Del Trust*. La Pratica Forense, Roma, Maggioli, Disponível em: http://www.lapraticaforense.it/articolo.php?idart=218. Acesso em: 25.04.2007.

[646] MARTANI, Gianluca. *Il trust diventa soggetto passivo Ires*. Roma: Agenzia delle Entrate, FISCOoggi, Publicado em 11 de Janeiro de 2007. Disponível em: http://www.fiscooggi.it/reader/?MIval=cw_usr_view_articoloN&articolo=22727&giornale=22806. Acesso em: 18.04.2007.

[647] MOJA, Andréa. *Trust, vincoli di destinazione, e patti di famiglia: comparazione civilística e relativo preliminare inquadramento tributário seguito della recentíssima introduzione dell'imposta sulle successioni e donazioni*. Milano: Assotrusts, Publicado em 16 de Fevereiro de 2007. Disponível em: http://www.assotrusts.it/SLIDES_PIACENZA%20_16.02.07.pdf. Acesso em: 19.04.2007.

[648] SQUEO, Francesco. *Fiscalità dei trust, norme a ostacoli- Lacune sui beneficiari individuati e sulle regole antielusive*. Milano: Italia Oggi, Venerdì 29 Dicembre 2006, p. 41. Disponível em: http://www.italiaoggi.it/. Acesso em: 04.05.2007.

[649] ITÁLIA. *Legge n. 296 del 27 dicembre 2006 (legge finanziaria 2007)*. Disponível em: http://www.parlamento.it/leggi/eleletip.htm. Acesso em: 04.05.2007.

[650] ITÁLIA. *Legge n. 296 del 27 dicembre 2006 (legge finanziaria 2007)*. Disponível em: http://www.parlamento.it/leggi/eleletip.htm. Acesso em: 04.05.2007.

[651] GRECO, Ricardo; ROSSI, Iginio. *La Circolazione dei "Trust" Esteri in Italia*. In: Servizio Consultivo ed Ispettivo Tributário – Ministero dell' Economia e delle Finanze.

A *Tributação dos Trusts no Reino Unido, na Itália e em França*   185

4. Imposição Indirecta

Os impostos indiretos incidem sobre a transferência dos bens e direitos no momento da constituição do *Trust* e, depois, sobre a distribuição desses bens aos beneficiários finais[652]. Na Itália, os impostos indiretos relevantes em relação ao *Trust* são: o Imposto de Registo e os Impostos sobre Sucessões e Doações.

Nesse passo, devemos mencionar que o Imposto de Registo é aplicado aos fins indicados no art. 20 do D.P.R. (*Decreto del Presidente della Repubblica*) de 26 de Abril de 1986, n. 131, *in verbis*:

> *Art.20. Interpretazione degli atti. "L'imposta è applicata secondo la intrinseca natura e gli effetti giuridici degli atti presentati alla registrazione, anche se non vi corrisponda il titolo o la forma apparente"*[653].

Logo, o imposto será aplicado segundo a intrínseca natureza e efeitos jurídicos dos actos apresentados a registo.

Por conseguinte, em relação ao outro imposto indirecto incidente, o Decreto-lei n. 286/2006, estabelece o Imposto sobre Doações e Sucessões na Itália, nestes termos:

> *"49. Per le donazioni e gli atti di trasferimento a titolo gratuito di beni e diritti e la costituzione di vincoli di destinazione di beni l'imposta e' determinata dall'applicazione delle seguenti aliquote al valore globale dei beni e dei diritti al netto degli oneri da cui e' gravato il beneficiario diversi da quelli indicati dall'articolo 58, comma 1, del citato testo unico di cui al decreto legislativo 31 ottobre 1990, n. 346, ovvero, se la donazione e' fatta congiuntamente a favore di piu' soggetti o se in uno stesso atto sono compresi piu' atti di disposizione a favore di soggetti diversi, al valore delle quote dei beni o diritti attribuiti:*

Publicado em Fevereiro de 1998. Disponível em: http://www.secit.finanze.it/site.php?page=20060327163955126. Acesso em: 18.04.2007.

[652] GRECO, Ricardo; ROSSI, Iginio. *La Circolazione dei "Trust" Esteri in Italia*. In: Servizio Consultivo ed Ispettivo Tributário – Ministero dell' Economia e delle Finanze. Publicado em Fevereiro de 1998. Disponível em: http://www.secit.finanze.it/site.php?page=20060327163955126. Acesso em: 18.04.2007.

[653] ITÁLIA. *Decreto del Presidente della Repubblica del 26 aprile 1986, n. 131*. Approvazione del testo unico delle disposizioni concernenti l'imposta di registro. Disponível em: http://www.assotrusts.it/. Acesso em: 09.05.2007.

186   A Tributação dos Trusts

> *a) a favore del coniuge e dei parenti in linea retta sul valore complessivo netto eccedente, per ciascun beneficiario, 1.000.000 di euro: 4 per cento;*
>
> *b) a favore degli altri parenti fino al quarto grado e degli affini in linea retta, nonche' degli affini in linea collaterale fino al terzo grado: 6 per cento;*
>
> *c) a favore di altri soggetti: 8 per cento"*[654].

Por necessário, destaque-se que as alíquotas são moduladas com base no vínculo de parentesco ou de cônjuges, e que se feitos em favor de outros indivíduos, a alíquota será de 8%, considerada por MOJA (2007) onerosíssima[655].

Nesse contexto, os Impostos sobre Doações e Sucessões, mais que tributos próprios do *Trust*, são tributos onerados sobre os beneficiários pessoalmente, excepto se o *settlor* dispor expressamente de outra forma. Porém, se nenhuma disposição do *settlor* indicar que o *trust fund* deva ser empregado também para o pagamento do imposto para a vantagem dos beneficiários, tal ônus fiscal não deve ser onerado no *trust fund*, o qual deve ser empregado e investido, e não empobrecido em decorrência da incidência tributária referida[656].

Ainda, na eventualidade do *settlor* não ser residente na Itália, o Imposto sobre Doações e Sucessões será devido unicamente sobre os bens que estiverem em território italiano.

Devemos destacar, por fim, que se o *Trust* for constituído para finalidades sociais (*"Charitable Trust"*), na Itália serão isentos dos Impostos sobre Doações e Sucessões.

---

[654] ITÁLIA. *Legge n. 286. del 24 novembre 2006.* Disponível em: http:// www.parlamento.it/leggi/eleletip.htm. Acesso em: 10.05.2007.

[655] MOJA, Andréa. *Trust, vincoli di destinazione, e patti di famiglia: comparazione civilística e relativo preliminare inquadramento tributário seguito della recentíssima introduzione dell'imposta sulle successioni e donazioni.* Milano: Assotrusts, Publicado em 16 de Fevereiro de 2007. Disponível em: http://www.assotrusts.it/SLIDES_PIACENZA% 20_16.02.07.pdf. Acesso em: 19.04.2007.

[656] DE ANGELIS, Lorenzo. *Trust e Fiducia Nell'Ordinamento Italiano.* Rivista Di Diritto Civile, Padova, a.45, n.3, Maggio-Giugno, p. 353-372, 1992.

4.1. Transferência dos Bens do *Settlor* ao *Trustee*

Como já antes sinalizado, em consonância com o novo art. 2645-*ter* do Código Civil, o acto constitutivo do *Trust* deve ser realizado por escrito e deve ser registado. Ainda, os bens imóveis ou bens móveis devem ser inscritos em registos públicos, se realizado na Itália[657].

Dessa forma, a transferência patrimonial em favor do *Trust* pode ter por objecto qualquer categoria de recursos[658]. Por conseguinte, essa transferência inicial pode encontrar-se sujeita aos Impostos de Registo e/ou Impostos sobre Sucessões e Doações, nestes termos:

a) Imposto de Registo

Se o acto constitutivo do *Trust* for concluso na Itália, incidirá um Imposto de Registo, em limite fixo, no valor de 168,00 € (2007)[659], ou seja, na transferência dos bens do *settlor* ao *trustee*.

Se o acto constitutivo do *Trust* for concluso no exterior, não haverá Imposto de Registo (porém, se for também registado na Itália, pagará o imposto)[660].

Oportuna a menção aqui, que a mudança do *trustee*, em decorrência de morte, revogação ou substituição, comporta na transferên-

---

[657] Se realizado no estrangeiro, pode evitar a obrigação de registo.

[658] Moja, Andréa. *Trust, vincoli di destinazione, e patti di famiglia: comparazione civilística e relativo preliminare inquadramento tributário seguito della recentíssima introduzione dell'imposta sulle successioni e donazioni*. Milano: Assotrusts, Publicado em 16 de Fevereiro de 2007. Disponível em: http://www.assotrusts.it/SLIDES_PIACENZA% 20_16.02.07.pdf. Acesso em: 19.04.2007.

[659] Guffanti, Fabio. *Il trattamento fiscale del Trust in Itália*. In: Università Cattolica Del Sacro Cuore, Milano, Publicado em 17 de outubro de 2006. Disponível em: http:// asam.unicatt.it/allegati/17X06Guffanti.pdf. Moja, Andréa. *Trust, vincoli di destinazione, e patti di famiglia: comparazione civilística e relativo preliminare inquadramento tributário seguito della recentíssima introduzione dell'imposta sulle successioni e donazioni*. Milano: Assotrusts, Publicado em 16 de Fevereiro de 2007. Disponível em: http:// www.assotrusts.it/SLIDES_PIACENZA%20_16.02.07.pdf. Acesso em: 19.04.2007. Cfr. ITÁLIA. *Legge n. 296 del 27 dicembre 2006 (legge finanziaria 2007)*. Disponível em: http://www.parlamento.it/leggi/eleletip.htm. Acesso em: 04.05.2007.

[660] Guffanti, Fabio. *Il trattamento fiscale del Trust in Itália*. In: Università Cattolica Del Sacro Cuore, Milano, Publicado em 17 de outubro de 2006. Disponível em: http:// asam.unicatt.it/allegati/17X06Guffanti.pdf.

188   *A Tributação dos Trusts*

cia da titularidade (*legal ownership*) dos bens ou direitos ao novo *trustee*. Portanto, se neste caso ocorrer o pressuposto para o registo do acto, será aplicado, conforme ocorre no acto constitutivo, o Imposto de Registo em um valor fixo[661].

b) Imposto sobre Doações e Sucessões

Outra hipótese tributária, que deve ser observada no momento da transferência dos bens ao *trustee*, é a incidência do Imposto sobre Doações e Sucessões.

Existem, ainda hoje na Itália, posicionamentos interpretativos diferentes com relação ao facto gerador e ao momento do lançamento dos impostos em questão no *Trust*, visto que ele foi recentemente introduzido.

É de se lembrar, nesse ponto, que são tributos onerados sobre os beneficiários pessoalmente, excepto se o *settlor* dispor expressamente de outra forma.

Inicialmente, quanto ao Imposto sobre as Doações, na opinião de NICODEMO (2007), deve-se considerar que a transferência dos bens ao *trustee* acontece a título gratuito, faltando qualquer gênero correspondente. Com efeito, é ausente também, o *animus donandi*, requisito fundamental para celebrar uma doação.

Diz o autor ainda, que o *settlor*, em verdade, não transfere os bens na tentativa de enriquecer o *trustee*, mas para que ele o administre em favor dos beneficiários ou para a realização de um determinado fim. Disso resulta, na opinião do autor, que não deve ser aplicado em tal transferência inicial o Imposto sobre as Doações, mas ao invés, o Imposto de Registo já mencionado[662].

---

[661] ITÁLIA. *Decreto del Presidente della Repubblica del 26 aprile 1986, n. 131.* Approvazione del testo unico delle disposizioni concernenti l'imposta di registro. Disponível em: http://www.assotrusts.it/. Acesso em: 09.05.2007; MOJA, Andréa. *Trust, vincoli di destinazione, e patti di famiglia: comparazione civilística e relativo preliminare inquadramento tributário seguito della recentíssima introduzione dell'imposta sulle successioni e donazioni.* Milano: Assotrusts, Publicado em 16 de Fevereiro de 2007. Disponível em: http://www.assotrusts.it/SLIDES_PIACENZA%20_16.02.07.pdf. Acesso em: 19.04.2007.

[662] NICODEMO justifica seu posicionamento, discorrendo, *in verbis*: *"Tali sono le osservazioni svolte dalla Commissione Tributaria Regionale di Venezia, con sentenza 23*

A Tributação dos Trusts no Reino Unido, na Itália e em França   189

Do mesmo modo, Bogoni (2005) entende que é correcto incidir apenas o Imposto de Registo no momento da transferência dos bens ou direitos do *settlor* ao *trustee*. Logo, o autor acredita que a incidência dos Impostos sobre as Doações e Sucessões deve ocorrer apenas no momento da transferência dos bens do *trustee* aos beneficiários finais[663].

Dentro deste contexto, todavia, de merecido destaque é a opinião de Lupoi (2003), *in verbis*:

> " (...) not attract any gift tax because the trustee is not seen as the donee . The tax is levied upon the transfer assets from the trustee to the beneficiaries when the trusts ends as if the transfer were a gift from the settlor to each beneficiary" [664].

Por conseguinte, Nuzzo (2002) também considera preferível a imposição dos Impostos sobre as Doações e Sucessões apenas no momento da dissolução do *Trust* e o consequente enriquecimento (incremento patrimonial) do beneficiário, pois que, assim, obedece ao requisito do princípio da capacidade contributiva[665].

---

gennaio 2003, ove è appurata l'assenza di qualsiasi intento di liberalità da parte del settlor nei confronti del trustee, in quanto quest'ultimo costituisce solo il mezzo per la realizzazione del programma voluto, che è quello di attribuire un vantaggio patrimoniale ai beneficiari. Analogamente si è pronunciata la Commissione Tributaria Provinciale di Lodi, con sentenza 5 novembre 2001, n. 135, affermando che"."l'atto costitutivo del trust non può considerarsi né una donazione, difettandone la causa (e non solo quindi l'animus donandi) né un atto a titolo oneroso, perché non vi è un corrispettivo: esso è un atto a titolo gratuito di intestazione al trustee di poteri ed oneri relativi all'Amministrazione e gestione di beni, con vincolo di destinazione dei beni medesimi ad esclusivo vantaggio del beneficiario". NICODEMO, Massimiliano. *Trust: spiegazioni, aspetti fiscali e giurisprudenziali.* In: Unione Consulenti – Consulenza Legale e Fiscale, Studio Legale Tributario Nicodemo: la guida utile per il privato e l'azienda. Disponível em: http://www.unioneconsulenti.it/article.php?sid=1334. Acesso em: 28/04/2007.

[663] BOGONI, Renato. *Panoramica degli aspetti fiscali del Trust in Itália.* Milano: Assotrust, Publicado em 10 de Março de 2005. Disponível em: http://www.assotrust.it/Pagine/4%20Intervento%20Seminario%20Trust%20a%20Padova.pdf. Acesso em: 26.03.2007.

[664] LUPOI, Maurizio. *Italy: independent approach to trusts in a Civil Law country.* Trusts & Trustees, Gostick Hall, Gostick Hall, Volume 9, Issue 6, 2003.

[665] NUZZO, Enrico. *E Luce Fu Sul Regime Fiscale Del Trust.* Banca Borsa Titoli di Credito, Milano, v. 55, n. 2, p. 244-269, Marzo-Aprile, 2002.

190 *A Tributação dos Trusts*

Por igual, Moja (2007) avalia que existe neutralidade fiscal da transferência do bem do *settlor* ao *trustee*[666]. Porém, acha correcto aplicar os Impostos sobre as Doações e Sucessões, proporcionalmente, na medida em que os bens são devolvidos ao beneficiário final do *Trust*.

A autora justifica sua opinião, considerando o princípio geral de que um imposto não pode ser aplicado na falta de uma manifestação de capacidade contributiva sobre o contribuinte, sob pena de inconstitucionalidade. Logo, com referência a Doação ou acção a título gratuito, o enriquecimento do beneficiário é o pressuposto do imposto. Ainda ressalta, que a manifestação da capacidade contributiva em ordem da tributação, vem, além disso, modulada, com referência ao vínculo de parentesco do beneficiário com o *settlor*[667].

Em suma, segundo a opinião de Moja (2007), existem diversas formas de tributação em consonância com a estrutura do *Trust*. Assim, por exemplo, no *Trust* com beneficiários estabelecidos, a tributação da primeira transferência do *settlor* ao *trustee* descontará o Imposto de Registo. Somente sucessivamente ao momento da distribuição do *trustee* ao beneficiário se aplicaria o Imposto sobre as Doações e Sucessões, na alíquota respectivamente de 4 % ou de 8 % segundo o grau de parentesco[668].

---

[666] Em complemento, Moja (2007) ressalta, *in verbis*: *"Ci troveremmo quindi nella situazione paradossale in cui atti didotazione fatti a favore di trusteeprofessionali altamente qualificati e regolamentati (quali societàfiduciarie italiane trustee, o trustcompany di emanazione bancaria) si troverebbero a scontare una tassazione assai elevata impedendo, di fatto, la creazione di trustsper finalita'assolutamente autentiche ed assai meritevoli di tutela"*. Moja, Andréa. *Trust, vincoli di destinazione, e patti di famiglia: comparazione civilística e relativo preliminare inquadramento tributário seguito della recentíssima introduzione dell'imposta sulle successioni e donazioni*. Milano: Assotrusts, Publicado em 16 de Fevereiro de 2007. Disponível em: http://www.assotrusts.it/SLIDES_PIACENZA% 20_16.02.07.pdf. Acesso em: 19.04.2007.

[667] Moja, Andréa. *Trust, vincoli di destinazione, e patti di famiglia: comparazione civilística e relativo preliminare inquadramento tributário seguito della recentíssima introduzione dell'imposta sulle successioni e donazioni*. Milano: Assotrusts, Publicado em 16 de Fevereiro de 2007. Disponível em: http://www.assotrusts.it/SLIDES_PIACENZA% 20_16.02.07.pdf. Acesso em: 19.04.2007.

[668] Moja, Andréa. *Trust, vincoli di destinazione, e patti di famiglia: comparazione civilística e relativo preliminare inquadramento tributário seguito della recentíssima introduzione dell'imposta sulle successioni e donazioni*. Milano: Assotrusts, Publicado em 16 de Fevereiro de 2007. Disponível em: http://www.assotrusts.it/SLIDES_PIACENZA% 20_16.02.07.pdf. Acesso em: 19.04.2007.

Diverso, porém, seria o caso dos *"Fixed Trusts"*, que são aqueles que o *settlor* no acto constitutivo designa os beneficiários, a quota parte de cada beneficiário, a periodicidade dos recebimentos das rendas e o capital que cada um receberá no término do *Trust*, "individualizando" os beneficiários. Porque neste caso, tal acto descontaria na transferência inicial, o imposto proporcional sobre a Doação em relação aos beneficiários e proporcionalmente ao valor dos bens transferidos. Importante realçar, que o beneficiário suportaria apenas a parte deles do Imposto sobre a Doação, ou esse, de igual valor, sobre a Sucessão, quando foi individualizado na disposição testamentária (*Trust testamentary*)[669].

A corroborar com esse raciocínio, PODDIGHE (2001) adverte que o *Trust* irrevogável (por exemplo, o *testamentary*), onde o *trustee* possuir poderes discricionários, o imposto deverá incidir no término no *Trust*, finalizado todo o incremento patrimonial dos beneficiários. Desta maneira, evitam-se problemas concernentes ao cálculo da base imponível e, consequentemente, do imposto.

Argumenta, para tanto, que a aplicação do Imposto sobre Sucessão na transferência inicial ao *trustee*, resultaria em graves problemas. De facto, o cálculo da base imponível e, portanto, do imposto, resultaria aleatório, isto é, não seria baseado nos incrementos do património do beneficiário final. Ao passo que em um *Trust Discretionary*, não é improvável que hajam variações, qualitativas e quantitativas da *trust property*[670].

Ainda, ressalta outro ponto relevante concernente ao surgimento do pressuposto do Imposto sobre as Doações e Sucessões, a

---

[669] MOJA, Andréa. *Trust, vincoli di destinazione, e patti di famiglia: comparazione civilística e relativo preliminare inquadramento tributário seguito della recentíssima introduzione dell'imposta sulle successioni e donazioni.* Milano: Assotrusts, Publicado em 16 de Fevereiro de 2007. Disponível em: http://www.assotrusts.it/SLIDES_PIACENZA%20_16.02.07.pdf. Acesso em: 19.04.2007.

[670] PODDIGHE, Andrea. *I Trusts in Italia Anche Alla Luce Di Una Rilevante Manifestazione Giurisprudenziale.* Diritto e Pratica Tributaria, Bologna, v. 72, n.2, Marzo-Aprile, 2001, p. 313. No mesmo sentido *vide*: MOJA, Andréa. *Trust, vincoli di destinazione, e patti di famiglia: comparazione civilística e relativo preliminare inquadramento tributário seguito della recentíssima introduzione dell'imposta sulle successioni e donazioni.* Milano: Assotrusts, Publicado em 16 de Fevereiro de 2007. Disponível em: http://www.assotrusts.it/SLIDES_PIACENZA%20_16.02.07.pdf. Acesso em: 19.04.2007.

"individualização" do sujeito passivo do tributo. Não poderá ser o *trustee*, visto que ele não traz nenhum proveito económico do património da doação. O beneficiário de um *Trust* discricionário, por exemplo, é beneficiário de um património que apenas terá em um momento incerto e futuro, no qual ainda poderá, ou não, agregar ao seu património pessoal[671].

Neste passo, para o autor, o Imposto sobre as Doações e Sucessões com base em aquisição futura do bem a herdar, que refere-se a um facto económico apenas potencial, resulta em um contraste com o princípio da capacidade contributiva[672]. Assim, somente sucessivamente ao momento da distribuição do *trustee* ao beneficiário se aplicará a alíquota respectivamente de 4 % ou de 8 % segundo o grau de parentesco.

Por sua vez, MALINCONICO (2007) destaca que a gestão do património do *Trust* pode ser apenas no interesse de cumprir uma finalidade específica, sem, no entanto, ter beneficiários previamente definidos, chamado na Itália de *"trust di scopo"*, cuja estrutura se caracteriza pela falta de beneficiários individualizados[673].

Nesse sentido, *a "Agenzia delle entrate-Direzione Centrale Normativa e Contenzioso"*, tem especificado, que a falta de beneficiários finais dos bens constituídos em *Trust*, não é relevante para os fins da aplicação dos Impostos Doações e Sucessões, consequentemente tal imposto é devido pela simples constituição do vínculo de

---

[671] TUNDO, Francesco. *Implicazioni di Diritto Tributario Connesse al Riconoscimento Del Trust.* Diritto e Pratica Tributaria, Bologna, v. 64, n.4, Luglio-Agosto, 1993, p. 1288.

[672] TUNDO, Francesco. *Implicazioni di Diritto Tributario Connesse al Riconoscimento Del Trust.* Diritto e Pratica Tributaria, Bologna, v. 64, n.4, Luglio-Agosto, 1993, p. 1289. No mesmo sentido, MOJA, Andréa. *Trust, vincoli di destinazione, e patti di famiglia: comparazione civilística e relativo preliminare inquadramento tributário seguito della recentíssima introduzione dell'imposta sulle successioni e donazioni.* Milano: Assotrusts, Publicado em 16 de Fevereiro de 2007. Disponível em: http://www.assotrusts.it/ SLIDES_PIACENZA%20_16.02.07.pdf. Acesso em: 19.04.2007.

[673] MALINCONICO, Giuseppe. *La tassazione dei vincoli di destinazione e dei trust.* Roma: Agenzia delle Entrate, FISCOoggi, Publicado em 16 Fevereiro de 2007. Disponível em: http://www.fiscooggi.it/reader/?MIval=cw_usr_view_articoloN&articolo=23184& giornale=23295. Acesso em: 25.04.2007; Sobre esse assunto, *vide* também: LUPOI, Maurizio. *Riflessioni Comparatistiche sui Trusts.* Europa e diritto privato. Milano: Giuffrè, n. 2, p. 425-440, 1998.

A Tribuação dos Trusts no Reino Unido, na Itália e em França   193

transferência, vale dizer, mediante atribuição dos bens do disponente ao *trustee*[674].

Complementa, ainda, MALINCONICO (2007), quanto a existência de beneficiários fixos, *in verbis*:

> *"Qualora il trust sia istituito in favore di beneficiari finali determinati o determinabili, si osserva che - ferma restando l'applicazione dell'imposta alla costituzione del vincolo effettuata con modalità traslative - il successivo trasferimento di beni in favore dei beneficiari finali è soggetta anch'essa ad autonoma imposizione, da individuare con riferimento al caso concreto e in base agli effetti giuridici prodotti. Infatti, al momento dello scioglimento del trust, il trustee effettua, di regola, un'attribuzione a titolo gratuito in favore dei beneficiari finali, soggetta all'imposta sulle successioni e donazioni"* [675].

Por fim, deve-se enfatizar, que quando o beneficiário do *Trust* for o próprio *settlor*, a transferência do *settlor* para o *trustee* será considerada neutra com relação aos impostos em questão, incidindo apenas o já mencionado Imposto de Registo[676].

---

[674] MALINCONICO, Giuseppe. *La tassazione dei vincoli di destinazione e dei trust*. Roma: Agenzia delle Entrate, FISCOoggi, Publicado em 16 Fevereiro de 2007. Disponível em: http://www.fiscooggi.it/reader/?MIval=cw_usr_view_articoloN&articolo=23184& giornale=23295. Acesso em: 25.04.2007.

[675] MALINCONICO, Giuseppe. *La tassazione dei vincoli di destinazione e dei trust*. Roma: Agenzia delle Entrate, FISCOoggi, Publicado em 16 Fevereiro de 2007. Disponível em: http://www.fiscooggi.it/reader/?MIval=cw_usr_view_articoloN&articolo=23184& giornale=23295. Acesso em: 25.04.2007.

[676] MALINCONICO, Giuseppe. *La tassazione dei vincoli di destinazione e dei trust*. Roma: Agenzia delle Entrate, FISCOoggi, Publicado em 16 Fevereiro de 2007. Disponível em: http://www.fiscooggi.it/reader/?MIval=cw_usr_view_articoloN&articolo=23184& giornale=23295. Acesso em: 25.04.2007; MOJA, Andréa. *Trust, vincoli di destinazione, e patti di famiglia: comparazione civilística e relativo preliminare inquadramento tributário seguito della recentíssima introduzione dell'imposta sulle successioni e donazioni*. Milano: Assotrusts, Publicado em 16 de Fevereiro de 2007. Disponível em: http:// www.assotrusts.it/SLIDES_PIACENZA%20_16.02.07.pdf. Acesso em: 19.04.2007; DE ANGELIS, Lorenzo. *Trust e Fiducia Nell'Ordinamento Italiano*. Rivista Di Diritto Civile, Padova, a.45, n.3, Maggio-Giugno, 1992, p. 372.

4.2. Transferência dos Bens do *Trustee* ao Beneficiário

Portanto, e para o que nos interessa para a presente análise, dentro das opiniões doutrinárias, em tópico anterior explicitadas, conclui-se que:

Se aplicará o Imposto sobre as Doações e Sucessões na alíquota, respectivamente, de 4 % ou de 8 %, segundo o grau de parentesco, na transferência final dos bens ou direitos do *trustee* ao beneficiário de um *Trust Discretionary*, finalizado todo o incremento patrimonial dos beneficiários[677].

No mesmo passo, se aplicará o Imposto sobre as Doações e Sucessões na alíquota respectivamente de 4 % ou de 8 %, segundo o grau de parentesco, na transferência final dos bens ou direitos do *trustee* ao beneficiário, nos casos em que o *settlor* não individualizar os beneficiários no acto constitutivo do *Trust*, pois que, para que ocorra o surgimento do pressuposto do Imposto sobre as Doações e Sucessões, é necessária a individualização do sujeito passivo do tributo[678].

Nesta linha, se aplicará o Imposto sobre as Doações e Sucessões na alíquota respectivamente de 4 % ou de 8 %, segundo o grau de parentesco, na transferência final dos bens ou direitos do *trustee* ao beneficiário, em todos os outros casos em que o beneficiário tiver seus direitos com base em uma aquisição futura dos bens a herdar, referindo-se a um facto económico apenas potencial, resultando em um contraste com o princípio da capacidade contributiva[679].

---

[677] Moja, Andréa. *Trust, vincoli di destinazione, e patti di famiglia: comparazione civilística e relativo preliminare inquadramento tributário seguito della recentíssima introduzione dell'imposta sulle successioni e donazioni*. Milano: Publicado em 16.02.2007. Disponível em: http://www.assotrusts.it/SLIDES_PIACENZA%20_16.02.07.pdf. Acesso em: 19.04.2007.p. 40.

[678] Tundo, Francesco. *Implicazioni di Diritto Tributario Connesse al Riconoscimento Del Trust*. Diritto e Pratica Tributaria, Bologna, v. 64, n.4, Luglio-Agosto, 1993, p. 1288.

[679] Tundo, Francesco. *Implicazioni di Diritto Tributario Connesse al Riconoscimento Del Trust*. Diritto e Pratica Tributaria, Bologna, v. 64, n.4, Luglio-Agosto, 1993, p. 1289. No mesmo sentido, Moja, Andréa. *Trust, vincoli di destinazione, e patti di famiglia: comparazione civilística e relativo preliminare inquadramento tributário seguito della recentíssima introduzione dell'imposta sulle successioni e donazioni*. Milano: Assotrusts, Publicado em 16 de Fevereiro de 2007. Disponível em: http://www.assotrusts.it/SLIDES_PIACENZA%20_16.02.07.pdf. Acesso em: 19.04.2007.

A Tributação dos Trusts no Reino Unido, na Itália e em França   195

Por derradeiro, durante a existência do *Trust*, em qualquer transferência de capital do *Trust* a um beneficiário, o beneficiário terá que pagar o Imposto sobre Doações e Sucessões, sobre o bem recebido.

5. Imposição Directa do Imposto sobre a Renda

O exame do presente tópico visa, particularmente, enfocar o Imposto sobre os Rendimentos produzidos no *Trust* e depois distribuídos aos beneficiários.

A análise, assim, deve principiar pelo estudo da Residência Fiscal do *Trust* para fins do Imposto de Renda.

5.1. A Residência Fiscal do *Trust* para Fins do Imposto de Renda

A Residência Fiscal do *Trust* na Itália é sujeita as mesma regras aplicadas aos contribuintes "IRES" (Imposta sul reddito delle società), referidas no artigo 73, n.3-5, do T.U.I.R., com as modificaçoes introduzidas pela Lei *Finanziária* 2007[680], nestes termos:

> *"Articolo 73 (...) 3. Ai fini delle imposte sui redditi si considerano residenti le società e gli enti che per la maggior parte del periodo di imposta hanno la sede legale o la sede dell'amministrazione o l'oggetto principale nel territorio dello Stato. Si considerano altresì residenti nel territorio dello Stato, salvo prova contraria, i trust e gli istituti aventi analogo contenuto istituiti in Paesi diversi da quelli indicati nel decreto del Ministro delle finanze 4 settembre 1996, pubblicato nella Gazzetta Ufficiale n. 220 del 19 settembre 1996, e successive modificazioni, in cui almeno uno dei disponenti ed almeno uno dei beneficiari del trust siano fiscalmente residenti nel territorio dello Stato. Si considerano, inoltre, residenti nel territorio dello Stato i trust istituiti in uno Stato diverso da quelli indicati nel citato decreto del Ministro delle finanze 4 settembre 1996, quando, successivamente alla loro costituzione, un soggetto residente nel territorio dello Stato effettui in favore del trust un'attribuzione che importi il trasferimento di proprietà di beni immobili o la costituzione*

---

[680] ITÁLIA. *Legge n. 296 del 27 dicembre 2006 (legge finanziaria 2007)*. Disponível em: http://www.parlamento.it/leggi/eleletip.htm. Acesso em: 04.05.2007.

196   A Tributação dos Trusts

o il trasferimento di diritti reali immobiliari, anche per quote, nonché vincoli di destinazione sugli stessi.

4. L'oggetto esclusivo o principale dell'ente residente è determinato in base alla legge, all'atto costitutivo o allo statuto, se esistenti in forma di atto pubblico o di scrittura privata autenticata o registrata. Per oggetto principale si intende l'attività essenziale per realizzare direttamente gli scopi primari indicati dalla legge, dall'atto costitutivo o dallo statuto.

5. In mancanza dell'atto costitutivo o dello statuto nelle predette forme, l'oggetto principale dell'ente residente è determinato in base all'attività effettivamente esercitata nel territorio dello Stato; tale disposizione si applica in ogni caso agli enti non residenti".

Perceba-se que, tais determinações são extraíveis do artigo 2º da Convenção de Haia de 1985 em relação ao *Trust,* onde o critério determina, primeiramente, que a sede será onde for realizada a administração dos bens. Por consequência, será onde o *trustee* tem sua residência fiscal, uma vez que a administração do património do *Trust* é seu dever principal[681].

Deve-se atentar, também, que conforme o artigo supracitado, a Lei *Finanziária* 2007, estabeleceu duas presunções para os casos de *Trust* Estrangeiro, onde considera-se o *Trust* Residente na Itália quando:

1) Pelos menos 1 dos *settlors* (se mais de 1 *settlor*) ou pelo menos 1 dos beneficiários forem residentes fiscalmente na Itália.
2) For atribuído ao *Trust* propriedade real ou direitos sobre uma propriedade real existentes na Itália, subsequentemente a criação do *Trust*.

5.2. **Transferência dos bens do *Settlor* ao *Trustee***

A imposição directa sobre a renda na transferência inicial dos bens ou direitos do *settlor* para o *trustee*, dependerá se o *settlor* é ou

---

[681] CHIMIENTI, Maria Teresa. *Trusts Interni Disposti Inter Vivos: Orientamenti in Materia di Imposte Dirette*. Diritto e Pratica Tributaria, Bologna, v. 74, n.2, Marzo-Aprile, 2003, p. 315.

A Tributação dos Trusts no Reino Unido, na Itália e em França 197

não empreendedor[682], nestes termos: se o *settlor* não é empreendedor, não haverá nenhuma relevância impositiva na transferência dos bens ao *trustee*; se o *settlor* é empreendedor, o imposto pode ser devido se surgir em virtude dessa transferência um componente positivo do rendimento da empresa (poderão realizar-se mais valias, lucro ou *plusvalenze* em razão dos bens contribuídos).

De facto, na Itália, a transferência de um bem de uma empresa efectuada para uma sociedade ou empresa, residente na Itália, configura uma hipótese de destinação para uma finalidade estranha ao exercício da empresa, que se presume logo um rendimento ou *plusvalenze*, relevante para o fim do Imposto sobre o Rendimento (artigos 53 e 54 do *Testo Unico delle imposte sui redditi* (t.u.i.r)[683].

5.3. Rendimentos Produzidos pelo *Trust Fund*

a) O *Trust* como Autónomo Sujeito Passivo do Imposto de Renda

Como detidamente analisado no tópico 3, do presente Capítulo, sob o ponto de vista fiscal, o *Trust* é considerado um sujeito passivo IRES, à comparação de um ente e segundo a actividade realizada, comercial ou não comercial, e ainda, segundo a residência[684].

---

[682] GUFFANTI, Fabio. *Il trattamento fiscale del Trust in Itália*. In: Università Cattolica Del Sacro Cuore, Milano, Publicado em 17 de outubro de 2006. Disponível em: http://asam.unicatt.it/allegati/17X06Guffanti.pdf; BERLINGUER, Aldo. *The Italian Road to the Trust*. In: Report presented on 3 May 2006 to the Committee on Legal Affairs of the European Parliament. English translation by Carolina Cigognini. Disponível em: http://www.europarl.europa.eu/comparl/juri/hearings/20060503/berlinguer_en.pdf. Acesso em: 03.04.2007; BOTTERO, Simone. *La Disciplina Fiscale Del Trust*. La Pratica Forense, Roma, Maggioli, Disponível em: http://www.lapraticaforense.it/articolo.php?idart=218. Acesso em: 25.04.2007. No mesmo sentido: BOGONI, Renato. *Panoramica degli aspetti fiscali del Trust in Itália*. Milano: Assotrust, Publicado em 10 de Março de 2005. Disponível em: http://www.assotrust.it/Pagine/4%20Intervento%20Seminario%20Trust%20a%20Padova.pdf. Acesso em: 26.03.2007.

[683] ITÁLIA. *Decreto del Presidente della Repubblica del 22 dicembre 1986, n. 917*. Testo Unico delle imposte sui redditi (TUIR). Disponível em: http://www.unipv.it/giurisprudenza/didattica/redditi.pdf. Acesso em: 11.05.2007.

[684] MARTANI, Gianluca. *Il trust diventa soggetto passivo Ires*. Roma: Agenzia delle Entrate, FISCOoggi, Publicado em 11 de Janeiro de 2007. Disponível em: http://www.fiscooggi.it/reader/?MIval=cw_usr_view_articoloN&articolo=22727&giornale=22806.

198   A Tributação dos Trusts

Segundo CHIMENTE (2003)[685], o *Trust* manifesta capacidade contributiva e possui um certo nível de organização, com uma mínima possibilidade de que tal estrutura organizativa possa variar.

Por igual, também elogiosa a opinião de LUPOI (2003) que, anteriormente ao dispositivo legal, já afirmava, nestes termos:

> *"For income tax purposes, trusts are seen as taxpayers, thus obtaining under tax law a recognition as entities that is otherwise denied to them. Distributed income, however, is not taxed in the hands of the beneficiaries"* [686].

b) Atribuição da Soma ao Beneficiário

Inicialmente, com referência ao rendimento produzido no *Trust*, a *Lei Finanziária* de 2007, modificou também o parágrafo 2, do art. 73 do T.U.I.R., prevendo a imputação da tributação pela Transparência Fiscal[687] na pessoa dos beneficiários, se estes forem individualizados[688].

Acesso em: 18.04.2007; BOTTERO, Simone. *La Disciplina Fiscale Del Trust*. La Pratica Forense, Roma, Maggioli, Disponível em: http://www.lapraticaforense.it/articolo.php? idart=218. Acesso em: 25.04.2007.

[685] CHIMIENTI, Maria Teresa. *Trusts Interni Disposti Inter Vivos: Orientamenti in Materia di Imposte Dirette*. Diritto e Pratica Tributaria, Bologna, v. 74, n.2, Marzo-Aprile, 2003, p. 312. No mesmo sentido é a opinião de: PODDIGHE, Andrea. *I Trusts in Italia Anche Alla Luce Di Una Rilevante Manifestazione Giurisprudenziale*. Diritto e Pratica Tributaria, Bologna, v. 72, n.2, Marzo-Aprile, 2001, p 314.

[686] LUPOI, Maurizio. *Italy: independent approach to trusts in a Civil Law country*. Trusts & Trustees, Gostick Hall, Gostick Hall, Volume 9, Issue 6, 2003.

[687] Nesse sentido, de acordo com a *Circolari IRES/4*: *"Il regime di trasparenza fiscale è un sistema di tassazione delle società che consente di imputare gli utili o le perdite della società a ciascun socio, in proporzione alla propria quota di possesso, a prescindere dall'effettiva percezione. Il regime della trasparenza può essere scelto qualora sussistano le condizioni"*. ITÁLIA. *Decreto Legislativo 12 dicembre 2003, n.344. Circolari IRES/4*. Disponível em: http://www.agenziaentrate.it/ilwwcm/resources/file/eb7df40a8bd582e/ circ_49e.pdf. Acesso em: 09.05.2007.

[688] Lembramos que, para BOTTERO, a diferença entre a tributação no *Trust* e tributação na pessoa do beneficiário não dependerá do facto do beneficiário receber rendimentos durante a vida do *Trust*, mas da mera circunstância dele ser "individualizado " no acto constitutivo do *Trust*. BOTTERO, Simone. *La Disciplina Fiscale Del Trust*. Roma: La Pratica Forense, Maggioli Editore. Disponível em: http://www.lapraticaforense.it/articolo.php? idart=218. Acesso em: 25.04.2007. No mesmo sentido *vide*: MARTANI, Gianluca. *Il trust diventa soggetto passivo Ires*. Roma: Agenzia delle Entrate, FISCOoggi, Publicado em 11 de Janeiro de 2007. Disponível em: http://www.fiscooggi.it/reader/?MIval=cw_usr_view_ articoloN&articolo=22727&giornale=22806. Acesso em: 18.04.2007.

A Tributação dos Trusts no Reino Unido, na Itália e em França

Logo, os rendimentos produzidos no *Trust* são imputados directamente aos beneficiários individualizados na proporção de sua quota-parte, indicada com exactidão no acto constitutivo do *Trust*[689].

Por conseguinte, os rendimentos obtidos pelos beneficiários individualizados (*trusts* não discricionários e com beneficiários certos), pessoas singulares ou ente não comercial, reentram entre os rendimentos de capitais, assim disciplinados pelo artigo 44°, parágrafo 1, letra *g-sexies* do T.U.I.R.[690].

Se o *settlor* reservar-se de direitos aos rendimentos produzidos no *Trust* no acto constitutivo, ele será considerado como beneficiário individualizado, e como tal, será o responsável tributário[691].

Em todos os outros casos onde o beneficiário não é individualizado (por exemplo, beneficiários que recebem os frutos em data prefixada, beneficiários contingentes ou subordinados a condições), os beneficiários serão tributados no momento em que receberem a renda do *trustee*[692].

---

[689] MARTANI, Gianluca. *Il trust diventa soggetto passivo Ires*. Roma: Agenzia delle Entrate, FISCOoggi, Publicado em 11 de Janeiro de 2007. Disponível em: http://www.fiscooggi.it/reader/?MIval=cw_usr_view_articoloN&articolo=22727&giornale=22806. Acesso em: 18.04.2007.

[690] ITÁLIA. *Legge n. 296 del 27 dicembre 2006 (legge finanziaria 2007)*. Disponível em: http://www.parlamento.it/leggi/eleletip.htm. Acesso em: 04.05.2007. *Vide* também: MARTANI, Gianluca. *Il trust diventa soggetto passivo Ires*. Roma: Agenzia delle Entrate, FISCOoggi, Publicado em 11 de Janeiro de 2007. Disponível em: http://www.fiscooggi.it/reader/?MIval=cw_usr_view_articoloN&articolo=22727&giornale=22806. Acesso em: 18.04.2007; BOTTERO, Simone. *La Disciplina Fiscale Del Trust*. Roma: La Pratica Forense, Maggioli Editore. Disponível em: http://www.lapraticaforense.it/articolo.php?idart=218. Acesso em: 25.04.2007.

[691] Em complemento, LUPOI (2003) cita o caso do *"Trust Nudi"*, semelhante ao *Bare Trust* do Reino Unido, *in verbis*: *"Esistono i trust "nudi", nei quali il potere gestorio del trustee è inesistente, si tratta di trusts per gli effetti civilistici, ma non tributari, e il reddito di questi trust è imputato al soggetto legittimato a dare instruzioni al trustee"*. LUPOI, Maurizio. *Osservazioni sui primi interpelli riguardanti trust*. Il Fisco, Roma, n. 28/2003, n.1, 2003, p. 4344.

[692] BOGONI, Renato. *Panoramica degli aspetti fiscali del Trust in Itália*. Milano: Assotrust, Publicado em 10 de Março de 2005. Disponível em: http://www.assotrust.it/Pagine/4%20Intervento%20Seminario%20Trust%20a%20Padova.pdf. Acesso em: 26.03.2007; DE ANGELIS, Lorenzo. *Trust e Fiducia Nell'Ordinamento Italiano*. Rivista Di Diritto Civile, Padova, a.45, n.3, Maggio-Giugno, p. 353-372, 1992, p. 372.

200 *A Tributação dos Trusts*

Neste passo, para que não ocorra uma dupla imposição sobre o rendimento, a primeira no *Trust* e a segunda quando o *trustee* distribuir os rendimentos aos beneficiários, será permitido ao beneficiário deduzir em sua declaração do Imposto de Renda individual, o imposto já recolhido pelo *trustee* em sede do *Trust*[693].

5.4. Escritas Contábeis

Conforme já mencionado, o artigo 76 da *Lei Finanziária 2007*, determina expressamente a obrigatoriedade do *Trust* predispor as escritas contábeis para as finalidades fiscais[694].

Por fim, o *trustee* responde pelo acto instrumental, ou seja, pela obrigação de fazer a Declaração do Imposto de Renda, uma vez que isso implica dentre suas responsabilidades de Administração do *Trust*[695].

---

[693] BERLINGUER, Aldo. *The Italian Road to the Trust*. In: Report presented on 3 May 2006 to the Committee on Legal Affairs of the European Parliament. English translation by Carolina Cigognini. Disponível em: http://www.europarl.europa.eu/comparl/juri/hearings/20060503/berlinguer_en.pdf. Acesso em: 03.04.2007. No mesmo sentido: TUNDO, Francesco. *Implicazioni di Diritto Tributario Connesse al Riconoscimento Del Trust*. Diritto e Pratica Tributaria, Bologna, v. 64, n.4, Luglio-Agosto, 1993, p.1297; BOGONI, Renato. *Panoramica degli aspetti fiscali del Trust in Itália*. Milano: Assotrust, Publicado em 10 de Março de 2005. Disponível em: http://www.assotrust.it/Pagine/4%20Intervento%20Seminario%20Trust%20a%20Padova.pdf. Acesso em: 26.03.2007; NUZZO, Enrico. *E Luce Fu Sul Regime Fiscale Del Trust*. Banca Borsa Titoli di Credito, Milano, v. 55, n. 2, p. 244-269, Marzo-Aprile, 2002, p. 265.

CAPÍTULO III
A Tributação dos *Trusts* em França

1. Introdução

Na qualidade de signatária da Convenção da Haia sobre o Direito Aplicável aos *Trusts* e o seu Reconhecimento, a França procura desde então, a transposição do *Trust* ao Direito interno Francês.

Até pouco tempo atrás, a França se recusava a introduzir um regime fiduciário, conflitante com o tradicional conceito legal da lei francesa de Unidade da Propriedade em relação a divisão da propriedade, característica fundamental do *Trust*. Além disso, os sucessivos Governos em França, hesitavam em permitir um mecanismo no qual eles desconfiavam que seriam usados, supostamente, como um instrumento para evasão tributária e lavagem de dinheiro.

Nesse sentido, embora a França seja signatária da Convenção da Haia de 1985, foi considerada pelo Governo, a possibilidade de não ratificar a Convenção enquanto o Sistema legal Francês não tivesse implementado um instrumento equivalente aos *Trusts*, de modo que não deixasse os "executivos das finanças" em posição menos competitiva.

Contudo, a introdução do *Trust* no Direito Francês apresentava insubstituíveis vantagens jurídicas e económicas.

Neste contexto, a ideia de competitividade que se coloca à França no cenário internacional, em relação aos outros países, em nível jurídico, não é nova. De facto, aquando dos debates sobre a reforma do Direito Comercial, cujo funcionamento constituía um obstáculo de *"compétitivité"* para a França, revelava que o país não queria permanecer a margem do desenvolvimento, proporcionado por novas ferramentas, entre as quais se inclui o *Trust*. Portanto, o senti-

202   *A Tributação dos Trusts*

mento francês era de oportunidade, e que revela-nos como exemplo a ser adoptado e adaptado, o quanto antes, por outros sistemas jurídicos da *Civil Law*, como o português.

Dessa forma, no contexto da globalização e competição entre os sistemas legais, mostrava-se, claramente, a necessidade da introdução de um Regime Geral Fiduciário para prevenir a recolocação de transacções legais para países estrangeiros que permitem os *Trusts* através de sua legislação.

Por conseguinte, foram apresentados em França, três projectos de lei visando introduzir a *fiducie* sob as formas de administração fiduciária (*trusts*), em 1989, 1992 e 1994 respectivamente, mas nenhum deles veio a ser debatido antes no parlamento[696].

Porém, em 8 de fevereiro de 2005, o senador *Philippe Marini*[697] apresentou um novo projecto de lei para introduzir a fidúcia no sistema legal francês. A Nova proposta foi submetida à Comissão Legal em 11 de outubro de 2006 e, finalmente, aprovada pelo Parlamento em 7 de fevereiro de 2007[698].

---

[694] ITÁLIA. *Legge n. 296 del 27 dicembre 2006 (legge finanziaria 2007)*. Disponível em: http://www.parlamento.it/leggi/eleletip.htm. Acesso em: 04.05.2007. *Vide* também: MARTANI, Gianluca. *Il trust diventa soggetto passivo Ires*. Roma: Agenzia delle Entrate, FISCOoggi, Publicado em 11 de Janeiro de 2007. Disponível em: http://www.fiscooggi.it/reader/?MIval=cw_usr_view_articoloN&articolo=22727&giornale=22806. Acesso em: 18.04.2007; BOTTERO, Simone. *La Disciplina Fiscale Del Trust*. Roma: La Pratica Forense, Maggioli Editore. Disponível em: http://www.lapraticaforense.it/articolo.php?idart=218. Acesso em: 25.04.2007.

[695] CHIMIENTI, Maria Teresa. *Trusts Interni Disposti Inter Vivos: Orientamenti in Materia di Imposte Dirette*. Diritto e Pratica Tributaria, Bologna, v. 74, n.2, Marzo-Aprile, 2003, p. 314. *Vide* no mesmo sentido: PODDIGHE, Andrea. *I Trusts in Italia Anche Alla Luce Di Una Rilevante Manifestazione Giurisprudenziale*. Diritto e Pratica Tributaria, Bologna, v. 72, n.2, Marzo-Aprile, 2001, p. 314; TUNDO, Francesco. *Implicazioni di Diritto Tributario Connesse al Riconoscimento Del Trust*. Diritto e Pratica Tributaria, Bologna, v. 64, n. 4, Luglio-Agosto, 1993, p. 1296.

[696] ADELLE, Jean-François. *First Steps Towards the Introduction of a Fiduciary Regime*. International Law Office. Publicado em 27 de outubro de 2006. Disponível em: http://www.internationallawoffice.com/Newsletters/Detail.aspx?r=13068. Acesso em: 20.05.2007.

[697] FRANÇA. *Assemblee Nationale*. Disponível em: http://www.assemblee-nationale.fr/12/dossiers/institution_fiducie.asp. Acesso em: 23.05.2007.

[698] A Lei nº 2007-211 de 19 de Fevereiro de 2007, que introduziu o conceito de *fiducie* na Lei Francesa, foi publicada no Jornal Oficial nº 44 de 21 de Fevereiro de 2007. FRANÇA. *Assemblee Nationale*. Disponível em: http://www.assemblee-nationale.fr/12/dossiers/institution_fiducie.asp. Acesso em: 23.05.2007.

A Lei nº 2007-211 emenda o Código Civil Francês e determina específicas medidas tributárias com relação a *fiducie*.

Ainda que a inspiração para a *fiducie* tenha sido o *Trust* da *Common Law*, a *fiducie* possui muitas limitações em sua finalidade e uso. Embora a *fiducie* possa ser usada para algumas das mesmas finalidades do *Trust* da *Common Law*, a *fiducie* está disponível somente para determinadas transacções comerciais e financeiras, e não pode ser criada com a intenção de fazer uma doação ao beneficiário[699]. Além disso, o *constituant* (*settlor*) de uma *fiducie* deve ser Pessoa Colectiva, e somente os Bancos e as Companhias de Seguros podem ser *fiduciaires* (*trustee*).

Logo, a *fiducie* é relativamente diferente de um *Trust*, principalmente na extensão de suas finalidades, tendo em vista a multiplicidade dos fins em que o *Trust* pode ser utilizado, sendo sem dúvida nenhuma, muito mais amplo.

Porém, devemos elevar a iniciativa francesa por decidir dar um passo incontestavelmente importante para a economia francesa, ficando, assim, cada vez mais próxima à introdução dos *Trusts* – de acordo com a Convenção da Haia – simultaneamente com a *fiducie*.

Tendo em vista a proibição do uso da *fiducie* por particulares, *partnerships* e entidades fiscalmente transparentes, a França pode desejar dar ao Regime Novo a oportunidade de encontrar-se com os interesses do mercado, antes "dele" ser colocado em competição com *Trusts* estrangeiros sobre o mercado doméstico, pois que, a *fiducie* não pode ser usada para o planeamento de propriedade individual. Afirmando-se, assim, que seria necessário permitir aos fran-

---

[699] ADELLE (2006) explica, que onde a *fiducie* é para propósitos de administração, o *settlor* (*fiduciant*), no qual é também o beneficiário, transfere activos para o *trustee* (*fiduciary*) para administrar os interesses dele e retornar estes no final do acordo. Em caso de transmissão a título oneroso, o *settlor* autoriza o *trustee* para transferir os activos do *settlor* (*fiduciant*) a um ou diversos beneficiários após um período de tempo. Quando a *fiducie* tem propósito de garantia, o *settlor* (*fiduciant*) é normalmente o devedor do *trustee* (*fiduciary*); os activos transmitidos em confiança ao *trustee* (*fiduciary*) retornarão ao *settlor* (*fiduciant*) se o último pagar seu débito, e virão na propriedade pessoal do *trustee* (*fiduciary*), no caso de não pagamento. ADELLE, Jean-François. *First Steps Towards the Introduction of a Fiduciary Regime*. International Law Office. Publicado em 27 de outubro de 2006. Disponível em: http://www.internationallawoffice.com/Newsletters/Detail.aspx?r=13068. Acesso em: 20.05.2007.

204   *A Tributação dos Trusts*

ceses, que contratassem *Trusts* em seu país, em vez de terem de o fazer no estrangeiro[700].

De facto, tal realidade se justifica quando se passa a observar que a população fiscal de franceses envolvidos em um *Trust* estrangeiro, ou os nativos de origem anglo-saxónica vivendo em França na qualidade de *settlor* ou beneficiário de um *Trust* estrangeiro, bem como as gerações de franceses beneficiárias de *Trusts* estrangeiros criados por seus ascendentes, ultrapassa dezenas de milhares de contribuintes[701].

Sobre tal prisma, o Direito Fiscal francês é caracterizado por uma aproximação progressiva de disposições legais ou comentários oficiais relativos a instituição do *Trust* estrangeiro, bem como a um reconhecimento por parte dos tribunais dos efeitos de um *Trust* estrangeiro[702].

Realmente, o regime fiscal francês é provido de pontos marcantes que possibilitam uma análise fiscal coerente da instituição do *Trust* estrangeiro, dado que o Direito Fiscal francês descansa sobre conceitos jurídicos directamente emprestados do Direito Civil, salvo disposições fiscais expressamente em contrário.

Finalmente, veremos no presente Capítulo, primeiramente a Lei de *Fiducie* e seus Aspectos Fiscais. Em seguida, por necessário, será abordado sobre os efeitos dos *Trusts* estrangeiros em França, de forma concentrada nos *Trusts* em sua utilização familiar, devido ao expressivo número de casos encontrados no país.

---

[700] LEITE DE CAMPOS, Diogo; VAZ TOMÉ, Maria João. *A Propriedade Fiduciária (Trust), Estudo para a sua Consagração no Direito Português*. Coimbra: Almedina, 1999, p. 309.

[701] TRIPET, François. *Trust Patrimoniaux Anglo-Saxons et Droit Fiscal Français*. Paris: Litec, 1989, p. 21.

[702] TIRARD, Jean-Marc. *The International Guide to the Taxation of Trusts – France*. Amsterdam: IBFD, 2006, p. 17.

SECÇÃO I
De La Fiducie

1. Enquadramento Civilístico

É por demais oportuno, nesse passo, abordarmos os artigos constantes do Código Civil Francês que foram introduzidos pela Lei n° 2007-211 de 19 de fevereiro de 2007[703].

De acordo com o novo artigo 2011 do Código Civil, a *fiducie* é *in verbis*:

> *"Art. 2011. – La fiducie est l'opération par laquelle un ou plusieurs constituants transfèrent des biens, des droits ou des sûretés, ou un ensemble de biens, de droits ou de sûretés, présents ou futurs, à un ou plusieurs fiduciaires qui, les tenant séparés de leur patrimoine propre, agissent dans un but déterminé au profit d'un ou plusieurs bénéficiaires"[704].*

Por primeiro, podemos dizer, que aqui o *settlor* é classificado por *constituant*, o *trustee* por *fiduciaire* e finalmente o *Trust* por *fiducie*.

Sobre a forma de constituição da *fiducie*, o artigo 2012 nos indica que a *fiducie* deve ser estabelecida expressamente por Lei ou por contrato.

Nesse passo, firmou o artigo 2013, que o contrato de *fiducie* é nulo se emanar de uma intenção de liberalidade em proveito do beneficiário, sendo essa nulidade de ordem pública. Em outras palavras, tal artigo explicitamente prevê, que a *fiducie* não pode ser criada com a intenção de fazer uma doação ao beneficiário com o intuito de planeamento de propriedade individual[705]. Logo, a *fiducie*

---

[703] A Lei n° 2007-211 de 19 de fevereiro de 2007 introduziu no Código Civil Francês em seu Titre XIV, os artigos 2011-2031 instituindo a *Fiducie*.

[704] FRANÇA. *Code Cível. Art. 2011*. Disponível em: http://www.legifrance.gouv.fr. Acesso em: 20.05.2007 ; *Vide* complementarmente: LEITE DE CAMPOS. Diogo. *Cláusula Geral Anti-Abuso e Fraude Fiscal*. Lisboa: PLMJ, Nota Informativa, 2007, Disponível em: www.plmj.pt.

[705] Complementarmente, BLANLUET (2007), *in verbis*: *"Malheureusement, la France n'a pas jugé bon de laisser cette liberté à ses enfants. Pour d'assez mauvaises raisons, tirées de la crainte d'un détournement de l'institution à des fins fiscales ou de blanchiment de capitaux, la loi interdit la constitution d'une fiducie par des personnes physiques, et il*

206 A Tributação dos Trusts

estará somente disponível para o uso das Companhias que desejam realizar determinadas operações comerciais na forma fiduciária.

Com relação a estrutura subjectiva da *fiducie*, de acordo com o redigido pelo artigo 2014, observamos que o *constituant* de uma *fiducie* deve ser Pessoa Colectiva sujeita ao Imposto de Renda sobre a Sociedade. Por sua vez, o artigo 2015, também com carácter limitativo, firma que os únicos que podem exercer a função de *fiduciaires* são as Instituições de Crédito (mencionadas no artigo L. 511-1 do Código Monetário e Financeiro), algumas Instituições e Serviços (enumerados no artigo L. 518-1 do mesmo código), certas Empresas de Investimento (mencionadas no artigo L. 531-4 do mesmo código) bem como as Empresas de Seguro (governadas pelo artigo L. 310-1 do código dos seguros).

Vale ressaltar-se, nesse âmbito, que ambos, o *constituant* e o *fiduciaire*, devem ser residentes na União Europeia ou em um país no qual a França tenha concluído um acordo de assistência contra fraude tributária e elisão fiscal[706].

Por fim, quanto à estrutura subjectiva, os beneficiários podem ser indivíduos ou Companhias. Nos termos do artigo 2016, o *constituant* e os *fiduciaires* podem acumular seu *status* com o de beneficiário.

Em prosseguimento, o artigo 2017 aduz, que salvo estipulação em contrário do contrato de *fiducie*, o *constituant* pode, em qualquer momento, designar um terceiro agente para assegurar-se da preservação dos seus interesses no âmbito da execução do contrato, e que pode dispor dos poderes que a lei lhe atribui.

Em consonância com o artigo 2018, deve ficar bem claro no contrato de *fiducie*, sob pena de nulidade: os bens, direitos ou seguros transferidos (se são futuros, devem ser determináveis); a duração da transferência, que não pode exceder trinta e três anos a contar da assinatura do contrato; a identidade do *constituant* (ou dos

---

est exclu qu'une fiducie procède d'une intention libérale". BLANLUET, Gauthier. *Pourquoi introduire la fiducie en France*. In: Les Echos, Publicado em 16 de Fevereiro de 2007. Disponível em: http://www.lesechos.fr/info/metiers/4538742.htm. Acesso em: 23.05.2007.

[706] Nesse sentido, vide artigo 13 da Lei 2007-211 de 19 de Fevereiro de 2007. FRANÇA. *Loi n° 2007-211 du 19 février 2007*. Disponível em: http://www.legifrance.gouv.fr. Acesso em: 20.05.2007.

constituants); a identidade do *fiduciaire* (ou *fiduciaires*); a identidade do beneficiário (ou beneficiários) ou, na falta, as regras que permitem a sua designação; por fim, a missão do *fiduciaire* (ou *fiduciaires*) e a extensão dos seus poderes de administração e de disposição.

Nesse contexto, também sob pena de nulidade, prevê o artigo 2019, que o contrato de *fiducie* (e suas alterações), deve ser registado dentro de um mês da assinatura, no serviços de impostos local, ou no serviços de impostos de não residentes, se o *fiduciaire* não for domiciliado em França. Logo, a designação de um beneficiário ulterior ao contrato de *fiducie*, deve ser feita por escrito e registado[707].

Ainda, estabelece o artigo 2020, que um Registo Nacional de *fiducies* deve ser mantido com modalidades precisadas por decreto do *Conseil d'Etat*.

Ao contrário dos *Trusts*, os contratos de *fiducie* serão públicos da mesma maneira que contratos das Companhias. Mais significativamente, os beneficiários têm somente direitos pessoais de encontro ao *fiduciaire*[708]. Entretanto, a Lei providencia, expressamente, por igual ao *Trust*, que os activos dos fiduciários formam um património segregado, protegido de reivindicações pelos credores do *fiduciaire*, em assuntos não concernentes com a gerência da própria *fiducie*[709].

Por outro lado, ao firmar o artigo 2025, a Lei garantiu que não haverá prejuízo dos credores pessoais do *constituant*, nos casos comprovados de fraude aos credores deste.

Em regra, o património em *fiducie* pode ser apreendido apenas pelos titulares de créditos nascidos da conservação ou da gestão deste património em *fiducie*. Ainda, o patrimônio do *constituant* constitui-se em fiança comum destes credores, no caso de insuficiên-

---

[707] Nesse sentido, a Lei 2007-211 de 19 de Fevereiro de 2007, completou um 8° no artigo 635 do *Code General Des Impots*, nestes termos: artigo 635 *"Doivent être enregistrés dans le délai d'un mois à compter de leur date: 8° Les actes constatant la formation, la modification ou l'extinction d'un contrat de fiducie, et le transfert de biens ou droits supplémentaires au fiduciaire dans les conditions prévues par l'article 2019 du code civil"*. FRANÇA. Code General Des Impots. Disponível em: http://www.legifrance.gouv.fr. Acesso em: 28.02.2007.

[708] *Vide* artigo 2019 do Código Civil Francês. FRANÇA. *Code Cível*. Disponível em: http://www.legifrance.gouv.fr. Acesso em: 20.05.2007.

[709] Nesse sentido, *vide* artigos 2019 e seguintes. FRANÇA. *Code Cível*. Disponível em: http://www.legifrance.gouv.fr. Acesso em: 20.05.2007.

208 A Tributação dos Trusts

cia do património em *fiducie*, salvo estipulação em contrário do contrato de fidúcia que põe a totalidade ou parte do passivo a cargo do *fiduciaire*.

Por outro lado, o contrato de *fiducie* pode limitar a obrigação ao passivo unicamente do património *fiduciaire*. Destaca-se, que tal cláusula é oponível apenas aos credores que aceitaram-na expressamente.

Em sede de Responsabilidades do *fiduciaire*, primeiramente, o artigo 2021 determina que o *fiduciaire*, ao agir em *fiducie*, deve sempre mencionar expressamente sua "condição de *fiduciaire*". Por sua vez, o artigo 2022 aponta, que o contrato de *fiducie* deve definir as condições nas quais o *fiduciaire* deve prestar contas ao *constituant*, bem como as tarefas do *fiduciaire* (equivalentes as do *trustee*) e as finalidades dos poderes administrativos e de nomeação. Por fim, revela o artigo 2026, por igual ao *Trust* da *Common Law*, que o *fiduciaire* responde pelas faltas que cometer no exercício de sua profissão, com o seu próprio património.

Em sede de revogação e extinção da *fiducie*, o artigo 2028 estipula que o contrato de *fiducie* pode ser revogado pelo *constituant* enquanto não tiver o aceite do beneficiário. Após aceitação pelo beneficiário, o contrato pode ser alterado ou revogado apenas com o seu acordo ou por decisão judicial.

Finalmente, o contrato de *fiducie* termina: pela ocorrência do termo estipulado no contrato (não mais que 33 anos), pela realização do objectivo pretendido quando este tem lugar antes do termo ou ainda, no caso de revogação pelo *constituant*[710].

Nesse contexto, de acordo com o retratado, identificamos desde já, diferenças e limitações aplicadas para a *fiducie*, com relação ao seu suposto modelo, o *Trust*:

- A *fiducie* pode somente ser constituída por Companhias sujeitas ao Imposto de Renda de Pessoa Colectiva;
- O exercício das funções de *fiduciaire* é reservado para certas Instituições Financeiras (Instituições de Crédito e Companhias de Seguro);
- Nenhuma doação deve ser feita por meio da *fiducie*;

---

[710] *Vide* artigos 2028-2031 do Código Civil Francês. FRANÇA. *Code Cível*. Disponível em: http://www.legifrance.gouv.fr. Acesso em: 20.05.2007.

- O contrato de *fiducie* pode ser revogado pelo *constituant*, sujeitando-se ao acordo do beneficiário (que aceitou o contrato);
- Ambos, o *constituant* e o *fiduciaire* devem ser residentes na União Europeia ou em um Estado que tenha assinado um Tratado de Imposto com a França com cláusula de assistência administrativa;
- O período máximo em que os direitos de propriedade podem ser transferidos à *fiducie* é limitado a 33 anos;

Conclui-se, pois, que as finalidades obtidas no estabelecimento de um contrato de *fiducie*, são mais estreitas em comparação aos múltiplos fins alcançados na constituição de um *Trust* da *Common Law*, como já visto no presente trabalho[711].

2. O Tratamento Fiscal da *Fiducie*

Neste plano, superada a compreensão mínima a respeito da Lei da *fiducie* em França, urge se proceda a análise, do ponto de vista fiscal, referente a nova Lei.

Primeiramente, nos actos que constatam a formação, modificação ou extinção de um contrato de *fiducie* ou apurando-se a transferência de bens ou direitos suplementares ao *fiduciaire*, são sujeitos a um direito fixo de 125 EUR[712].

Desde já, ressaltasse que o objectivo da lei é que a *fiducie* tenha neutralidade fiscal[713]. Com efeito, a transferência dos recursos em uma *fiducie* não acarretará consequências tributárias, e as rendas

---

[711] TIRARD, Jean-Marc. *Tax Treatment of the New Fiducie*. International Law Office. Publicado em 17 de abril de 2007. Disponível em: http://www.internationallawoffice.com/ Newsletters/Detail.aspx?r=14148#tax. Acesso em: 20.05.2007.

[712] Vide artigo *Art. 1133 quater* do Código Civil Francês. FRANÇA. *Code Cível*. Disponível em: http://www.legifrance.gouv.fr. Acesso em: 20.05.2007.

[713] ADELLE, Jean-François. *First Steps Towards the Introduction of a Fiduciary Regime*. International Law Office. Publicado em 27 de outubro de 2006. Disponível em: http:// www.internationallawoffice.com/Newsletters/Detail.aspx?r=13068. Acesso em: 20.05.2007; BLANLUET, Gauthier. *Pourquoi introduire la fiducie en France*. In: Les Echos, Publicado em 16 de Fevereiro de 2007. Disponível em: http://www.lesechos.fr/info/metiers/ 4538742.htm. Acesso em: 23.05.2007.

210   *A Tributação dos Trusts*

geradas pelos recursos, remanescerá sujeita ao Imposto de Renda de Pessoa Colectiva nas mãos do *constituant (settlor)*.

Logo, os activos e direitos transferidos para uma *fiducie* são considerados como remanescentes na propriedade do *constituant (settlor)* para os propósitos do Imposto. Assim, os lucros da *fiducie* são incluídos na base tributável do *constituant (settlor)*, de acordo com o princípio da transparência[714].

Durante a existência da *fiducie*, o *constituant (settlor)* é considerado como tendo uma dívida em aberto resgatável com o *fiduciaire (trustee)* no que diz respeito aos activos e direitos transferidos na *fiducie*[715].

A remuneração do *fiduciaire (trustee)* é tributável sob a categoria de lucro de negócio.

Vale mencionar, que os *fiduciaires (trustees)* domiciliados no exterior devem apontar um representante Tributário em França.

Os Ganhos de Capital obtidos no tempo da transferência dos activos e direitos para a *fiducie*, não são imediatamente tributáveis. A tributação desse ganhos é diferida até que os activos e direitos sejam vendidos pelo *fiduciaire (trustee)*. O Ganho de Capital é calculado, nesse tempo, baseando-se no valor dos recursos quando transferidos pelo *constituant (settlor)*. Entretanto, esse diferimento do Imposto sobre o Ganho de Capital é sujeito a um número de condições, incluindo a condição do *fiduciaire (trustee)* ser um dos beneficiários[716].

Por outro lado, como uma excepção a regra da sujeição passiva do *settlor*, o Imposto sobre o Valor Acrescentado (IVA) e os Impostos Locais e Profissionais devem ser pagos pelo *fiduciaire (trustee)*[717].

---

[714] TIRARD, Jean-Marc. *Tax Treatment of the New Fiducie*. International Law Office. Publicado em 17 de abril de 2007. Disponível em: http://www.internationallawoffice.com/Newsletters/Detail.aspx?r=14148#tax. Acesso em: 20.05.2007.

[715] TIRARD, Jean-Marc. *Tax Treatment of the New Fiducie*. International Law Office. Publicado em 17 de abril de 2007. Disponível em: http://www.internationallawoffice.com/Newsletters/Detail.aspx?r=14148#tax. Acesso em: 20.05.2007.

[716] TIRARD, Jean-Marc. *Tax Treatment of the New Fiducie*. International Law Office. Publicado em 17 de abril de 2007. Disponível em: http://www.internationallawoffice.com/Newsletters/Detail.aspx?r=14148#tax. Acesso em: 20.05.2007.

[717] Nesse sentido, *vide*: "*Article 285 A. Pour les opérations relatives à l'exploitation des biens ou droits d'un patrimoine fiduciaire, le fiduciaire est considéré comme un redevable distinct pour chaque contrat de fiducie, sauf pour l'appréciation des limites de*

Por fim, importante salientar, que a Lei 2007-211 introduziu o artigo *792 bis* no *Code General des Impots*, assegurando a cobrança dos *droits de mutation à titre gratuit* nos casos em que, na *fiducie*, se constata uma transmissão dos bens ou direitos ou dos frutos retirados da exploração destes bens ou direitos, com intenção de liberalidade. Tal imposto será aplicável sobre o valor dos bens, direitos ou frutos, assim transferidos, avaliados na data desta transferência e serão liquidados de acordo com a tarifa aplicável entre pessoas sem parentesco, mencionadas no quadro III do artigo 777 do *Code General des Impots*[718].

SECÇÃO II

França e o *Trust* Estrangeiro

1. Introdução

Conforme supra mencionado em sede introdutória, apesar do *Trust* criado por pessoa singular não poder ser constituído em consonância com as Leis Francesas, as cortes da França concordaram em reconhecer os efeitos na França de um *Trust* estrangeiro, desde que não sejam incompatíveis com a ordem pública francesa e não consti-

---

régimes d'imposition et de franchises, pour lesquelles est retenu le chiffre d'affaires réalisé par l'ensemble des patrimoines fiduciaires ayant un même constituant". " Article 1476 (...)Lorsque l'activité est exercée en vertu d'un contrat de fiducie, elle est imposée au nom du fiduciaire ".* FRANÇA. *Code General des Impots.* Disponível em: http://www. legifrance.gouv.fr. Acesso em: 20.05.2007. *Vide* ainda: TIRARD, Jean-Marc. *Tax Treatment of the New Fiducie.* International Law Office. Publicado em 17 de abril de 2007. Disponível em: http://www.internationallawoffice.com/Newsletters/Detail.aspx?r=14148#tax. Acesso em: 20.05.2007.

[718] Em complemento, o parágrafo 2º do artigo 792 bis, *in verbis: "Pour l'application des dispositions mentionnées au premier alinéa, l'intention libérale est notamment caractérisée lorsque la transmission est dénuée de contrepartie réelle ou lorsqu'un avantage en nature ou résultant d'une minoration du prix de cession est accordé à un tiers par le fiduciaire dans le cadre de la gestion du patrimoine fiduciaire. Dans ce dernier cas, les droits de mutation à titre gratuit s'appliquent sur la valeur de cet avantage"* . FRANÇA. *Code General des Impots.* Disponível em: http://www.legifrance.gouv.fr. Acesso em: 20.05.2007.

212   *A Tributação dos Trusts*

tuam *"une fraude à la loi"*. Destaca-se, que não há proibição na lei francesa que vede um cidadão francês de criar um *Trust* estrangeiro[719].

Em verdade, isso ocorre porque os tribunais franceses se deparam cada vez mais com *Trusts* estrangeiros relativos a activos franceses, ou estabelecidos em favor de beneficiários franceses.

Os *Trusts* estrangeiros são, portanto, reconhecidos e vistos como um específico acordo legal sobre o direito de propriedade das partes envolvidas. De facto, considerando que a *Fiducie* não pode ser criada por pessoas singulares, debaixo de uma lei francesa, necessariamente ele será gerido pela lei da jurisdição na qual foi criado e que consequentemente o reconhece. Assim, a lei aplicável será a lei estrangeira escolhida pelas partes ou, se não escolhida, será aplicada a lei que mais se aproxima do *Trust*, como previsto no artigo 13º da Convenção de Haia[720].

2. Breve Análise do Direito de Propriedade no Direito Francês

Por primeiro, revela-se de todo coerente a concepção existente na legislação francesa sobre propriedade. Para entendermos como o *Trust* estrangeiro é tratado na França é essencial termos um pouco de familiaridade com alguns assuntos e conceitos do Direito Civil Francês, tais como: os efeitos do matrimónio sobre os direitos de propriedade e as disposições testamentárias.

Logo, o conceito de propriedade encontra-se no artigo 544 do Código Cível Francês, *in verbis*:

> *"La propriété est le droit de jouir et disposer des choses de la manière la plus absolue, pourvu qu'on n'en fasse pas un usage prohibé par les lois ou par les règlements.*[721]*"*

---

[719] TIRARD, Jean-Marc. *The International Guide to the Taxation of Trusts – France.* Amsterdam: IBFD, 2006, p. 07.

[720] TIRARD, Jean-Marc. *The International Guide to the Taxation of Trusts – France.* Amsterdam: IBFD, 2006, p. 08. HCCH. *Convention on the Law Applicable to Trusts and on their Recognition.* Disponível em: http://hcch.e-vision.nl/index_en.php?act= conventions.text&cid=59. Acesso em 01.03.2006.

[721] *Vide* artigo 544 do Código Civil Francês. FRANÇA. *Code Cível.* Disponível em: http://www.legifrance.gouv.fr. Acesso em: 16.02.2007.

Nesse passo, deve ser mencionado, que em França as propriedades dos bens adquirem-se e transmitem-se por sucessão, por doação *inter vivos*, ou via testamentária, e por obrigações contratuais.

Por sua vez, o "regime matrimonial" é o conjunto de regras de direito de propriedade entre cônjuges. Embora a liberdade para dispor de direitos de propriedade seja o princípio geral da lei francesa, na prática, o poder da pessoa casada para dispor de activos é restringido pelas regras que governam os direitos matrimoniais[722].

Por conseguinte, em França, os casais podem escolher o regime matrimonial antes do casamento, através de um contrato. Assim, quando um cônjuge faz doações ou morre, é essencial recorrer a esse contrato que pode conter cláusulas significativas com relação a divisão da propriedade. Se ocorrer de um casal não escolher um regime matrimonial, eles recaem automaticamente no regime *"communauté réduite aux acquets"*[723].

Tal regime, estabelece que toda propriedade móvel ou real que cada um possui separadamente antes do matrimónio, ou que subsequentemente adquiriu por doação ou sucessão, permaneça como propriedade exclusiva do dono (a). Em relação a todos os activos adquiridos juntos após o matrimónio, cada cônjuge terá direito a 50% desses activos que compõe a propriedade em comum[724].

Já no âmbito da sucessão e da doação *inter vivos*, por primeiro insta destacar, que a sucessão ocorre por lei, quando o de *cujus* morre, ou por via testamentária.

Dessa forma, o artigo 911 do Código Civil Francês prevê, que para fazer uma doação *inter vivos* ou testamentária, a pessoa deve ter capacidade e deve ser um acto livre de vontade. Também deverá o doador ou testador ter acima de 18 anos de idade. Porém, um menor de 16 anos pode dispor de metade da propriedade que ele (a) teria disponível na maioridade[725].

---

[722] *Vide* artigo 711 do Código Civil Francês FRANÇA. *Code Cível.* Disponível em: http://www.legifrance.gouv.fr. Acesso em: 16.02.2007.

[723] *Vide* artigos 1401-1408 do Código Civil Francês. FRANÇA. *Code Cível.* Disponível em: http://www.legifrance.gouv.fr. Acesso em: 16.02.2007.

[724] *Vide* artigos 1401-1408 do Código Civil Francês. FRANÇA. *Code Cível.* Disponível em: http://www.legifrance.gouv.fr. Acesso em: 16.02.2007.

[725] *Vide* artigo 911 do Código Civil Francês. FRANÇA. *Code Cível.* Disponível em: http://www.legifrance.gouv.fr. Acesso em: 01.03.2007

214   *A Tributação dos Trusts*

Deve ser notado, também, que dentro do regime matrimonial *"communauté"*, cada cônjuge é livre para dispor por testamento ou doação da sua parte exclusiva da propriedade[726].

Em síntese a respeito, a lei francesa estabelece que tanto nas doações quanto nos testamentos, os actos devem ser voluntários e devem ser aceitos pelo donatário ou herdeiro[727].

Nesse sentido, temos sob o prisma legal, o artigo 894 do Código Civil Francês, *in verbis:*

> *"La donation entre vifs est un acte par lequel le donateur se dépouille actuellement et irrévocablement de la chose donnée en faveur du donataire qui l'accepte"* [728].

Deve-se se atentar, que existe em França uma forma específica de doação relacionada com transacções familiares, a *"donation partage"*, que tem como objectivo principal preparar a herança do doador, dividindo tudo ou parte da propriedade dele, igualmente entre seus herdeiros presumíveis. Só os pais e ascendentes podem utilizar-se de tal doação[729].

Outro ponto importante é que doações entre cônjuges podem ser feitas através do contrato de matrimónio antes ou depois do casamento. Dessa forma, se tal doação for feita antes do matrimónio ela será irrevogável, se feita após, a doação poderá ser revogada pelo doador[730].

É por demais oportuno, também mencionarmos o conceito de testamento do artigo 895 do Código Civil Francês, *in verbis:*

> *" Le testament est un acte par lequel le testateur dispose, pour le temps où il n'existera plus, de tout ou partie de ses biens ou de ses droits et qu'il peut révoquer".*

---

[726] *Vide* artigo 1428 do Código Civil Francês. FRANÇA. *Code Cível.* Disponível em: http://www.legifrance.gouv.fr. Acesso em: 16.02.2007.

[727] Na ausência de um testamento válido, os artigos 731, 739, 745, 746, 750, e 757 do Código Civil Francês estabelecem cinco categorias hierárquicas de herdeiros. FRANÇA. *Code Cível.* Disponível em: http://www.legifrance.gouv.fr. Acesso em: 16.02.2007.

[728] *Vide* artigo 911 do Código Civil Francês. FRANÇA. *Code Cível. Artigo 911.* Disponível em: http://www.legifrance.gouv.fr. Acesso em: 01.03.2007.

[729] TIRARD, Jean-Marc. *The International Guide to the Taxation of Trusts – France.* Amsterdam: IBFD, 2006, p. 03. *Vide* artigos 1075-1080 do Código Civil Francês. FRANÇA. *Code Cível.* Disponível em: http://www.legifrance.gouv.fr. Acesso em: 16.02.2007.

[730] TIRARD, Jean-Marc. *The International Guide to the Taxation of Trusts – France.* Amsterdam: IBFD, 2006, p. 04.

A Tributação dos Trusts no Reino Unido, na Itália e em França

Neste ponto, desde de 1 Janeiro 2007, os pactos sucessórios são permitidos sob a lei do Imposto de Herança francês. Em verdade, com a utilização de tais pactos, que devem ser feitos com a aprovação de um notário, o testador e os herdeiros podem elaborar um acordo, por meio do qual os herdeiros renunciam o todo ou uma parte de sua herança, em favor de um terceiro, por exemplo para os seus netos ou para sua esposa[731].

Saliente-se que, em França, a liberdade de testar é sujeita a três limitações imperativas projectadas para proteger "a ordem pública". Por primeiro, uma determinada parcela da propriedade é reservada para determinados herdeiros, (*la réserve héréditaire*[732]). As outras limitações são a proibição de pactos sucessivos futuros (*pactes sr succession future*) e a proibição de substituições (*substitutions fidéicommissaires*).

Dessa forma, para proteger as propriedades da família e assegurar a igualdade entre as crianças, todas as propriedades na França são divididas em dois elementos distintos: a *réserve* (*la réserve héréditaire*) e a porção disponível (*quotité disponible*)[733].

Posto tudo isso, insta destacar, então, que na França não há nenhuma distinção entre propriedade equitativa e propriedade legal como é na *Commom Law*.

---

[731] TIRARD, Jean-Marc. *The International Guide to the Taxation of Trusts – France*. Amsterdam: IBFD, 2006, p. 05.

[732] *Vide* nesse sentido, o artigo 913 do Código Civil, *in verbis*: "*Les libéralités, soit par actes entre vifs, soit par testament, ne pourront excéder la moitié des biens du disposant, s'il ne laisse à son décès qu'un enfant ; le tiers, s'il laisse deux enfants ; le quart, s'il en laisse trois ou un plus grand nombre. L'enfant qui renonce à la succession n'est compris dans le nombre d'enfants laissés par le défunt que s'il est représenté ou s'il est tenu au rapport d'une libéralité en application des dispositions de l'article 845*". FRANÇA. *Code Cível*. Disponível em: http://www.legifrance.gouv.fr. Acesso em: 23.02.2007.

[733] Em cotejo importante, o *réserve* é a fração variável da propriedade que não pode ser disposta por doação *inter vivos* ou por testamento, excepto para ascedentes, descendentes e sob determinadas condições para a esposa sobrevivente. Por outro lado, a porção disponível é a fracção remanescente da propriedade que pode ser disposta livremente. TIRARD, Jean-Marc. *The International Guide to the Taxation of Trusts – France*. Amsterdam: IBFD, 2006, p. 06.

a) *O* Trust *e o Princípio da* Réserve

Segundo o princípio da *réserve*, os descendentes ou pais, se não houverem descendentes, são intitulados a uma porção mínima da propriedade do falecido parente. Em razão disso, tais pessoas podem utilizar-se do *"forced heirship rules"*, ou seja, podem pedir a aplicação desse direito nos *Trusts* constituídos que infrinjam a *réserve*. Destaca-se, que tal princípio só se aplica sobre as propriedades reais situadas em França, e sobre a propriedade móvel se o *settlor* residia em França, para os propósitos do Direito Civil, na hora de sua morte[734].

Embora a protecção da *réserve* seja uma regra obrigatória, os herdeiros podem renunciar a sua aplicação depois da morte do testador. Caso os termos do *Trust* infrinja a *réserve,* a penalidade, em princípio, é uma redução dos activos do *Trust* constituído para beneficiários "não reservados", de tal forma que permita a distribuição da *réserve* aos "herdeiros reservados". A validade do *Trust,* porém, não será afectada, ao menos que seja constatada que houve fraude a lei[735].

Posto tudo isso, conclui-se que o *Trust* não poderá prejudicar a reserva legal. Nesse passo, os herdeiros podem na época da abertura da sucessão, reconhecer legalmente a totalidade ou parte da sua reserva e preferir respeitar o mecanismo do *Trust.*

Por outro lado, pode o herdeiro insatisfeito, utilizar-se do artigo 920 do Código Civil[736], onde lhe será permitido retomar junto ao *trustee,* bens suficientes para preencher a sua reserva. Unicamente estes bens, serão considerados reintegrados ao património do falecido *settlor* para suportar os direitos de sucessão. Apenas no caso de resistência do *trustee* na redistribuição dos bens, será susceptível, em relação ao Direito Francês, de se incorrer na nulidade do *Trust* na sua totalidade[737].

---

[734] TIRARD, Jean-Marc. *The International Guide to the Taxation of Trusts – France.* Amsterdam: IBFD, 2006, p. 09.

[735] TIRARD, Jean-Marc. *The International Guide to the Taxation of Trusts – France.* Amsterdam: IBFD, 2006, p. 09.

[736] Nesse sentido, o Código Civil Francês, artigo 920 dispõe, *in verbis*: " *Les dispositions soit entre vifs, soit à cause de mort, qui excéderont la quotité disponible, seront réductibles à cette quotité lors de l'ouverture de la succession".* FRANÇA. *Code Cível.* Disponível em: http://www.legifrance.gouv.fr. Acesso em: 01.03.2007.

[737] TRIPET, François. *Trust Patrimoniaux Anglo-Saxons et Droit Fiscal Français,* Paris: Litec, 1989, p. 28.

A Tributação dos Trusts no Reino Unido, na Itália e em França

Por conseguinte, deve ser feito destaque aos Aspectos Principais da Tributação do *Trust* estrangeiro e aos Impostos Franceses que normalmente incidem.

SUB-SECÇÃO
Aspectos principais da Tributação do *Trust*

1. Introdução

Inicialmente, neste ponto, o princípio director da reflexão fiscal francesa parece relativamente inclinado a beneficiar-se da vasta experiência anterior das administrações fiscais britânica e norte-americana sobre este assunto, em virtude da ausência inicial de medidas expressas do Direito francês.

Nesse passo, existem algumas provisões que, essencialmente, indicam o regime fiscal Francês aplicável as rendas distribuídas aos residentes franceses por um *Trust* estrangeiro.

Por primeiro, então, considerando que o *Trust* criado por pessoas singulares, não pode ser constituído em França, o próprio *Trust* não é apreciado como uma entidade tributável em França. Assim, só as pessoas envolvidas, ou seja, o *settlor*, o *trustee* e o beneficiário são passíveis de serem responsabilizados fiscalmente em França.

Nesse contexto, é necessário classificar os *Trusts* fazendo referência aos interesses das pessoas envolvidas.

Na visão de TIRARD (2006), podem ser feitas 3 amplas divisões com a finalidade de determinar o regime do imposto aplicável sob a lei francesa: *testamentary* e *inter vivos trust*; *revocable* e *irrevocable trusts*; *trusts* com um *interest in possession* e *discretionary trusts*[738].

A esse respeito, e por fim, destaca-se que as autoridades fiscais francesas, por vezes, empregam a classificação dos *Trusts* utilizada nos Estados Unidos, onde os *"trusts simples"* são aqueles que dão ao beneficiário um direito a renda, conhecido no Reino Unido como

---

[738] TIRARD, Jean-Marc. *The International Guide to the Taxation of Trusts – France*. Amsterdam: IBFD, 2006, p. 09.

218 *A Tributação dos Trusts*

"*interest in possession trust*". Por outro lado o "*trust complexo*", que corresponde ao "*discretionary trust*" no Reino Unido. Diante disso, focalizaremos na presente etapa os *Trusts simples* e os *Trusts* discricionários[739].

2. Imposto Sobre Doação e Herança

A lei fiscal francesa faz uma distinção entre duas transferências de propriedades: aquela feita após a morte (sucessão), que é sujeita ao Imposto de Herança; e a doação *inter vivos* que incorre no Imposto sobre as Doações. Importante notar, que as doações feitas, mas que apenas se concretizam após a morte do doador, estão sujeitas apenas ao Imposto de Herança. Em ambos os casos, o imposto é pago pelos beneficiários da doação ou pelos herdeiros, diferente do que ocorre nos países da *Common Law*[740].

a) Imposto de Herança

Primeiramente, este imposto é devido sobre qualquer transferência de propriedade feita após a morte, seja em virtude da aplicação das regras de sucessão, por provisão testamentária ou ainda na utilização do *forced heirship*.

Como regra geral, todos os activos que formam o património do falecido são sujeitos ao Imposto de Herança. Porém, o imposto não será devido em propriedade comum recebida pelo cônjuge sobrevivente, inclusive a propriedade recebida em virtude de eventual contrato de casamento[741].

Assim, qualquer outra transferência realizada após a morte está sujeita ao imposto. O imposto será pago pelos herdeiros, desde que eles aceitem tal propriedade, e será calculado sobre o valor líquido da propriedade distribuída para cada herdeiro.

---

[739] TIRARD, Jean-Marc. *The International Guide to the Taxation of Trusts – France.* Amsterdam: IBFD, 2006, p. 09.

[740] TIRARD, Jean-Marc. *The International Guide to the Taxation of Trusts – France.* Amsterdam: IBFD, 2006, p.11.

[741] TIRARD, Jean-Marc. *The International Guide to the Taxation of Trusts – France.* Amsterdam: IBFD, 2006, p. 12.

A Tributação dos Trusts no Reino Unido, na Itália e em França   219

Destaca-se, que ao menos que exista um Tratado de imposto, o imposto será impreterivelmente pago em França, com relação a propriedade do falecido, se ele for residente em França na hora de sua morte, independente do herdeiro ser ou não residente em França[742].

O Imposto de Herança é baseado no valor da propriedade transferida e as regras de avaliação são as mesmas para as propriedades situadas em França ou no estrangeiro. Assim, o Imposto de Herança é, em princípio, calculado sobre o valor de mercado da propriedade na data da morte[743].

b) Imposto Sobre Doação *Inter Vivos*

Já no âmbito do Imposto sobre as Doações, primeiro insta destacar que este imposto será cobrado sempre que: uma transferência é feita com a intenção de beneficiar a pessoa que recebe a transferência, o doador é despido imediatamente da propriedade doada e deve haver a aceitação do donatário. Embora o imposto deva ser pago pelo donatário, nada impede que o doador faça tal pagamento[744].

Em síntese, a hipótese de incidência do Imposto sobre as Doações ocorre efectivamente quando o doador é despido da propriedade e o donatário a aceita. Nesse sentido, o artigo 894 do Código Civil Francês define a doação e, consequentemente, encomenda que haja aceitação do donatário para que a doação seja finalizada[745].

No entanto, no instituto do *Trust*, o beneficiário nunca é chamado para dar a sua aceitação, dado que neste acordo específico de propriedade intervém apenas o *settlor* e o *trustee*.

O Imposto sobre as Doações é baseado no valor da propriedade doada, calculada no dia da doação.

---

[742] TIRARD, Jean-Marc. *The International Guide to the Taxation of Trusts – France*. Amsterdam: IBFD, 2006, p. 12.

[743] Sobre valor de mercado, TIRARD (2006) explica que o conceito de valor de mercado não esta definido na legislação francesa, porém, tanto a lei como a doutrina administrativa confirmam que o valor de mercado corresponde ao preço que poderia ser obtido no mercado livre. TIRARD, Jean-Marc. *The International Guide to the Taxation of Trusts – France*. Amsterdam: IBFD, 2006, p. 15.

[744] *Vide* artigo 911 do Código Civil Francês. FRANÇA. *Code Cível*. Disponível em: http://www.legifrance.gouv.fr. Acesso em: 01.03.2007.

[745] *Vide* artigo 894 do Código Civil Francês. FRANÇA. *Code Cível*. Disponível em: http://www.legifrance.gouv.fr. Acesso em: 01.03.2007.

220 A Tributação dos Trusts

Da mesma forma que o Imposto de Herança, o imposto é devido em França com relação a toda propriedade, caso o doador e/ou o donatário sejam residentes em França, na hora de sua morte, independente do herdeiro ser ou não residente em França. Porém se ambos forem residentes no estrangeiro, só a propriedade situada em França constitui a hipótese de incidência do imposto[746].

c) Residência (*trustee* e sociedade de *trustees*)

Para determinar a responsabilidade dos Impostos de Herança e Doação na França, deve ser feita uma avaliação se existe, ou não, um Tratado de Dupla Tributação aplicável ao caso. Se nenhum Tratado se aplica, a residência do doador e do donatário, como também o local dos activos, determinarão o local para a cobrança do imposto. Porém, se um tratado é aplicável, geralmente este prevê que será o local da residência do doador[747].

2.1. *Na Criação do Trust*

Na opinião de TIRARD (2006), para avaliar a incidência de tais impostos no momento da criação do *Trust*, devemos diferenciar os casos de *Trust testamentary* e *Trust inter vivos*[748]. Assim, após tal sequencia, faremos algumas considerações necessárias ao desenvolvimento do presente tópico.

a) *Trusts Inter Vivos*

Por primeiro, a hipótese de incidência do Imposto de Doação apenas ocorre no caso de *Trust inter vivos* Irrevogável. Certamente, conforme o art. 894 do Código Civil, não existe doação a menos que

---

[746] TIRARD, Jean-Marc. *The International Guide to the Taxation of Trusts – France*. Amsterdam: IBFD, 2006, p. 12.

[747] Os tratados assinados pela França geralmente seguem a OECD (*Model Double Taxation Convention on* Estates and *Inheritances and on Gifts* (Paris: OECD, 1983); TIRARD, Jean-Marc. *The International Guide to the Taxation of Trusts – France*. Amsterdam: IBFD, 2006, p. 12.

[748] TIRARD, Jean-Marc. *The International Guide to the Taxation of Trusts – France*. Amsterdam: IBFD, 2006, p. 21.

A *Tributação dos Trusts no Reino Unido, na Itália e em França*   221

ocorra uma disposição completa e irreversível da propriedade pelo doador. No caso de *Trust* revogável, a propriedade do *Trust* é considerada pela legislação fiscal francesa como pertencente ao *settlor*[749].

Nesse passo, no caso de um *Trust* Revogável, a doação deve ser interpretada como uma doação que se concretiza apenas após a morte do *settlor*, com a satisfação de todos os seus elementos. Consequentemente, relaciona-se mais com sucessão do que com uma doação[750].

No atinente ao *Trust* irrevogável, o responsável pelo pagamento do imposto será o beneficiário, conforme veremos mais detalhes dentro de sede própria (letra e).

b) *Trust Testamentary*

Caso um *Trust* origine-se ou venha a originar-se em consequência da morte de um indivíduo, a lei francesa da sucessão aplica-se[751].

Poderão as autoridades fiscais entender que o Imposto de Herança é devido pelos herdeiros no momento da morte do *settlor*, isto porque, sob a lei francesa de sucessão, os herdeiros são investidos em todos os direitos e obrigações do falecido, imediatamente após o evento morte[752].

Entretanto, na opinião de TIRARD (2006) tal análise seria discutível porque vai contra as características do *Trust*. Para o autor, fica claro que a propriedade segurada em um *Trust* para os herdeiros ou para beneficiários, por vezes, não faz deles seus proprietários[753].

---

[749] TIRARD, Jean-Marc. *The International Guide to the Taxation of Trusts – France*. Amsterdam: IBFD, 2006, p. 21.

[750] TIRARD, Jean-Marc. *The International Guide to the Taxation of Trusts – France*. Amsterdam: IBFD, 2006, p. 21.

[751] *Vide* TIRARD, Jean-Marc. *The International Guide to the Taxation of Trusts – France*. Amsterdam: IBFD, 2006, p. 26. No mesmo sentido, TRIPET, François. *Trust Patrimoniaux Anglo-Saxons et Droit Fiscal Français*. Paris: Litec, 1989, p. 23.

[752] TIRARD, Jean-Marc. *The International Guide to the Taxation of Trusts – France*. Amsterdam: IBFD, 2006, p. 22.

[753] TIRARD, Jean-Marc. *The International Guide to the Taxation of Trusts – France*. Amsterdam: IBFD, 2006, p. 22.

c) Responsabilidade do *Settlor*

Neste passo, partindo do princípio que o Imposto de Doação é devido pelos donatários e o Imposto de Herança é devido pelos herdeiros, o *settlor* não está sujeito a este imposto.

d) Responsabilidade do *Trustee*

Se o *Trust* for irrevogável, a renúncia feita pelo *settlor* é definitiva e a questão que se levanta é se o Imposto de Doação poderia ser pago pelo *trustee*. O *trustee* não é considerado donatário do bem doado, o bem a ele transferido nunca se encontrará em seu património pessoal, nem em sua sucessão[754].

Por fim, se o *trustee* fosse considerado responsável, a alíquota aplicável ao *trustee* seria de 60%, o que na prática tornaria impossível a constituição de um *Trust* por residentes franceses ou não residentes com activos franceses[755].

e) Responsabilidade dos Beneficiários

Por primeiro, no caso de *Trusts inter vivos*, a constituição de um *Trust* irrevogável discricionário só pode ser interpretada como uma doação em relação aos beneficiários e não em relação ao *trustee*. Neste caso, a intenção do *settlor* é de beneficiar os beneficiários, estando presente o *animus donandi*.

Porém, na opinião de TIRARD (2006)[756], deve-se atentar que os beneficiários não aceitaram a doação formalmente no momento da criação do *Trust*, assim, a doação não satisfaz todas as condições necessárias para ser considerada como vestida naquele momento.

Da mesma forma, importante mencionar que no momento da criação do *Trust*, o beneficiário não recebe nada nos casos de *Trusts* de acumulação e de *Trusts* discricionários.

---

[754] TIRARD, Jean-Marc. *The International Guide to the Taxation of Trusts – France*. Amsterdam: IBFD, 2006, p. 23.

[755] TIRARD, Jean-Marc. *The International Guide to the Taxation of Trusts – France*. Amsterdam: IBFD, 2006, p. 22.

[756] TIRARD, Jean-Marc. *The International Guide to the Taxation of Trusts – France*. Amsterdam: IBFD, 2006, p. 22.

Nesse passo, embora a transferência pelo *settlor* seja imediata, a aquisição pelos beneficiários é adiada. Por tais razões, o autor exprime a ideia de que a transferência dos activos para um *Trust* não é uma doação para as finalidades do Imposto de Doação, e como regra geral, o pagamento do Imposto de Doação deverá ser adiado até que os beneficiários recebam os activos contidos no *Trust*[757].

Por outro lado, merece destaque também a opinião de TRIPET (1989)[758] ao considerar que o beneficiário de um *Trust* irrevogável discricionário é efectivamente o donatário dos bens e direitos doados, embora não tenha o aceite.

Com efeito, pode ser admitida uma doação suspensiva, ou seja, os Impostos de Doação e Herança, apenas serão devidos quando o *trustee* efectivamente distribuir a *trust property* para os beneficiários, no momento da cessação do *Trust*. No intervalo (que pode durar às vezes uma ou duas gerações) o tempo jurídico ficará suspenso.

Nesse sentido, TRIPET (1989) discorre:

> *"Il nous apparaît que la théorie des mutations suspensives est la seule capable d'accueillir , dans notre droit actuel, la spécificité du mécanisme trustal"*[759].

Por fim, em ambas posições, o Imposto de doação será devido na época da referida cessação, em função do valor dos bens em *Trust* e tendo em conta a alíquota fiscal em vigor nessa mesma época[760].

Deve-se salientar neste plano, que no caso de *"trust simples"* (*fixed trust*), ou seja, que há um efectivo interesse na posse em favor do beneficiário, a análise seria diferente, pois aqui, o *Trust* confere ao beneficiário um direito já definido, um interesse na posse, ou ainda um direito imediato de exigir a renda do *Trust*.

Para TIRARD (2006), em tal caso, os beneficiários serão considerados como tendo aceite a doação, e o Imposto será exigido aplicando-se

---

[757] TIRARD, Jean-Marc. *The International Guide to the Taxation of Trusts – France*. Amsterdam: IBFD, 2006, p. 22.

[758] TIRARD, Jean-Marc. *The International Guide to the Taxation of Trusts – France*. Amsterdam: IBFD, 2006, p. 25.

[759] TRIPET, François. *Trust Patrimoniaux Anglo-Saxons et Droit Fiscal Français*. Paris: Litec, 1989, p. 25.

[760] TRIPET, François. *Trust Patrimoniaux Anglo-Saxons et Droit Fiscal Français*. Paris: Litec, 1989, p. 25.

224 A Tributação dos Trusts

a alíquota de acordo com o grau de parentesco do beneficiário com o *settlor*, conforme supra mencionado[761].

Em âmbito agora do *Trust testamentary*, há casos em que o *settlor* pode prever que os herdeiros de primeira geração recebam, após o seu falecimento, os rendimentos obtidos durante a existência do *Trust*, e os herdeiros de segunda geração recebam o capital do *Trust*, ou seja, a massa patrimonial do *Trust* que será distribuída pelo *trustee* após a sua cessação.

Assim, o imposto será calculado de acordo com a natureza dos interesses alocados aos beneficiários. Assim, se o beneficiário recebe uma renda do *Trust* (*bénéficiaires em revenus*) o valor será calculado de acordo com a renda já antecipada.

Nesse contexto, especial importância assume a opinião de TRIPET (1989), ao afirmar que: se os direitos aos rendimentos do beneficiário de primeira geração (renda), não podem ser cedíveis, nem transmissíveis, nem penhoráveis, não poderia se afirmar ter nem natureza, nem valor patrimonial[762].

Portanto, não caberia impor o imposto ao beneficiário de primeira geração. Por outro lado, se o suposto direito aos rendimentos puder ser cedível, transmissível e penhorável, terá efectivamente a natureza de um direito patrimonial, do qual o valor dependerá da importância mínima ou esperada do rendimento a receber e, também, da regularidade e da periodicidade com o qual será revertido ao beneficiário.

Em ponteamento final a respeito, no atinente ao beneficiário do capital (*bénéficiaires em capital*), que tem um interesse condicionado a determinado evento, seja o *Trust testamentary* ou *inter vivos*, a tributação será adiada até que a condição seja cumprida, e o valor será calculado de acordo com o valor da propriedade na data da transferência, conforme alude o artigo 676 do *Code General des Impots, in verbis*:

> " *En ce qui concerne les mutations et conventions affectées d'une condition suspensive, le régime fiscal applicable et les valeurs imposables sont déterminés en se plaçant à la date de la réalisation de la condition.*

---

[761] TIRARD, Jean-Marc. *The International Guide to the Taxation of Trusts – France.* Amsterdam: IBFD, 2006, p. 22.

[762] TRIPET, François. *Trust Patrimoniaux Anglo-Saxons et Droit Fiscal Français*, Paris: Litec, 1989, p. 28.

A Tributação dos Trusts no Reino Unido, na Itália e em França   225

> *Toutefois, lorsqu'elle ne tient pas lieu des droits d'enregistrement, la taxe de publicité foncière est perçue sur l'acte conditionnel d'après le régime applicable à la date à laquelle la formalité de publicité foncière est requise. Les valeurs imposables sont déterminées en se plaçant à la date de l'acte"* [763].

2.2. Na Existência do *Trust*

Tendo em vista que os beneficiários de um *"trusts simples"* recebem a doação no momento da criação do *Trust*, conforme supracitado, neste âmbito, atentaremos principalmente aos casos de *"trust* discricionários".

a) Beneficiário que Recebe Direitos

A constituição de um *Trust Discretionary* deve ser analisada, sob a legislação francesa, como uma doação feita pelo *settlor* para os beneficiários, a qual somente será realizada quando os activos colocados no *Trust* forem efectivamente atribuídos aos beneficiários[764].

Nesse contexto, se o *trustee* distribuir alguma propriedade situada em França para um beneficiário francês, a alíquota aplicável do imposto será calculada conforme a relação do *settlor* com o beneficiário, com alíquotas progressivas de acordo com o grau de parentesco deles.

b) Término e Variação dos Direitos Benéficos do Beneficiário

Pelas mesmas razões explicitadas acima, no caso de um *Trust Discretionary*, o término ou alteração dos direitos benéficos do beneficiário, em princípio, não gera consequências tributárias, e a morte do beneficiário não é facto gerador do Imposto de Herança.

---

[763] *Vide* artigo 676 do *Code General Des Impots*. FRANÇA. *Code General Des Impots*. Disponível em: http://www.legifrance.gouv.fr. Acesso em: 24.02.2007. *Vide* também nesse sentido: TRIPET, François. *Trust Patrimoniaux Anglo-Saxons et Droit Fiscal Français*. Paris: Litec, 1989, p. 25.

[764] TIRARD, Jean-Marc. *The International Guide to the Taxation of Trusts – France*. Amsterdam: IBFD, 2006, p. 23.

226 *A Tributação dos Trusts*

Porém, TIRARD (2006) é da opinião, que se como resultado da alteração do direito benéfico de um beneficiário de um *"trust simples"* *(fixed trust)*, ou seja, que possui um interesse no *Trust* durante a sua vida, ele é substituído por um novo beneficiário, uma nova doação será feita posteriormente e estará sujeita ao Imposto de Doação, se a *trust property* for situada em França[765]. Por igual, a doação de um interesse na propriedade deve ser tratada como uma doação tributável, utilizando as mesmas regras da nua propriedade e do usufruto, conforme citado no artigo 669 do *Code General des Impots*[766].

c) Efeitos Fiscais Existentes na Morte do *Settlor*

O óbito do *settlor* deverá nos conduzir a enunciar às conclusões fiscais seguintes:

– Tratando-se de um *Trust* revogável ou de um *Trust* irrevogável, com reserva de poderes em prol do *settlor,* os bens transferidos ao *Trust,* sob o ponto de vista fiscal, são considerados como mantidos no património do *settlor*, que no momento do seu falecimento, devem suportar o Imposto de Herança nas condições de Direito Comum[767];

– Tratando-se de um *Trust* testamentário, como já antes sinalizado, o Imposto de Herança é devido de imediato, antes mesmo da transferência dos bens para a constituição do *Trust*[768];

– Tratando-se de um *Trust inter vivos* irrevogável que não comporta o poder de alteração em proveito do *settlor*, o falecimento do *settlor* não permite, por conseguinte, nenhuma consequência fiscal particular[769];

---

[765] TIRARD, Jean-Marc. *The International Guide to the Taxation of Trusts – France.* Amsterdam: IBFD, 2006, p. 24.

[766] *Vide* artigo 669 do *Code General Des Impots.* FRANÇA. *Code General Des Impots.* Disponível em: http://www.legifrance.gouv.fr. Acesso em: 28.02.2007.

[767] TRIPET, François. *Trust Patrimoniaux Anglo-Saxons et Droit Fiscal Français.* Paris: Litec, 1989, p. 27.

[768] *Vide* TIRARD, Jean-Marc. *The International Guide to the Taxation of Trusts – France.* Amsterdam: IBFD, 2006, p. 26. No mesmo sentido, TRIPET, François. *Trust Patrimoniaux Anglo-Saxons et Droit Fiscal Français.* Paris: Litec, 1989, p. 27.

[769] TRIPET, François. *Trust Patrimoniaux Anglo-Saxons et Droit Fiscal Français.* Paris: Litec, 1989, p. 27.

A Tribut ação dos Trusts no Reino Unido, na Itália e em França

2.3. Na Extinção do *Trust*

O término do *Trust* requererá o pagamento do Imposto de Doação e Herança na transferência dos activos aos beneficiários, nos casos já supra mencionados.

No entanto, será essencial verificarmos se tais impostos são necessariamente exigíveis, tendo em conta a incidência das regras fiscais de territorialidade[770].

Assim, excepto derrogação em virtude de uma Convenção Fiscal Internacional, o âmbito de aplicação territorial dos Impostos de Doação e de Sucessão é definido pelo artigo 750 do *Code General Des Impots*, da seguinte maneira[771]:

– Serão exigidos os Impostos de Doação e de Sucessão se o doador, ou o falecido *settlor*, fiscalmente era domiciliado em França. Desta forma, independe se o conjunto dos bens móveis ou imóveis se encontra situado em França ou fora da França, pois serão objectos da Doação ou da Sucessão e estarão sujeitos aos impostos em França;

– Em contrapartida, se o doador ou o *settlor* falecido, fiscalmente não era domiciliado em França, só os bens móveis ou imóveis situados real ou ficticiamente em França e objecto da Doação ou da Sucessão, estarão sujeitos aos impostos franceses[772].

Desta forma, para determinar o campo territorial do imposto, levaremos em consideração o facto do *settlor* ter residência fiscal domiciliar em França.

Nesse contexto, importa saber, por fim, se a residência será considerada ao dia da doação, ao dia do óbito do *settlor* ou ainda aquando da cessação do *Trust*.

---

[770] TRIPET, François. *Trust Patrimoniaux Anglo-Saxons et Droit Fiscal Français*. Paris: Litec, 1989, p. 29.

[771] *Vide* artigo 750 do *Code General Des Impots*. FRANÇA. *Code General Des Impots*. Disponível em: http://www.legifrance.gouv.fr. Acesso em: 28.02.2007.

[772] TRIPET, François. *Trust Patrimoniaux Anglo-Saxons et Droit Fiscal Français*. Paris: Litec, 1989, p. 29.

228 *A Tributação dos Trusts*

Visando solucionar esse aparente dilema, na opinião de Tripet (1989) não seria a data do falecimento do *settlor* dado que, à esta data, os bens ou direitos transferidos ao *Trust* não fazem mais parte do seu património. Além disso, o *Trust* poderá cessar antes do falecimento do *settlor*. O referido autor, não acredita viável, também, considerar a data da cessação do *Trust*[773]. Salienta, pois, que a data da transferência dos bens ou direitos para o *Trust* seria a mais lógica, tendo em vista que a doação dos bens é efectuada a esta data.

a) Administração

Primeiramente, quanto ao Imposto de Herança, uma declaração descrevendo os activos deve ser arquivada dentro de 6 meses da morte, ou 12 meses, se o falecido não for residente em França, até mesmo se nenhum imposto é devido. O imposto deve ser pago quando a declaração é arquivada.

Já o Imposto de Doação será exigido e deve ser pago pelo donatário quando a transferência dos activos é registada.

3. Imposto sobre os Ganhos de Capital

Por primeiro, a França não arrecada em separado um Imposto Geral sobre os Ganhos de Capital, que é em conjunto ao Imposto de Renda. Assim, todo ganho com natureza de capital são sujeitos ao Imposto de Renda[774].

Na legislação francesa somente Ganhos de Capital realizados no tempo da transferência, com valiosa consideração, são tributados, isso é: na venda, expropriação ou troca.

---

[773] Tripet, François. *Trust Patrimoniaux Anglo-Saxons et Droit Fiscal Français.* Paris: Litec, 1989, p. 30.

[774] Tirard, Jean-Marc. *The International Guide to the Taxation of Trusts – France.* Amsterdam: IBFD, 2006, p. 25.

3.1. Na Criação do *Trust*

Logo, a transferência em decorrência da morte ou da doação não origina o Imposto de Ganhos de Capital. Dessa forma, a transferência da propriedade do *settlor* para o *trustee* e posteriormente do *trustee* para o beneficiário também não dão origem a tributação de Ganhos de Capital[775].

3.2. Na Existência do *Trust*

a) Alienação dos Activos do *Trust*

Neste breve tópico, veremos a incidência do Imposto de Ganhos de Capital, se durante a existência do *Trust* ocorrer a venda de um activo do *Trust* pelo *trustee*.

Por primeiro, se o *settlor* retém um controlo efectivo sobre os activos do *Trust*, ele continua sendo o responsável tributário por qualquer Ganho de Capital que surgir durante a existência do *Trust*. Por outro lado, quando tratar-se de um *Trust* irrevogável discricionário, por exemplo, o *settlor* não retém nenhum controlo sobre o *Trust* e não será, portanto, o responsável por tal imposto[776].

Neste caso, o beneficiário também não será o responsável tributário tendo em vista que o Imposto de Ganhos de Capital, na lei francesa, só pode ser arrecadado da pessoa que faz a disposição tributável. Assim, poderia ser cobrado tal imposto do *trustee,* que possui a propriedade aparente dos activos do *Trust*. Contudo, esse gasto do imposto deverá ser incluído nos gastos provenientes da administração do *Trust*[777].

---

[775] TIRARD, Jean-Marc. *The International Guide to the Taxation of Trusts – France.* Amsterdam: IBFD, 2006, p. 33.

[776] TIRARD, Jean-Marc. *The International Guide to the Taxation of Trusts – France.* Amsterdam: IBFD, 2006, p. 33.

[777] TIRARD, Jean-Marc. *The International Guide to the Taxation of Trusts – France.* Amsterdam: IBFD, 2006, p. 33.

230   *A Tributação dos Trusts*

b) Beneficiário que Recebe Direitos

A aquisição por um beneficiário de direitos provenientes do *Trust* não gera cobrança de tal imposto em França, visto que não é considerada como sendo uma transferência de valiosa consideração[778].

c) Término e Variação dos Direitos do Beneficiário

É de se lembrar, neste ponto, que o beneficiário apenas adquire uma propriedade do *Trust* quando o *trustee*, durante a existência do *Trust*, transfere imediatamente os activos para eles, ou no término do *Trust* com a distribuição dos activos para os beneficiários. Dessa forma, normalmente, o término do *Trust*, ou a variação dos direitos dos beneficiários, não geram cobrança do imposto[779].

Porém, a venda pelo beneficiário de um interesse na propriedade existente em França e pertencentes a um *Trust*, dá origem ao imposto em questão[780].

3.3. Na Extinção do *Trust*

a) Transferência de Activos do *Trust*

Conforme já mencionado, na legislação francesa, a transferência de activos existentes em França e pertencentes a um *Trust* para um beneficiário, não é um evento tributável na ausência de valiosa consideração. Por igual, não será cobrado o imposto caso os activos se revertam para o *settlor*[781].

---

[778] TIRARD, Jean-Marc. *The International Guide to the Taxation of Trusts – France.* Amsterdam: IBFD, 2006, p. 34.

[779] TIRARD, Jean-Marc. *The International Guide to the Taxation of Trusts – France.* Amsterdam: IBFD, 2006, p. 34

[780] TIRARD, Jean-Marc. *The International Guide to the Taxation of Trusts – France.* Amsterdam: IBFD, 2006, p. 34

[781] TIRARD, Jean-Marc. *The International Guide to the Taxation of Trusts – France.* Amsterdam: IBFD, 2006, p. 34.

4. Imposto de Renda

De início, a criação de um *Trust* não gera nenhuma renda e por isso não influência na aplicação do Imposto de Renda. Desde já, devemos mencionar que a extinção do *Trust*, apenas gera consequências para o Imposto de Renda se ela conduzir a distribuição de rendimentos não tributados previamente.

4.1. Na Existência do *Trust*

Quando ocorre uma transferência de uma propriedade à um *Trust*, geralmente a renda derivada dessa propriedade deixa de pertencer ao *settlor*, seja ele residente ou não em França. Dessa forma, é necessário determinar quem será tributado sobre essa renda. Aplicando-se os princípios gerais das leis fiscais francesas conclui-se que, a pessoa responsável pelo imposto é o possuidor dessa renda.

a) Renda Obtida pelos *Trustees*

Raramente, o *trustee* de um *Trust* estrangeiro, criado por pessoas singulares, é residente em França. Sendo residente, as autoridades fiscais francesas buscariam tributar o *trustee* sobre a renda do *Trust*, como se fosse dele, com base na teoria da propriedade aparente. Então, pelo menos no caso de *Trust* discricionário, a renda gerada pelo *trustee* seria tributável como se o *trustee* fosse o dono benéfico da propriedade do *Trust*[782].

No caso de um *trustee* não residente receber renda de fonte francesa, aplica-se aqui, novamente, a teoria da propriedade aparente, que permite as autoridades fiscais tributarem tal *trustee* como se ele fosse o dono, conforme as regras aplicadas às rendas recebidas por não residentes em França[783].

---

[782] TIRARD, Jean-Marc. *The International Guide to the Taxation of Trusts – France*. Amsterdam: IBFD, 2006, p. 44.

[783] TIRARD, Jean-Marc. *The International Guide to the Taxation of Trusts – France*. Amsterdam: IBFD, 2006, p. 44.

b) Distribuição da Renda para um Beneficiário

De acordo com uma das únicas providências existentes em França, em seu *Code General Des Impots*, que expressamente prevê casos de *Trust,* onde há uma distribuição por um *trustee* para um beneficiário, qualquer que seja a natureza dos activos do *Trust,* a sua distribuição será tratada como "distribuição de dividendos por uma companhia", para as finalidades do Imposto de Renda[784]. Nesses termos:

> *Art. 120.* «*Sont considérés comme revenus au sens du présent article:*
> *9º Les produits des "trusts" quelle que soit la consistance des biens composant ces trusts;*»

A aplicação deste princípio não põe dificuldades específicas no caso de *Trusts simples* (*fixed trust*), ou seja, *Trusts* que distribuem aos beneficiários todos os rendimentos progressivamente da sua recolha pelo *trustee.*

Em contrapartida, quando tratar-se de *Trust* discricionário, o *trustee* poderá acumular os rendimentos (às vezes durante um longo período – relembremos o tratamento Inglês), colher os rendimentos destes rendimentos, ou mesmo o agregar em todo ou em parte, ao capital. Neste caso, é necessária a existência de uma contabilidade rigorosa que permita não somente a distinção do capital e dos rendimentos (o que é obrigatório), mas, ainda, que consiga identificar claramente os rendimentos amealhados destes rendimentos[785].

Para TRIPET (1989) os produtos de um *Trust,* tal como foi visado pelo artigo 120, parágrafo 9°, são bens que têm a natureza de um rendimento e, dado que um *trustee* distribui rendimentos, pouco importa que tratem-se de rendimentos imobiliários, taxas, interesses ou dividendos. Portanto, tais rendimentos devem ser tratados como se fossem rendimentos de valores mobiliários[786].

---

[784] *Vide* artigo 120, paragrafo 9, do *Code General Des Impots.* FRANÇA. *Code General Des Impots.* Disponível em: http://www.legifrance.gouv.fr. Acesso em: 28.02.2007.

[785] TRIPET, François. *Trust Patrimoniaux Anglo-Saxons et Droit Fiscal Français.* Paris: Litec, 1989, p. 42.

[786] TRIPET, François. *Trust Patrimoniaux Anglo-Saxons et Droit Fiscal Français,* Paris: Litec, 1989, p. 44.

A Tributação dos Trusts no Reino Unido, na Itália e em França 233

Perceba-se, que isto conduz, na prática, em tratar o *Trust* como uma entidade fiscal separada para os propósitos do Imposto de Renda.

A corroborar com esse raciocínio, sobre a existência fiscal do *Trust* para as finalidades do Imposto de Renda, o autor ainda afirma que um *Trust* será considerado como um contribuinte distinto sempre que não sofrer claramente a influência do *settlor*, ou seja, que este último não conserve o poder de revogar o *Trust*, de controlar estreitamente a gestão do *trustee*, ou ser o único ou principal beneficiário[787].

Nesse passo, como contribuinte distinto, o *Trust* paga o imposto à razão dos rendimentos que o *trustee* recolhe, mas, quando realizada a sua distribuição aos beneficiários, estes se beneficiam de um crédito de imposto que corresponde ao imposto já suportado pelo *Trust*.

Dessa forma, a renda líquida recebida de um *Trust*, inclusive proveniente de Ganhos de Capital, é geralmente tributável nas alíquotas progressivas do Imposto de Renda nas mãos dos beneficiários residentes. Contudo, só quando eles efectivamente recebem uma distribuição de renda, é que possuem um crédito do imposto já pago pelos *trustees*.

Ressalta-se, que a legislação francesa não distingue renda de capital, por igual, não há nenhuma directriz para classificar a distribuição de um e de outro[788].

Em contrapartida, se a influência do *settlor* sobre o *Trust* continuar a existir, o *settlor* será considerado como se tivesse conservado a disposição dos bens do *Trust*. Nesta hipótese, o *Trust* será considerado como fiscalmente inexistente e a imposição dos rendimentos, levantados pelo *trustee*, far-se-á directamente entre as mãos do *settlor*[789].

Afinal, deve ser destacado, que o beneficiário deve ser obrigado ao pagamento, no ano em que um rendimento foi distribuído pelo *trustee*, ou seja, somente com a distribuição efectiva dos rendimentos

---

[787] TRIPET, François. *Trust Patrimoniaux Anglo-Saxons et Droit Fiscal Français.* Paris: Litec, 1989, p. 40.

[788] TIRARD, Jean-Marc. *The International Guide to the Taxation of Trusts – France.* Amsterdam: IBFD, 2006, p. 45.

[789] TRIPET, François. *Trust Patrimoniaux Anglo-Saxons et Droit Fiscal Français.* Paris: Litec, 1989, p. 40.

234   *A Tributação dos Trusts*

pelo *trustee*. Por outro lado, no caso de inexistência fiscal do *Trust*, o beneficiário será imposto ao abrigo do ano no curso do qual o *trustee* é creditado de um rendimento por conta do *Trust*[790].

c) Retenção do Imposto

A legislação francesa impõe que o Imposto de Renda seja retido na fonte em relação a certas categorias de rendas pagas a não residentes franceses. Não existe um conceito específico para rendas pagas por um *trustee*. Porém, o imposto será retido na fonte pelo *trustee* nos seguintes casos: dividendos de companhias francesas; rendas de propriedades situadas em França.

Na hipótese do *trustee* residir em um país que possui tratado de imposto com a França, e esse tratado é aplicável, o imposto retido na fonte será em consonância com as alíquotas estabelecidas em tal tratado[791].

5. Imposto de Solidariedade sobre a Fortuna (ISF)

O ISF (*impôt de solidarité sur la fortuna*) é um imposto anual, pago por indivíduos cuja riqueza privada, depois da dedução de dívidas, exceda uma determinada quantia fixada no dia 1º de Janeiro de cada ano.

Dessa forma, o ISF recai sobre os bens, direitos ou valores passíveis de imposto que pertencem ao contribuinte, ou no caso dele deter um direito de usufruto, uso ou de habitação[792].

A mera criação do *Trust* não gera cobrança do ISF. Por igual, a extinção do *Trust* não requer nenhuma consequência do imposto para o *settlor*, *trustee* ou beneficiário.

A fim de identificar o contribuinte do ISF, TRIPET (1989) destaca que convém definir *"l'appartenance"*, termo utilizado pelo legislador

---

[790] TRIPET, François. *Trust Patrimoniaux Anglo-Saxons et Droit Fiscal Français*, Paris: Litec, 1989, p. 45.

[791] TIRARD, Jean-Marc. *The International Guide to the Taxation of Trusts – France*. Amsterdam: IBFD, 2006, p. 45.

[792] TRIPET, François. *Trust Patrimoniaux Anglo-Saxons et Droit Fiscal Français*. Paris: Litec, 1989, p. 31.

no artigo 3º da Lei de 31 de Dezembro de 1981 que institui o ISF, que não se refere apenas ao sucessor.

O autor salienta que o termo *"l'appartenance"* abrange as propriedades referidas nos artigos 543 e seguintes do Código Civil, e também a "posse" visada no artigo 2.228 do Código Civil[793].

Desta forma, conforme artigo 544 do Código Civil, *in verbis*:

> *"La propriété est le droit de jouir et disposer des choses de la manière la plus absolue, pourvu qu'on n'en fasse pas un usage prohibé par les lois ou par les règlements"*[794].

Em frente ao instituto do *Trust*, é juridicamente incontestável que nem o *settlor*, nem o *trustee*, nem os beneficiários exercem sobre os bens transferidos em *Trust* um direito de propriedade no sentido do referido artigo.

Em contrapartida, parece lógico afirmar que em relação ao conceito de "posse", o *settlor* ou os beneficiários podem, alternadamente e de acordo com as estipulações do acto constitutivo do *Trust*, ser qualificados de proprietários dos bens transferidos em *Trust*, ou proprietários de direitos sobre os bens transferidos em *Trust*.

5.1. Na Existência do *Trust*

a) *Settlor*

Como já abordado anteriormente, as autoridades fiscais francesas tendem a desconsiderar os *Trusts* revogáveis para fins fiscais. Neste passo, provavelmente no caso de um *Trust* revogável, o *settlor* continua sendo o responsável tributário sobre o ISF. Porém, se o *Trust* tornar-se irrevogável, o *settlor* finalmente fica totalmente privado da propriedade do *Trust* e somente será responsabilizado se, perante as autoridades fiscais, ele ainda possuir uma propriedade aparente[795].

---

[793] FRANÇA. *Code Cível*. Disponível em: http://www.legifrance.gouv.fr. Acesso em: 28.02.2007.

[794] FRANÇA. *Code Cível*.Disponível em: http://www.legifrance.gouv.fr. Acesso em: 26.03.2006.

[795] TIRARD, Jean-Marc. *The International Guide to the Taxation of Trusts* – France. Paris: IBFD, 2006, p. 51. Cfr. TRIPET, François. *Trust Patrimoniaux Anglo-Saxons et Droit Fiscal Français*. Paris: Litec, 1989, p. 39.

b) *Trustee*

Essa preocupação de responsabilidade fiscal do *trustee* sobre o ISF só surge em relação aos *trustees* individuais, tendo em vista que tal imposto não incide sobre as corporações. Apesar do *trustee* individual não ser "o dono" dos activos do *Trust* e nem usufruir de forma vantajosa deles, as autoridades fiscais da França podem considerar que ele seja o responsável pelo imposto, com base na doutrina da propriedade aparente. Contudo, como na maioria dos casos existentes em França, o *trustee* não é residente, apenas as propriedades situadas em França estarão sujeitas ao ISF[796].

c) Beneficiários

O artigo 885 do *Code General Des Impots* prevê que, para os propósitos do ISF, as propriedades em usufruto deverão ser incluídas na propriedade do usufrutuário.

A aplicação do artigo vai depender do tipo de *Trust*. No caso de um *Trust* de acumulação ou discricionário, obviamente não se aplicará. De facto, é difícil visualiar as razões legais para responsabilizar, pelo ISF, o beneficiário de um *Trust*, que só tem a expectativa de receber um pagamento quando o *Trust* é extinto e, ainda, contanto que ele esteja vivo naquele momento[797].

Por outro lado, em um caso de *Trust* com interesse fixo ou discricionário, com distribuições periódicas de renda, na prática, deveriam as autoridades fiscais calcular um valor capitalizado da renda recebida pelos beneficiários, de acordo com o traçado na tabela de cálculos[798].

---

[796] TIRARD, Jean-Marc. *The International Guide to the Taxation of Trusts – France*. Amsterdam: IBFD, 2006, p. 51.

[797] Segundo TIRARD (2006) essa análise já foi confirmada em um caso em França - TGI Nanterre, 4 de Maio de 2004. TIRARD, Jean-Marc. *The International Guide to the Taxation of Trusts – France*. Amsterdam: IBFD, 2006, p. 51.

[798] TIRARD, Jean-Marc. *The International Guide to the Taxation of Trusts – France*. Amsterdam: IBFD, 2006, p. 51.

6. Residência Fiscal do *Trust*

A abordagem jurídica apoia-se sobre a jurisprudência francesa que tende a assimilar que a residência de um *Trust* será aquela definida no *trust instrument*[799].

Como sabemos, o artigo 7° da Convenção da Haia[800] sobre o Direito aplicável aos *Trusts* e o seu reconhecimento, dispõe que um *Trust* se regulará pela lei a que está mais estreitamente vinculado. Para este fim, será levado em conta:

a) O lugar da administração do *Trust* designado pelo constituinte (*settlor*);

b) O lugar onde se encontrem os bens do *Trust*;

c) O lugar onde o *trustee* resida ou exerça suas actividades;

d) O lugar dos objectivos do *Trust* e os lugares onde se devam cumprir.

PARTE III
A TRIBUTAÇÃO DOS *TRUSTS*
EM PORTUGAL

A terceira parte de nosso trabalho, e o objectivo principal deste, é tratar do desafio de cuidar da convergência e interacção de duas áreas complexas e interessantes: os *Trusts* e a tributação em Portugal.

Para atingirmos este ponto de controvérsia, passamos por um basilar estudo dos aspectos estruturais do *Trust,* incluindo o seu conceito, constituição, características essenciais e administração[801].

---

[799] Complementarmente, dedicaremos algumas palavras sobre a Aplicação das Convenções Fiscais Internacionais. Nesse sentido, os rendimentos provenientes de Países terceiros, não signatários de Convenções com a França, podem ter consequências fiscais particularmente severas: assim, por exemplo, um rendimento imobiliário norte-americano (isento em França por aplicação da Convenção franco-americana) que transita por um *Trust* residente das Antilhas holandesas torna-se plenamente passível de imposto na França, sem consideração do imposto já suportado nos Estados Unidos. Passa-se assim directamente da isenção à dupla imposição. Por um outro lado, se o *Trust* for residente de um país convencionado à França, e que tem rendimentos de fonte francesa - se distribuídos a um beneficiário residente de um país não ligado à França por uma Convenção fiscal - a França deverá aplicar as vantagens da Convenção que a vinculam com o país de residência do *Trust.* A aplicação dessas vantagens dependerá da demonstração pelo beneficiário, do pagamento do imposto no seu país de residência sobre os rendimentos que a ele foram distribuídos pelo *trustee.* TRIPET, François. *Trust Patrimoniaux Anglo-Saxons et Droit Fiscal Français.* Paris: Litec, 1989, p. 48-49.

[800] Sobre a Convenção e sua adaptação *vide* DYER, Adair. *International Recognition and Adaptation of Trusts: The Influence of the Hague Convention.* Vanderbilt Journal of Transnational Law, Vol. 32, 1999.

[801] Inicialmente, a transposição do *Trust* ao Direito interno português, *in casu,* revelava-se extremamente complexa, pois não se tratava de alterar alguns dispositivos legais, mas, sim, de introduzir uma instituição totalmente nova e quase desconhecida dos juristas. Além disso, outra dificuldade residia no facto de o *Trust* ser susceptível de possibilitar uma duplicação com noções preexistentes no Direito português. Ademais, as regras do *Trust,* por vezes, pareciam incompatíveis com alguns princípios do Direito lusitano. Contudo, como já nos referimos, um importante, inovador e esclarecedor estudo realizado por LEITE DE CAMPOS e VAZ TOMÉ (1999) tornou a consagração dos *Trusts* em Portugal como possível, e demonstrou as vantagens da aproximação ao instituto nos planos jurídico e económico. Em alinhamento, de facto, o maior benefício do reconhecimento dos *Trusts* é a possibilidade das autoridades estabelecerem regras que facilitem a sua tributação. LEITE DE CAMPOS, Diogo; VAZ TOMÉ, Maria João. *A Propriedade Fiduciária (Trust), Estudo para a sua Consagração*

242 — *A Tributação dos Trusts*

Em prosseguimento, por fundamental a este tópico, analisamos os principais aspectos do *Trust* e de sua tributação em alguns países da União Europeia em que o instituto é admitido.

A esse respeito é de particular importância dizer que a escolha dos países não foi aleatória. Tivemos, como propósito, principiar pelo Reino Unido, que concentra a maior, a mais antiga, bem como a mais consistente utilização do instituto dos *Trusts* na União Europeia.

Depois, importante estudo se fez da utilização do *Trust* na Itália, que, após ratificar a Convenção de Haia sobre o Direito Aplicável aos *Trusts* e o seu Reconhecimento, de 1985, vem comportando progressiva inovação, em seu sistema de Direito Tributário.

Finalmente, a França, que embora não tenha ratificado a Convenção de Haia, aprovou a Lei da *Fiducie*, passo essencial para o breve e natural reconhecimento do *Trust*.

Neste passo, como discorre LEITE DE CAMPOS (2006)[802] *"ao longo de toda a história do Direito europeu tem havido um fenómeno de imitação entre os diversos ordenamentos jurídicos"*. Para o autor, *"a melhor técnica jurídica, os institutos mais aperfeiçoados em termos de justiça e de eficácia tem vindo, desde há séculos, a ser transpostos para outros ordenamentos jurídicos"*.

A partir daí, tem-se a ideia da utilização pela França e Itália da larga experiência do Direito Inglês no tema. Neste diapasão, procuraremos seguir as experiências positivas destes países para melhor amparar nossa análise portuguesa no assunto.

Pois bem, após tais estudos nos dedicaremos em alguns dos pontos principais que podem ser vislumbrados em relação à tributação dos *Trusts* em Portugal.

Devemos ressaltar, para tal, que um sistema impositivo deve sempre ter em conta as especificidades concretas do instituto. Portanto, ponderando a extensa variedade de *Trusts* que podem existir

---

no Direito Português. Coimbra: Almedina, 1999. Sobre este ponto já dizia LUPOI sobre o *Trust* na Itália que *"One of the most relevant consequences of all this is that Italy, without any tax rule on trust, is at present a tax haven in trust matters"*. LUPOI, Maurizio. *Italy: independent approach to trusts in a Civil Law country*. Trusts & Trustees, Gostick Hall, Gostick Hall, Volume 9, Issue 6, 2003

[802] LEITE DE CAMPOS, Diogo. *O Sistema Tributário no Estado dos Cidadãos*. Coimbra: Almedina, 2006, p. 25.

diante do interesse dos beneficiários, e dos direitos e deveres dos *trustees* que podem diferir amplamente, não é possível estabelecer qualquer regra geral aplicável a todos os tipos de *Trusts*. Assim, nesta parte, devemos individualizar as suas características específicas, e evidenciar os momentos fiscalmente relevantes.

A partir daí nos dedicaremos à verificação das possíveis hipóteses de incidência tributária do instituto, bem como a identificação do eventual sujeito passivo da relação jurídica em *Trust*.

Desta forma, procuraremos através deste estudo, *concessa venia,* contribuir com vistas à aproximação e à futura criação de um sistema fiscal ao instituto do *Trust*. Tudo, pois, em um carácter construtivo, e humildemente sugestivo.

CAPITULO I
Sujeito Passivo

1. Análise Tributária dos Sujeitos do *Trust*

Um dos maiores desafios em identificar o sujeito passivo[803] do *Trust* encontra-se na tipologia do instituto, que é totalmente múltipla. Assim, procuraremos individualizar cada solução em relação às diferentes situações existentes em *Trust*.

Outra suposta dificuldade seria a existência da fragmentação da propriedade. Surge, com o *Trust*, um novo Direito real de propriedade, onde o *trustee* e o beneficiário figuram como proprietários da massa patrimonial do *Trust*[804].

Sendo assim, o núcleo do *Trust* reside nesta ideia: enquanto um sujeito possui juridicamente o bem, o outro o possui sob o aspecto económico.

Notável peculiaridade do *Trust*, então, é que sua validade depende da efectiva transferência dos bens ou direitos do *settlor* para o *trustee*. O *trustee* é titular de dois patrimónios, o seu e aquele constituído em *Trust*. Por outro lado, deverá gerir este último em proveito do beneficiário.

---

[803] LEITE DE CAMPOS D. (2001) e LEITE DE CAMPOS M. (2001): *"O sujeito passivo propriamente dito é aquele que é titular da capacidade contributiva, do rendimento ou da riqueza sobre que incide o imposto. Contudo, outros sujeitos há, também obrigados a prestar o imposto, mas que não são titulares do rendimento ou da riqueza. Embora estejam, naturalmente numa certa posição em relação a esta, ou perante o sujeito passivo propriamente dito".* LEITE DE CAMPOS, Diogo; LEITE DE CAMPOS, Mônica. *Direito Tributário.* 2° Edição. Belo Horizonte: Del Rey, 2001, p. 269.

[804] Nesse passo, importante novamente ressaltar, que no *Trust*, o *trustee* e o beneficiário são titulares de faculdades distintas sobre os mesmos bens, onde o *trustee* tem o Direito e a obrigação de administrar e dispor dos bens (se necessário) e o beneficiário têm certas faculdades de gozo e fruição dos bens e Direitos em *Trust*.

246 *A Tributação dos Trusts*

Portanto, devemo-nos pautar pela cautela ao considerarmos a sujeição passiva, ou não, de cada ente da relação em *Trust*.

Neste ponto, para nossa análise fiscal, a tipologia do *Trust*, basicamente, leva em conta três aspectos da instituição do *Trust* em cada suposto facto: o carácter revogável e irrevogável do *Trust*; os direitos concretos dos beneficiários e a própria determinação de cada momento destes e os poderes discricionários designados ao *trustee*.

Com efeito, situam-se no elenco dos possíveis sujeitos passivos da relação em *Trust*: o *settlor*, o *trustee*, o beneficiário e o próprio *Trust*.

2. *Settlor*

Desde já, então, devem ser evidenciados os pontos concernentes à sujeição passiva do *settlor*.

Ante o até aqui examinado, perceba-se que poderá o *settlor* manifestar ou não capacidade contributiva referente à *trust property*.

Como observamos na Parte I de nosso trabalho, o *Trust inter vivos* é criado para gerar efeitos durante a vida do *settlor*[805]. Tais *Trusts* permitem que o *settlor* designe um *trustee* para fornecer uma gerência profissional do seu património, para seu próprio benefício ou para o benefício de terceiros. Ainda, poderá o *settlor*, na constituição de um *Trust inter vivos*, pretender ser também o *trustee* e, de certa forma, continuar no controlo de seus bens.

O *settlor* poderá, ainda, continuar na relação jurídica do *Trust* quando ele reservar para si, no *trust instrument*, direitos de revogação ou de modificação das cláusulas do *Trust*, não ocorrendo, assim, uma renúncia efectiva dos bens ou direitos transferidos ao *Trust*.

Por exemplo, poderá o *settlor* reservar-se de poderes de revogação, substituição ou exclusão de beneficiários, substituição ou exclusão de bens ou direitos que formam a *trust property*. No mesmo passo, poderá ser o *settlor* um dos beneficiários ou o único beneficiário de todo o rendimento ou do capital final do *Trust*. Enfim, diversas cláusulas podem ser elaboradas em consonância com a vontade do *settlor*.

---

[805] REUTLINGER, Mark. *Wills, Trusts, and Estates, Essencial Terms and Concepts*. Second Edition, New York: Aspen Publishers, 1998, p. 149.

A *Tributação dos Trusts em Portugal*

Por tais motivos, consideramos que, em virtude destes poderes, poderá o *settlor* comportar-se como proprietário em relação aos bens postos em *Trust,* e normalmente manifestar capacidade contributiva em relação à *trust property*.

Logo, concluímos que nos casos onde <u>não ocorra uma renúncia efectiva</u> dos bens ou direitos transferidos ao *Trust,* o *settlor* normalmente será o sujeito passivo em relação ao *Trust* na transmissão do acervo, após a qual sobrevém a neutralidade fiscal.

Por outro lado, pode o *settlor* constituir um *Trust* irrevogável e não reter faculdade nenhuma sobre a *trust property,* nem sobre a administração dos mesmos. Neste caso, uma vez manifestada a vontade de constituir o *Trust* e transmitida a titularidade dos bens ou direitos ao *trustee,* o *settlor* desaparece, como tal, da relação jurídica, ficando apenas o registo de sua posição de antigo titular dos bens ou direitos transmitidos.

Dito isso, entendemos que ocorre a <u>renúncia efectiva</u> dos bens quando o *settlor* não tem mais nenhum poder ou relação com os bens ou direitos transferidos para o *Trust*. Neste sentido, não poderá o *settlor* pagar imposto nem declarar bens que não mais lhe pertencem.

Neste passo, conclui-se que a <u>renúncia efectiva</u> sobre os bens postos em *Trust* acarreta a exclusão definitiva do *settlor* como sujeito passivo de qualquer imposto sobre a *trust property*.

Por último, vale mencionar que o <u>*Trust* testamentário</u> já é naturalmente revogável até a morte do *settlor*. Neste caso o *Trust* só terá início após a morte do *settlor,* não alterando a sua posição de sujeito passivo até então.

3. *Trustee*

Nesta sede, agora, de possível enquadramento do *trustee* como sujeito passivo, devemos considerar que, apesar do *trustee* ser o real titular da *trust property,* ele não usufrui suas utilidades, ou melhor, não desfruta das vantagens económicas que esta situação lhe conferiria no direito clássico: gozar da coisa, sem qualquer limitação e com exclusividade. Isto porque a observância do acto constitutivo do *Trust* com os devidos interesses económicos do beneficiário, impõe limites ao *trustee* que devem ser obrigatoriamente observados.

O *trustee* não pode dispor dos rendimentos oriundos do *Trust*, apenas deverá agir segundo as indicações do *settlor* contidas no acto constitutivo do *Trust*. Em realidade, tal rendimento nunca fará parte de seu património e nem pode utilizar-se dos bens do *Trust*, de maneira que a imposição do imposto ao *trustee* não é correlata com a sua capacidade contributiva[806].

De facto, o *Trust* confere ao *trustee* apenas uma propriedade aparente, não tendo ele capacidade contributiva sobre os bens em *Trust*[807].

Poderá, obviamente, o *trustee* ser sujeito passivo se ele for um dos beneficiários do *Trust*.

Não obstante o que acabamos de discorrer, devemos observar que o *trustee*, por sua própria qualidade, encontra-se efectivamente em uma posição jurídica perante o rendimento, a riqueza ou o sujeito passivo propriamente dito[808].

Desta forma, poderá o *trustee*, em nosso entendimento, ser o responsável pelo cumprimento das obrigações principais e/ou acessórias do sujeito passivo, em virtude de razões de conveniência, de eficácia e de segurança do pagamento do imposto. Nesse sentido, poderíamos considerar a substituição tributária.

A esse propósito, Leite de Campos D (2001) e Leite de Campos M (2001) consideram que a substituição tributária pode não derivar de uma capacidade contributiva, mas unicamente de razões de técnica tributária. O substituto, embora sendo devedor em nome próprio, não é o titular da capacidade contributiva e, por isso, o ordenamento jurídico português estabelece certos pressupostos para a sua responsabilidade, particularmente um sistema de retenção ou um direito de regresso[809].

---

[806] Nestes termos, o artigo 4º da Lei Geral Tributária, *in verbis*: *"Os impostos assentam essencialmente na capacidade contributiva, revelada, nos termos da lei, através do rendimento ou da sua utilização e do património"*. PORTUGAL. *Lei Geral Tributária*. Disponível em: http://www.dgci.min-financas.pt.

[807] Com sua propriedade aparente, o *trustee* actua em nome próprio frente a terceiros.

[808] Leite de Campos, Diogo; Leite de Campos, Mônica. *Direito Tributário*. 2º Edição. Belo Horizonte: Del Rey, 2001, p. 270.

[809] Leite de Campos, Diogo; Leite de Campos, Mônica. *Direito Tributário*. 2º Edição. Belo Horizonte: Del Rey, 2001, p. 406.

Por isso, parece-nos que, em relação ao *trustee*, poderá haver a substituição total ou a substituição parcial conforme o tipo de *Trust*[810].

Em ambos os casos deve o *trustee* reembolsar-se previamente dos montantes a entregar ao Estado.

No caso do *trustee* não ter procedido à retenção, ele será o responsável originário e o beneficiário (contribuinte) será o responsável subsidiário pelo pagamento das importâncias que deveriam ter sido retidas e não foram.

4. Beneficiário

Neste ponto, discorreremos sobre a possibilidade do beneficiário ser sujeito passivo da relação em *Trust*.

Com efeito, a sujeição passiva do beneficiário ocorrerá tendo em conta as múltiplas especificidades que podem ocorrer em um *Trust*, para que não se tributem situações que não revelem capacidade contributiva. Para tanto, deve ser analisada cada situação específica em concreto para determinar se o beneficiário possui ou não capacidade contributiva sobre a *trust property* (rendimentos, riqueza).

De facto, o carácter revogável e irrevogável do *Trust*; os Direitos reais dos beneficiários e a própria determinação de cada momento destes e, ainda, os poderes discricionários designados ao *trustee*, são factores determinantes da sujeição passiva do beneficiário.

Parece-nos que, nos casos de renúncia efectiva dos bens por parte do *settlor*, o beneficiário seria, normalmente, o verdadeiro sujeito passivo tributário, pois é ele quem recebe a vantagem económica dos bens ou direitos em *Trust*.

Contudo, como é sabido, existem situações em que, apesar de haver renúncia efectiva dos bens ou direitos por parte do *settlor*, o beneficiário, ainda assim, não terá capacidade contributiva imediata

---

[810] A esse respeito, CASALTA NABAIS (2006) discorre que a substituição total abrange a obrigação do imposto e a generalidade das obrigações fiscais acessórias, o que acontece no caso de retenção na fonte com carácter definitivo do imposto. Enquanto a substituição parcial, ocorre quando o *"trustee"*, *in casu*, tiver que cumprir a generalidade ou algumas das obrigações fiscais acessórias. CASALTA NABAIS, José. *Direito Fiscal*. 4º Edição. Coimbra: Almedina, 2006, p. 275.

250 A Tributação dos Trusts

sobre tais bens ou direitos (rendimentos, riqueza). Devemos fazer, assim, algumas observações muito breves a este propósito.

O *Trust* Irrevogável poderá ser *Fixed* ou *Discretionary*.

Neste ponto, novamente devemos mencionar, que em um *Discretionary Trust* nenhum beneficiário específico é designado pelo *settlor*. Da mesma forma, os beneficiários não são nomeados a nenhum benefício, inclusive a qualquer direito que baste para sua sustentação[811].

Dessa forma, o *settlor* designa o *trustee* para definir o beneficiário entre os apontados por ele no *trust instrument*. Ainda, o *trustee* no uso de sua discrição, decide exactamente o quanto, se algum, da renda, capital ou ambos, será usado para o beneficio dos beneficiários[812].

Logo, em consequência do *trustee* ter, por vezes, uma discrição ampla para seleccionar somente alguns dos possíveis beneficiários significa, é claro, que alguns não vão receber nenhum dinheiro, e que, no caso, não serão realmente beneficiários do *Trust*. De facto, os possíveis beneficiários apenas têm uma expectativa em receber algum benefício do *Trust*[813].

Nesse passo, fica claro que o beneficiário só será sujeito passivo dos impostos referentes aos bens ou direitos directamente a ele atribuídos.

Em um *Discretionary Trust* o *trustee* poderá, ainda, acumular no capital do *Trust*, parte ou toda renda adquirida e não distribuída.

---

[811] MENNEL, L. Robert. *Wills and Trusts in a Nutshell*. Second Edition, Minnesota: West Group, 2004,p. 253.

[812] PENNER, J. E., *The Law of Trusts*. Fifth Edition, Londres: Oxford University Press, 2006, p. 50; MENNEL, L. Robert. *Wills and Trusts in a Nutshell*. Second Edition, Minnesota: West Group, 2004, p. 253.

[813] Como vimos, em um *Discretionary Trust* nenhum indivíduo que está na classe de possíveis beneficiários, isto é, entre os quais o *trustee* pode exercer sua discrição, tem direito "individual" na *trust property*. Assim ocorre, até o momento em que o *trustee* realmente exercite sua discrição e declare que "tal" parte ou quantidade irão para àquele indivíduo Porém, o facto do *trustee* ter um poder discricionário não significa que ele pode agir como quiser. Obviamente, ele tem a obrigação de realizar seu poder sob os termos do *Trust*, e consequentemente, distribuir a *trust property*. PENNER, J. E., *The Law of Trusts*. Fifth Edition, Londres: Oxford University Press, 2006, p. 50.

A Tributação dos Trusts em Portugal   251

Poderá o beneficiário possuir apenas direitos futuros ou contingentes, e assim, não pode ser ele onerado sobre um património que não usufrui directa nem indirectamente. Com efeito, ele só será sujeito passivo quando manifestar alguma capacidade contributiva em relação ao rendimento ou ao capital em *Trust*.

Quer isso dizer, que a responsabilidade tributária dos beneficiários de um *Trust* dependerá, e muito, da designação de poderes discricionários ao *trustee*, tendo sempre em vista a sua Capacidade Contributiva.

Já no âmbito dos *Fixed Trust* (ou estrito ou *mandatory*), o beneficiário tem um actual direito fixo sobre parte averiguável da renda líquida. Tal renda será repassada ao beneficiário após a dedução das despesas pagas pelo *trustee* no exercício de seu poder de administração e gerência[814].

Com efeito, e como já reiteradamente abordado (Parte I), os direitos equitativos dos beneficiários encontram-se predefinidos no acto constitutivo do *Trust*[815]. Dessa forma, o beneficiário já sabe de antemão a parte da *trust property* que certamente lhe pertence.

Acrescente-se, que o único beneficiário de um *Fixed Trust* que possui direitos absolutos e exigíveis sobre todo o rendimento do *Trust*, não importando se a renda é distribuída ou é aplicada para o benefício dele, são considerados com capacidade contributiva em relação a *trust property*.

Entretanto, isto não significa que todos os beneficiários de um *Fixed Trust* receberão um actual valor pecuniário. Insta relembrar, aqui, que um beneficiário pode ter sido designado para a renda da *trust property* enquanto que um outro beneficiário é designado para o capital (*legal title*) em um momento futuro. O segundo beneficiário sabe que tem um direito sobre a *trust property*, porém não é um direito actual[816].

Portanto, o beneficiário designado para os rendimentos, não será sujeito passivo sobre o capital do *Trust*. Na mesma linha de raciocínio,

---

[814] HAYTON, D.J., *The Law of Trusts*. London: Sweet e Maxwell, 1998, p. 46.

[815] LEITE DE CAMPOS, Diogo; VAZ TOMÉ, Maria João. *A Propriedade Fiduciária (Trust), Estudo para a sua Consagração no Direito Português*. Coimbra: Almedina, 1999, p. 58.

[816] PENNER, J. E., *The Law of Trusts*. Fifth Edition, Londres: Oxford University Press, 2006, p. 50.

o beneficiário do capital do *Trust*, não será sujeito passivo quanto aos rendimentos levantados no *Trust*[817].

Isso importa, substancialmente, para determinar o momento em que devem ser lançados, liquidados e cobrados determinados impostos incidentes sobre os beneficiários que não possuem um direito actual sobre a propriedade do *Trust* e, portanto, não têm Capacidade Contributiva de imediato sobre tal património.

5. *Trust* – Existência Fiscal Distinta

A esse respeito, é de começar por dizer que os bens do *Trust* formam um património separado e não fazem parte do património do *trustee*. Deste modo, o *Trust* poderia ser visto com personalidade jurídica fiscal, titular dos bens ou direitos constituídos em *Trust* e com capacidade económica[818].

Nesse sentido, considerando as múltiplas especificidades existentes no *Trust*, avaliamos a possibilidade do *Trust* ser considerado sujeito passivo distinto em certas situações.

Ora, como é fácil de ver, o *Trust* é uma instituição de Direito anglo-saxão e dificilmente se encaixa nas figuras das entidades existente na *Civil Law*. Tais figuras, são consideradas inadequadas para a consecução das funções jurídicas e económicas exercidas pelo *Trust*, que se aproxima de uma figura de património separado e, portanto, deve ser visto como um novo instrumento jurídico a ser adoptado.

---

[817] Em complemento, recordamos neste ponto, que o capital do *Trust* é o património constituído em *Trust* pelo *settlor*, assim como as quantias percebidas pela alienação dos bens ou direitos que o integram (os produtos da venda dos bens fazem parte do principal). Já o rendimento do *Trust*, é o proveito patrimonial decorrente da utilização produtiva do capital (rendas, juros, dividendos).

[818] LEITE DE CAMPOS, Diogo; VAZ TOMÉ, Maria João. *A Propriedade Fiduciária (Trust), Estudo para a sua Consagração no Direito Português*. Coimbra: Almedina, 1999, p. 265. Nesse sentido, LEITE DE CAMPOS D (2001) e LEITE DE CAMPOS M (2001) consideram que, *in verbis*: *"A personalidade jurídica será, assim, uma personalidade jurídica tributária, independente em princípio, e de facto coincidente, coma personalidade jurídica prevista na lei civil. Será uma personalidade jurídica, como "personificação" da capacidade económica, da capacidade contributiva, e não como ("natural") "personificação" de que é pessoa"*. LEITE DE CAMPOS, Diogo; LEITE DE CAMPOS, Mônica. *Direito Tributário*. 2º Edição. Belo Horizonte: Del Rey, 2001, p.273.

A Tributação dos Trusts em Portugal 253

Com efeito, conforme o artigo 2° da Convenção de Haia sobre o Direito Aplicável aos *Trusts* e o seu Reconhecimento, os bens ou direitos do *Trust* <u>constituem um fundo separado</u>[819].

Por isso, tendo em conta que os termos do artigo 18° da LGT prevê em possibilidade do <u>património autónomo</u> ser considerado como sujeito passivo da obrigação Tributária[820], parece-nos coerente, então, conferir ao *Trust* sujeição passiva em determinadas situações.

De destacar é, a este propósito, que segundo LEITE DE CAMPOS D (2001) e LEITE DE CAMPOS M (2001) quando o legislador determina que um determinado património é sujeito passivo, significa que os sujeitos passivos são aquelas pessoas que estão vinculadas a esse património[821].

Logo, é necessário ter alguma cautela ao conferir sujeição passiva ao *Trust*, e analisar o caso em concreto[822]. Ao nosso ver, o *Trust* terá capacidade contributiva nos casos onde não for possível considerar o *settlor*, nem o beneficiário, com <u>titularidade e disponibilidade imediata de rendimento ou da riqueza</u>, e, portanto, sem capacidade económica para arcar com o ónus do imposto.

Nesse quadro, o *Trust* terá capacidade contributiva sobre o capital em *Trust* e sobre os rendimentos levantados pelo *trustee* e não

---

[819] Article 2 – *"For the purposes of this Convention, the term "trust" refers to the legal relationships created – inter vivos or on death – by a person, the settlor, when assets have been placed under the control of a trustee for the benefit of a beneficiary or for a specified purpose. A trust has the following characteristics – a) the assets constitute a separate fund and are not a part of the trustee's own estate; (...)"*. HCCH. *Convention on the Law Applicable to Trusts and on their Recognition*. Disponível em: http://hcch.e-vision.nl/index_en.php?act=conventions.text&cid=59. Acesso em 13.03.2006.

[820] Artigo 18.° – Sujeitos – *"3 – O sujeito passivo é a pessoa singular ou colectiva, o património ou a organização de facto ou de direito que, nos termos da lei, está vinculado ao cumprimento da prestação tributária, seja como contribuinte directo, substituto ou responsável"*. PORTUGAL. *Lei Geral Tributária*. Disponível em: http://www.dgci.min-financas.pt.

[821] LEITE DE CAMPOS, Diogo; LEITE DE CAMPOS, Mônica. *Direito Tributário*. 2° Edição. Belo Horizonte: Del Rey, 2001, p. 368.

[822] A este respeito, é importante novamente indicar, que segundo TRIPET (1989) um *Trust* será considerado como um contribuinte distinto sempre que não sofrer claramente a influência do *settlor*, ou seja, que este último não conservar o poder de revogar o *Trust*, de controlar estreitamente a gestão do *trustee*, ou o ser o único ou principal beneficiário. Uma posição que colhe a nossa adesão. TRIPET, François. *Trust Patrimoniaux Anglo-Saxons et Droit Fiscal Français*. Paris: Litec, 1989, p. 40.

distribuídos, ou seja, acumulados ao capital do *Trust*. Para tanto, consideramos os casos a seguir explanados:

a) O *Trust* será considerado sujeito passivo quando for irrevogável, houver renúncia efectiva dos bens ou direitos e ao *trustee* for conferido poderes discricionários. Logo, aqui o *settlor* não tem mais nenhuma relação com os bens ou direitos postos em *Trust*, sendo considerado como ex-proprietário. Por sua vez, os beneficiários não foram "individualizados" e não possuem direitos concretos sobre a renda nem sobre o capital do *Trust*. Pelo uso desta solução, o *"Corpus do Trust Fund"* deverá suportar a carga tributária.

b) O *Trust* não será considerado um contribuinte distinto nos casos de *Trust* revogável ou de *Trust* irrevogável sem renúncia efectiva do *settlor* ou ainda, nos casos de *Fixed Trust*[823]. Conforme o caso, poderíamos considerar aqui, o *settlor* ou o beneficiário com capacidade contributiva e susceptíveis de suportar a carga tributária imposta.

---

[823] Neste caso, o beneficiário poderá controlar estreitamente a gestão do *trustee* ou ser o único ou principal beneficiário do *Trust*, podendo exigir todo rendimento levando no *Trust*.

CAPÍTULO II

As Hipóteses de Incidência Tributária no *Trust*

Depois de termos discorrido sobre a sujeição passiva dos sujeitos do *Trust*, é hora agora de analisarmos as possíveis hipóteses de incidência tributária e a responsabilidade tributária, em concreto, de cada sujeito envolvido na relação em *Trust*.

O exame do presente Capítulo visa a destacar os impostos que incidem na constituição, duração e extinção de um *Express Trust*.

Como sabemos, os *Express Trust* podem ser criados para gerar efeitos durante a vida do *settlor* ou após a sua morte, pode ser privado ou *charitable*, revogável ou irrevogável, *fixed* ou discricionário.

Perceba-se, também e por fundamental, que podem ser estabelecidas no acto de sua constituição combinações de acordo com a vontade do *settlor*. Logo, a tributação deve ser planeada considerando cada tipo específico de *Trust*.

Assim, após o exame dos Aspectos Tributários do *Trust* no Reino Unido[824], na Itália e em França, notamos que as hipóteses de incidência tributária no *Trust* podem ser delineadas distinguindo-se momentos fundamentais da vida do *Express Trust*:

- A constituição do *Trust* com a transferência dos bens ou direitos do *settlor* ao *trustee*;
- Os rendimentos produzidos pela *trust property* e acumulados pelo *trustee* durante a existência do *Trust*; a distribuição dos

---

[824] Lembramos que no Reino Unido, as regras da tributação dos *Trusts* variam de acordo com o tipo de *Trust*, que são divididos em quatro amplas categorias principais para propósitos tributários: *Bare Trusts, Interest in Possession Trusts, Discretionary Trusts* e *Accumulation and Maintenance Trusts*.

rendimentos ou do capital do *Trust* aos beneficiários durante a existência do *Trust*;

– A Extinção do *Trust* e a consequente distribuição da *trust property* aos beneficiários.

Nesse sentido, então, veremos nas etapas que se seguem, em consonância com nosso entendimento, as possíveis hipóteses de incidência tributária existentes em cada um desses momentos.

Neste contexto, o que se pretende é possibilitar a Tributação dos *Trusts* de uma forma simplificada e uniforme, com vistas à sua aplicação no âmbito da União Europeia. Da mesma forma que ocorre actualmente com outras áreas do Direito, a concorrência pode levar que os residentes portugueses constituam *Trusts* em qualquer lugar da União Europeia.

Pensando em um futuro próximo, a aceitação dos *Trusts* se dará naturalmente e rapidamente. Já citamos que em França, há milhares de beneficiários de *Trusts* estrangeiros ou *settlors* de *Trusts* estrangeiros. O que não é diferente em outros Estados da União Europeia.

Logo, não sugerimos, aqui, uma baixa tributação com vistas à constituição de *Trust off-shore*, mas, sim, uma tributação que possibilite sua efectiva utilização em Portugal. Lembramos que tais argumentos têm carácter humildemente sugestivo.

SECÇÃO I

Constituição do *Trust*

A transferência dos bens ou direitos na estrutura dos *Trusts* se verifica em duas ocasiões distintas: primeiramente, como vimos, deverá o *settlor* transferir válida e eficazmente os bens ou direitos para o *trustee*. Em um segundo momento, deverá o *trustee* ao término do *Trust*, distribuir os bens aos beneficiários do *Trust*.

De facto, verifica-se no *Trust* uma dupla transferência, com excepção dos casos em que não é imposta a cláusula *rule against perpetue* (*Trusts Charitable, in exemplis*).

Trataremos, nesta sede, a respeito da transferência inicial.

A transferência patrimonial em favor do *Trust* pode ter por objecto qualquer categoria de recursos (imóveis e móveis).

Um problema, que se levanta, então, é o de saber: qual a consequência tributária quando o *settlor* constitui um *Trust* e transfere os bens ou direitos para o *trustee*?

1. Hipóteses de Incidência Existentes na Constituição do *Trust*

Inicialmente, à semelhança do que ocorre nos países analisados, compartilhamos da posição de que na Constituição de um *Trust* poderá ocorrer a incidência de um Imposto de Registo e, em determinadas situações, do Imposto sobre as Transmissões Gratuitas.

1.1. Imposto de Selo

Nesse passo, acreditamos correcta a incidência de uma taxa de Registo sobre o acto constitutivo do *Trust*[825], que deverá ser paga pelo *settlor*, que é o constituinte. Devemos acrescentar que tal taxa deve ser aplicável tanto na constituição de um *Trust* irrevogável como de um *Trust* revogável.

Logo, na prática, sugerimos a incidência do *imposto de selo propriamente dito*, nos termos do artigo 1º, do Código do Imposto de Selo, que abrange os actos, contratos, documentos e outros factos previstos na Tabela Geral[826].

A taxa aplicável, deverá ser adaptada de acordo com a natureza dos *Trusts*, de uma forma que não onere excessivamente, e que seja harmonizada com o montante exigível nos países que reconhecem os *Trusts*.

---

[825] Segundo o analisado, na Itália e em França os actos que constatam a formação, modificação ou extinção de um *Trust*, ou apurando a transferência de bens ou direitos suplementares ao *Trust*, são sujeitos a um Imposto de Registo em um montante fixo de 125• em França e de 168,00 € (2007) na Itália. FRANÇA. *Code Cível. Art. 1133 quater*. Disponível em: http://www.legifrance.gouv.fr. Acesso em: 20.05.2007; ITÁLIA. *Legge n. 296 del 27 dicembre 2006 (legge finanziaria 2007)*. Disponível em: http://www.parlamento.it/leggi/eleletip.htm. Acesso em: 04.05.2007.

[826] *Vide* artigo 1º, 1, do Código do Imposto de Selo.

258   *A Tributação dos Trusts*

Dessa forma, os bens constituintes da massa patrimonial do *Trust,* que forem sujeitos a registo devem ser registados com a menção de que são tidos em *Trust,* com a consequente indicação do beneficiário[827].

Deve ser mencionado, ainda, que em aquiescência ao que ocorre na Itália, a mudança do *trustee,* em decorrência de morte, revogação ou substituição, comporta uma nova transferência da titularidade (*legal ownership*) dos bens ou direitos ao novo *trustee.* Se, neste caso, ocorrer o pressuposto para o registo do acto, será aplicado o Imposto de Selo, conforme ocorre no acto constitutivo.

1.2. Imposto de Selo sobre as Transmissões Gratuitas de Bens

Um problema, que se levanta nesta sede, porém, é o de saber: Primeiramente, se a constituição de um *Trust* pode ser relacionada com uma doação? Depois, se considerarmos como uma transmissão a titulo gratuito, qual o momento correcto para ser exigido o imposto?

A este respeito, é importante, antes de mais nada, indicar que a doação é uma transacção que beneficia um indivíduo que não pagou por isso, ou seja, é uma transmissão gratuita em favor de pessoas singulares[828].

Sob o prisma legal, o Código Civil Português define a doação em seu artigo 940°, *in verbis*:

> *"1. Doação é o contrato pelo qual uma pessoa, por espírito de liberalidade e à custa do seu patrimônio, dispõe gratuitamente de uma coisa ou de um direito, ou assume uma obrigação, em benefício do outro contraente.* [829]*"*

Nesse passo, a doação envolve uma completa transferência do *legal title* da propriedade doada, uma redução patrimonial do doador e a existência de *animus donandi.*

---

[827] *Vide* LEITE DE CAMPOS, Diogo; VAZ TOMÉ, Maria João. *A Propriedade Fiduciária (Trust), Estudo para a sua Consagração no Direito Português.* Coimbra: Almedina, 1999, p. 330.

[828] CASALTA NABAIS, José. *Direito Fiscal.* 4° Edição. Coimbra: Almedina, 2006, p. 633.

[829] PORTUGAL. *Código Civil, Decreto-Lei n° 47 344, de 25 de Novembro de 1966.* Disponível em: http://www.stj.pt/nsrepo/geral/cptlp/Portugal/CodigoCivil.pdf. Acesso em: 26.06.2007.

Os sujeitos passivos do *Imposto de Selo sobre as Transmissões Gratuitas de Bens*, nos termos do artigo 2º do Código do Imposto do Selo, serão as pessoas singulares para quem se transmitam os bens (beneficiários). Isto porque, como é sabido, as transmissões patrimoniais gratuitas a favor de pessoas colectivas, passaram a integrar as variações patrimoniais positivas do lucro das empresas colectivas ou do rendimento global das pessoas colectivas que não sejam empresas, a título de incrementos patrimoniais, e são sujeitos a IRC[830].

Logo, abordaremos nesta sede, as transferências feitas para o benefício de pessoas singulares, beneficiários dos benefícios de um *Trust*.

a) Ocorre uma doação em prol do *trustee*?

A administração fiscal poderia considerar uma doação tendo em vista a alteração do título legal da propriedade para o *trustee*, ou seja, uma mudança aparente de propriedade. Uma solução que não colhe a nossa adesão, pois de fácil comprovação que não houve nenhuma doação em prol do *trustee* dentro do significado da Lei.

Logo, é por demais oportuno, bem claro deixar-se que a transferência dos bens do *settlor* ao *trustee*, apesar de ocorrer a título gratuito, não pode ser considerada uma doação, tendo em vista a ausência do *animus donandi*, requisito elementar para celebra-la.

O *Trust* é um instituto peculiar, onde bens ou direitos que formam a *trust property* são geridos por uma ou por um conjunto de pessoas especializadas (*trustee(s)*). Nesse quadro, não podemos simplesmente comparar o Instituto dos *Trusts* com uma doação pura e simples em favor do *trustee*.

Ora, como é fácil de ver, o *settlor* não transfere os bens na tentativa de aumentar o património do *trustee*, mas, sim, para que ele o administre em favor dos beneficiários designados ou para a realização de um determinado fim. Se assim pensarmos, encontraríamos, consequentemente, uma situação contraditória onde as acções de doação em favor de um *trustee* descontariam uma taxa muito elevada, impedindo, de facto, a criação do *Trust* para finalidades absolutamente originais e muito merecedores de tutela.

---

[830] CASALTA NABAIS, José. *Direito Fiscal*. 4º Edição. Coimbra: Almedina, 2006, p. 632.

Não podemos esquecer, que um imposto não pode ser aplicado na falta de uma manifestação de capacidade contributiva sobre o contribuinte. Na primeira transferência, não é nem mesmo abstractamente imaginável um qualquer enriquecimento por parte do *trustee*.

Como visto, frequentemente, no acto constitutivo do *Trust* há cláusulas que impedem os *trustees* de serem beneficiários com o intuito, justo, de evitar qualquer forma de conflito de interesses.

Concluímos que o *trustee* não será sujeito passivo do *Imposto de Selo sobre as Transmissões Gratuitas de Bens*. A transferência dos bens ao *trustee* é somente programática (não é uma doação), o *trustee* consta apenas como gestor, não sendo o titular de capacidade contributiva.

Por outro lado, a transferência normalmente envolve uma redução patrimonial do *settlor*. Consequentemente, quanto ao beneficiário, pode existir, sim, a existência do *animus donandi* e um enriquecimento ou vantagem para o beneficiário.

Logo, o enriquecimento imediato do beneficiário é pressuposto do imposto e a manifestação da capacidade contributiva vem modulada com referência ao seu vínculo de parentesco com o *settlor*.

É, porém, necessário ter alguma cautela ao determinar o momento da tributação do imposto sobre o beneficiário. Por isso, parece-nos mais correcto diferenciar tal momento em consonância com o tipo de *Trust* quanto aos direitos concretos dos beneficiários.

Nesse quadro, ponderando o que ocorre nos países previamente analisados, temos, então, no nosso entendimento, algumas apreciações nas situações que seguem:

a) Constituição de um *Trust Testamentary*

Conforme apreciamos em França, compartilhamos da ideia de que, nos casos do *Trust* originar-se em consequência da morte do *settlor*, antes da transferência dos bens ou direitos para o *Trust*, a aquisição gratuita de bens pelos beneficiários que não estiverem isentos, estará sujeita ao *Imposto de Selo sobre as Transmissões Gratuitas*.

Porém, não podemos, todavia, esquecer, que há casos em que a aquisição pelo beneficiário é adiada ou condicionada a determinado evento, ou ainda é deixada a discricionariedade do *trustee*. Assim, a propriedade segurada em determinados *Trusts* para os herdeiros ou para beneficiários, não faz deles seus proprietários imediatos. Logo, o imposto deverá ser cobrado na medida em que os beneficiários efectivamente receberem os benefícios.

b) Constituição de um *Trust inter vivos*

Como já antes sinalizado, o *Trust inter vivos* pode ser revogável ou irrevogável[831], e a importância da revogabilidade do *Trust* está directamente ligada na análise Tributária do Instituto.

Conforme vimos, o *settlor* pode ter a capacidade de revogar o *Trust* com o intuito de finalizá-lo, e, como decorrência, ter a *trust property* de volta. O *Trust* revogável é usado quando o *settlor* não quer perder o controlo permanente da propriedade em *Trust*[832].

O *settlor*, que possui o poder de revogar o *Trust*, também tem poderes de modificar substancialmente os seus termos expressos ou implícitos. Portanto, ele continua, de certa forma, a ser o proprietário da *trust property*.

Como decorrência, pois, os bens são fiscalmente considerados pertencentes ao *settlor* e farão parte da sua sucessão no dia de seu óbito, e não há, portanto, consequências tributárias.

Por igual apreciamos, quando o *settlor* for o único ou um dos beneficiários do *Trust Irrevogável*[833]. Da mesma forma que ocorre no Reino Unido, em França e na Itália quando o beneficiário do *Trust* for o próprio *settlor*, a transferência do *settlor* para o *trustee* será considerada neutra com relação ao imposto em questão, incidindo apenas o já mencionado Imposto de Selo Propriamente Dito.

---

[831] A distinção entre revogável e irrevogável existe somente para o *Trust inter vivos*. Isso ocorre porque, até o óbito do *settlor*, o *Trust Testamentary* ainda não foi criado, embora a vontade de criar tal *Trust* seja revogável. Após a morte do *settlor* e a consequente criação do *Trust*, não há nenhuma pessoa que possa revogar o *Trust*. MENNEL, L. Robert. *Wills and Trusts in a Nutshell*. Second Edition, Minnesota: West Group, 2004, p. 251.

[832] Essencialmente, com um *Trust* revogável o *settlor* poderá: adicionar ou retirar alguns recursos do *Trust* durante sua vida; mudar os termos e a maneira da administração do *Trust*; e, finalmente, retêm o direito de transformar em *Trust* irrevogável em alguma momento futuro.

[833] A semelhança do que ocorre com o Reino Unido.

Já no caso do *settlor* se declarar como *trustee* para outros beneficiários, normalmente ocorre uma diminuição patrimonial do *settlor* e, assim, uma possível transferência tributável.

De seu turno, o *Trust* irrevogável onde o *settlor* renuncia efectivamente os bens ou direitos, não pode ser alterado ou terminado pelo *settlor,* uma vez assinado o *trust instrument.*

Dessa forma, poderíamos considerar a transferência dos bens ou direitos para este tipo de *Trust*, como uma transmissão gratuita de bens, por doação ou sucessão, conforme o caso, e o sujeito passivo será o beneficiário.

Porém, a questão que se levanta aqui, é saber qual momento deve ser cobrado o imposto? Já que como vimos, há casos em que o beneficiário pode não receber nada na ocasião da criação do *Trust*.

Nesse contexto, se constata, que no *Trust* Irrevogável constituído por acto *inter vivos* ou *mortis causa*, o lançamento do imposto, a identificação do contribuinte (entre os beneficiários apontados), a determinação da matéria colectável e da taxa aplicável, dependerá se o *Trust* é *Fixed* ou *Discretionary* em consonância com o Princípio da Capacidade Contributiva.

Por isso, fundamental, algumas palavras, neste ponto, sobre a incidência tributária na criação dos *Fixed Trust* e dos *Discretionary Trust.*

a) *Fixed Trust*

Em conformidade com os países previamente analisados, as transferências para um *Fixed Trust* são comparadas a uma doação *inter vivos.* Logo, os beneficiários serão considerados como tendo aceite a doação no momento da criação do *Trust*, ocorrendo a hipótese de incidência tributária.

Segundo tal solução, então, o Imposto de Selo deve ser imediatamente exigido com relação aos bens ou direitos atribuídos aos beneficiários. Levamos em conta, aqui, que a capacidade contributiva do beneficiário está relacionada ao poder que, normalmente eles possuem, de reivindicar todo rendimento levantado no *Trust*, colocar fim as condições determinadas pelo *settlor*, ou até mesmo finalizar o *Trust* antes do prazo estipulado pelo *settlor*.

A Tributação dos Trusts em Portugal   263

Portanto, neste caso, a aquisição gratuita de bens pelos beneficiários que não estiverem isentos, estará sujeita ao *Imposto de Selo sobre as Transmissões Gratuitas* antes de juntar-se ao fundo do *Trust*[834]. Quando o *trustee* distribuir posteriormente a *trust property* aos beneficiários, não pagarão novamente o Imposto de Selo.

Todavia, especial problema suscita, se pensarmos que a propriedade segurada em um *Fixed Trust,* por vezes, pode não conceder ao beneficiário imediata capacidade contributiva sobre "toda" a *trust property*.

De facto, não podemos esquecer a possibilidade do beneficiário do rendimento de um *Fixed Trust*, receber uma <u>renda fixa prolongada ao longo de anos.</u> Nessa circunstância, a nosso ver, a tributação deverá ocorrer no momento da distribuição efectiva da renda ao beneficiário, tendo em conta que o beneficiário não terá capacidade contributiva para pagar de imediato o montante sobre toda a renda que receberá em parcelas ao longo do tempo. Assim, consideramos mais coerente, pois, o beneficiário pagar o imposto na medida em que os benefícios lhe são conferidos.

Em breve exemplo, pertinente, o *settlor* pode designar que "A" receba uma renda mensal de 10.000 EUROS durante 10 anos. Por outro lado, concede a "B" o direito a todo capital do *Trust*, após a extinção do *Trust,* findo os 10 anos. Se fossemos considerar que a tributação deve ocorrer na transferência Inicial:

1º O beneficiário da renda não terá capacidade contributiva para suportar de imediato a taxa imposta sobre toda a renda, que receberá ao longo dos 10 anos. Deverá o beneficiário pagar o imposto na medida em que recebe o montante mensal doado.

2º O beneficiário do Capital, por igual, não possui capacidade contributiva para suportar o ónus do imposto, tendo em vista que não recebeu nada no momento da criação do *Trust*. Será mais coerente que ele pague o imposto ao término do *Trust*, finalizado todo incremento patrimonial, e na taxa aplicável à época.

---

[834] Conforme previsto no nº 1.2 da Tabela Geral do Imposto de Selo.

264 A Tributação dos Trusts

Embora sejam tributos onerados sobre os beneficiários pessoalmente, outra solução seria o *settlor* autorizar expressamente no *trust instrument*, que a carga do imposto seja suportada pelo "*Corpus* do *Trust Fund*", e, assim, passível de ser tributável desde logo, no momento da criação do *Trust*.

b) *Discretionary Trust*

No momento da criação do *Discretionary Trust* o beneficiário não recebe nada e, muitas vezes os beneficiários apenas têm uma expectativa de direito.

A doação não satisfaz todas as condições necessárias para ser considerada vestida naquele momento. Embora a criação do *Trust* dê origem a uma transferência imediata do *settlor* para o *trustee*, a atribuição do direito e aquisição pelos beneficiários é adiada e confere não mais que uma "esperança" ao beneficiário.

Com efeito, apesar da propriedade equitativa dos beneficiários lhes oferecerem protecção sobre qualquer violação dos possíveis direitos deles pelo *trustee*, não lhes permitem por outro lado reivindicar os activos do *Trust*, colocar fim nas condições determinadas pelo *settlor* ou ao *Trust* antes do prazo estipulado.

Nesse passo, em concordância com a maior parte da doutrina da Itália e em França, consideramos que a incidência dos *Imposto de Selo sobre as Transmissões Gratuitas de Bens*, no caso do *Discretionary Trust*, deve ocorrer apenas no momento da transferência dos bens do *trustee* aos beneficiários finais e o consequente enriquecimento (incremento patrimonial) do beneficiário. Logo, o imposto deverá incidir ao término do *Trust*, finalizado todo o incremento patrimonial dos beneficiários.

Da mesma forma ocorre, quando existir uma condição suspensiva quanto ao beneficiário. O regime fiscal aplicável e os valores passíveis de imposto serão determinados na data da realização da condição.

No Reino Unido, optou-se por um tributo periódico (a cada 10 anos) com relação a *trust property* de um *Discretionary Trust*. De facto, considerou-se que a propriedade pode ficar por um longo período "presa" em um *Trust*, passando de gerações para gerações, e, com isso, evitando-se a cobrança do Imposto sobre Sucessões e Doações.

A Tributação dos Trusts em Portugal 265

Nesse sentido, se o tempo de duração do *Trust* não for limitado por Lei, levando em consideração um período razoável para que não ultrapasse várias gerações, poderia ser considerada a inclusão de uma taxa periódica, a semelhança do Reino Unido, que é cobrada a cada 10 anos.

1.3. Isenções

Um dos principais motivos que levam o *settlor* a constituir um *Trust* está no desejo de colocar o património da família ao abrigo de eventualidades. Em verdade, normalmente o *Trust* é constituído para o benefício de sua Família[835].

Nesse sentido, devemos destacar que as transmissões gratuitas, em favor de herdeiros legitimários, ou seja, os cônjuges, descendentes e ascendentes, são isentas do Imposto de Selo[836].

Daí o incontestável acerto, de CASALTA NABAIS (2006)[837], ao dizer que, na prática, tal isenção veio a acabar com o tradicional imposto sobre sucessões e doações relativamente a uma parte muito significativa dos seus potenciais contribuintes.

Por fim, outra isenção, em nossa opinião, deve ocorrer na Constituição do *Trust Charitable*.

Essa isenção é compreensível tendo em vista a própria finalidade desse tipo de *Trust*, que possui fins caritativos e o desejo do *settlor* em beneficiar uma generalidade de pessoas. Como vimos, no *Trust Charitable*, o proveito económico dos bens administrados pelo *trustee* deve ser destinado à realização de interesses colectivos e que tenham utilidade para a sociedade em geral[838].

---

[835] LEITE DE CAMPOS, Diogo; VAZ TOMÉ, Maria João. *A Propriedade Fiduciária (Trust), Estudo para a sua Consagração no Direito Português*. Coimbra: Almedina, 1999, p. 314.

[836] *Vide* sobre a isenção: Código de Imposto de Selo, em seu artigo 6º.

[837] CASALTA NABAIS, José. *Direito Fiscal*. 4º Edição. Coimbra: Almedina, 2006, p. 634.

[838] Por exemplo, assistência médica, socorro de indigentes, protecção de artistas, etc.. LEITE DE CAMPOS, Diogo; VAZ TOMÉ, Maria João. *A Propriedade Fiduciária (Trust), Estudo para a sua Consagração no Direito Português*. Coimbra: Almedina, 1999, p. 54 e 315.

SECÇÃO II
Existência do *Trust*

1. Hipóteses de Incidência Tributária Durante a Existência do *Trust*

As análises que se seguirão são afectas às possíveis hipóteses de incidência nas distribuições de renda e de capital do *Trust*, feitas pelo *trustee* aos beneficiários, durante a existência do *Trust*.

1.1. Impostos sobre Sucessões e Doações

Novamente, destaca-se que um imposto não pode ser aplicado na falta de uma manifestação de capacidade contributiva sobre o contribuinte. Logo, o enriquecimento imediato do beneficiário é pressuposto do imposto.

Nesse passo, conforme já referido, existem casos em que o beneficiário apenas adquire uma propriedade do *Trust* quando o *trustee*, durante a existência do *Trust*, transfere imediatamente os activos para ele ou, ao término do *Trust*, com a distribuição da *trust property* aos beneficiários.

Em geral, ocorre a hipótese de incidência do imposto em estudo, em qualquer transferência de capital do *Trust* a um beneficiário. Assim, o beneficiário que não for isento, terá que pagar o *Imposto de Selo sobre as Transmissões Gratuitas de Bens*, sobre todo bem que receber do *trustee*.

De facto, quando a aquisição pelo beneficiário é adiada ou condicionada a determinado evento, ou ainda é deixada a discricionariedade do *trustee*, o *Imposto de Selo sobre as Transmissões Gratuitas de Bens* deverá ser cobrado na medida em que os beneficiários efectivamente recebem os benefícios.

Logo, se durante a existência do *Trust*, o *trustee* distribuir ao beneficiário bens ou direitos integrantes da *trust property*, no uso de sua discrição, ou porque satisfeita a condição imposta pelo *settlor*, poderá incidir o *Imposto de Selo sobre as Transmissões Gratuitas de Bens*, nas hipóteses em que não forem isentas[839].

Se no caso do *Trust* revogável, o *trustee* distribuir bens ou direitos integrantes da *trust property* a algum beneficiário diferente do *settlor*, incidirá o *Imposto de Selo sobre as Transmissões Gratuitas de Bens*. O sujeito passivo será o beneficiário intitulado para tal propriedade.

Entendemos que, em qualquer dos casos, poderá o *settlor* no acto constitutivo do *Trust* autorizar que a carga do imposto seja suportada pelo "*Corpus* do *Trust Fund*", desonerando o beneficiário.

Por fim, faremos breves considerações sobre os *Fixed Trust* e os *Trusts Discretionary*, que, como sabemos, diferenciam-se pelos direitos concretos dos beneficiários e consequentemente pelo momento da cobrança do Tributo.

a) *Fixed Trust*

Inicialmente, vale enfatizar, que o estudo dos países destacados no presente trabalho, foi de valiosa importância para as sugestões a seguir propostas.

Ante o ate aqui examinado, conclui-se, que se durante a existência do *Trust*, um beneficiário de um *Fixed Trust* tornar-se absolutamente intitulado em alguma propriedade, integrante da sua quota-parte na *trust property*, não haverá novamente a cobrança do imposto. Contudo, se o direito benéfico dele passar a outro beneficiário do *Trust*, consideramos a ocorrência de uma nova doação, e, portanto, facto gerador do imposto.

Ainda, poderá haver a hipótese de incidência do imposto quando, outro membro de uma classe de beneficiários de um *Fixed Trust* vir a existir, causando assim, uma redução na parte do primeiro beneficiário.

Por fim, nos casos onde o beneficiário de um *Fixed Trust* recebe, a título de doação, um montante pecuniário contínuo (valores monetários), o *Imposto de Selo sobre as Transmissões Gratuitas de Bens* deverá incidir no momento do recebimento do montante pelo

---

[839] Logo, exceptuam aqui, os casos onde o Imposto é devido e pago na transferência inicial do *settlor* ao *trustee* (*fixed trust*).

268 *A Tributação dos Trusts*

beneficiário. Nesse caso, não haverá incidência de IR, que não incide sobre os incrementos patrimoniais sujeitos ao imposto sobre as sucessões e doações[840].

b) *Trust Discretionary*

Cingindo-nos agora ao *Trust Discretionary*, durante a existência do *Trust* poderá incidir o *Imposto de Selo sobre as Transmissões Gratuitas de Bens* se o *trustee* distribuir alguma propriedade ao beneficiário de um *Trust Discretionary*.

Consideramos a possibilidade da imposição de um *Imposto de Selo sobre as Transmissões Gratuitas de Bens*, com a cobrança de uma taxa periódica, se a duração do *Trust* não for limitada por lei[841]. Realmente, se considerarmos a possibilidade de uma longa existência para tal *Trust*, poderá haver beneficiários de várias gerações, evitando a imposição do imposto por um período longínquo[842].

Durante a existência deste *Trust*, o término ou alteração dos direitos benéficos do beneficiário, em princípio, não gera consequências tributárias, e a morte do beneficiário não é hipótese de incidência do imposto.

1.2. A Tributação do Rendimento

Neste ponto, procuraremos analisar a incidência do imposto sobre o Rendimento.

Primeiramente, o facto gerador seria as rendas obtidas pelo *trustee* em decorrência de sua gestão sobre a *trust property*. Depois, a incidência sobre os rendimentos recebidos pelos beneficiários.

Como já mencionamos, a *trust property* deve revestir sempre natureza patrimonial. Logo, desde que seja alienável e determinável,

---

[840] *Vide* artigo 12, n.º 6, do IRS.

[841] LEITE DE CAMPOS e VAZ TOMÉ (1999), sugerem que o prazo de duração seja de 30 anos. No caso de o beneficiário ser um incapaz de exercício de direitos, pode durar por toda a vida dele ou até que cesse a incapacidade. LEITE DE CAMPOS, Diogo; VAZ TOMÉ, Maria João. *A Propriedade Fiduciária (Trust), Estudo para a sua Consagração no Direito Português*. Coimbra: Almedina, 1999, p. 328.

[842] A semelhança do que acontece no Reino Unido.

a *res* do *Trust* pode ser qualquer bem ou direito, real ou obrigacional, tangível ou intangível, legal ou *equitable*.

Portanto, tais rendas podem ser consideradas provenientes de "rendimentos de capitais", "incrementos patrimoniais" ou de qualquer outra categoria de rendimento e, ainda, o *trustee* pode exercer ou não actividade comercial.

Em nossa análise, concluímos que:

1) Poderíamos considerar para as finalidades do Imposto sobre a Renda, que onde uma distribuição por um *trustee* para um beneficiário é feita, qualquer que seja a natureza dos activos do *Trust,* a sua distribuição será tratada como distribuição de "Rendimentos de Capital". Logo, os produtos de um *Trust* devem ser tratados como se fossem rendimentos de valores mobiliários ou,

2) A incidência pessoal do imposto deve ser averiguada em cada caso especifico de *Trust*, para determinar a incidência do IRC ou IRS segundo a natureza da renda e da actividade comercial ou não comercial. Ainda, deve ser considerada a natureza dos beneficiários (pessoas colectivas, singulares ou beneficiários *"charitable"*) ou,

3) Poderá haver, a exemplo do que ocorre no Reino Unido, a incidência de taxas especiais aplicáveis aos *Trusts* Irrevogáveis.

Apreciamos que essa última reflexão seria a mais pertinente em razão ao "carácter único" e diferenciado do *Trust*. A nosso ver, a existência de uma alíquota especialmente aplicável sobre o rendimento global dos *Trusts* Irrevogáveis, podendo, ainda, diferenciar as alíquotas para os *Fixed e Discretionary*, evitaria eventuais conflitos tributários e simplificaria a cobrança do imposto.

Porém, o mesmo não se aplica aos *Trusts* Revogáveis, onde consideramos que os bens ou direitos em *Trust* são pertencentes ao *settlor*. Logo, o *settlor* será tributado directamente em relação a *trust property*.

a) O *Trust* como Sujeito Passivo do Imposto de Renda

Consideramos que, em determinados tipos de *Trust*, o sujeito passivo do Imposto de Renda será o próprio *Trust*, ou seja, a carga tributária será suportada pelo *"Corpus do Trust Fund"*.

Como contribuinte distinto, o *Trust* paga o imposto à razão dos rendimentos que o *trustee* recolhe.

Todavia, para que não ocorra uma dupla imposição sobre o rendimento, a primeira no *Trust* e a segunda quando o *trustee* distribuir os rendimentos aos beneficiários, será permitido ao beneficiário deduzir em sua declaração de IR o imposto já recolhido pelo *trustee*.

O *Trust* como sujeito passivo estará sujeito a alíquota especialmente atribuída aos *Trusts*, que conforme já mencionamos, achamos de todo coerente a existência de uma alíquota aplicável sobre o rendimento global dos *Trusts*.

Logo, realizada a distribuição dos rendimentos aos beneficiários, estes se beneficiam de um crédito de imposto que corresponde ao imposto já suportado pelo *Trust*. Deve ser considerado o ano fiscal em que o beneficiário recebeu o rendimento pelo *trustee*.

Em prosseguimento, relacionamos abaixo algumas hipóteses de incidência tributária, com nossas respectivas conclusões com relação a sujeição passiva do *Trust* para a finalidade do Imposto sobre os Rendimentos:

– Em primeiro lugar, o *Fixed Trust* seria considerado como fiscalmente inexistente, ao passo que todo rendimento obtido pelo *Trust* será distribuído aos beneficiários. Do mesmo modo será, quando o *settlor* reservar-se de direitos aos rendimentos no *trust instrument*. Neste caso, ele será o sujeito passivo, e a imposição de rendimentos levantados pelo *trustee* far-se-á directamente entre as mãos do *settlor*.

– O *Trust Discretionary* é considerado com existência fiscal distinta, ao passo que não distribuindo todo o rendimento do *Trust* aos beneficiários, poderá o *trustee* acumular a renda no capital do *Trust*. Neste caso, o mais adequado será tributar em sede do próprio património separado, considerando o princípio da capacidade contributiva e a subjectividade existente quanto aos direitos dos beneficiários.

– No *Trust* Revogável, não há renúncia efectiva dos bens, e o *Trust* será considerado fiscalmente inexistente. Desta forma, a carga tributária será suportada directamente pelo *settlor*.

b) O Beneficiário como Sujeito Passivo do Imposto de Renda

Em prosseguimento, abordaremos a hipótese de incidência do Imposto de Renda sobre os rendimentos auferidos no *Trust* e distribuídos pelo *trustee* aos beneficiários.

Desde já, devemos destacar que o beneficiário é o sujeito passivo do imposto em razão dos rendimentos que lhe distribuir certamente o *trustee*.

Os beneficiários serão tributados na fonte sobre os pagamentos de rendimentos efectuados pelo *trustee*. Neste passo, terão direito ao crédito do imposto já suportado pelo *Trust* para efeitos da sua declaração pessoal de IR.

Neste ponto, vale dizer que os beneficiários teriam a obrigação de declarar o IR, mesmo que não tenham quantia a recolher, e, ainda, podem ter direito a reembolso se o valor do imposto pago pelo *trustee* exceder a responsabilidade tributária anual do beneficiário.

Porém, nos casos onde o *trustee* tiver o poder de acumular tal renda no património do *Trust*, a carga tributária será suportada pelo *"Corpus do Trust Fund"* e o sujeito passivo será o *Trust*. Logo, na futura distribuição do capital aos beneficiários, não haverá nova incidência tributária.

c) Isenções

Neste ponto, somos favoráveis a que as rendas levantadas em um *Trust Charitable* sejam isentas do Imposto sobre o Rendimento. Novamente, destaca-se, que a gestão do património neste tipo de *Trust*, não tem ânimo de lucro, mas o de atingir determinado fim de interesse público[843].

---

[843] Por exemplo, assistência médica, socorro de indigentes, protecção de artistas, etc.. LEITE DE CAMPOS, Diogo; VAZ TOMÉ, Maria João. *A Propriedade Fiduciária (Trust), Estudo para a sua Consagração no Direito Português*. Coimbra: Almedina, 1999, p. 54 e 315.

272 *A Tributação dos Trusts*

d) Responsabilidade do *trustee*

Constituído o *Trust*, deverá o *trustee* informar ao fisco sua qualidade de *trustee* do *Trust*, e fornecer-lhes todas as informações pertinentes.

Conforme supra mencionado, parece-nos que o *trustee* deve ser o responsável pelo cumprimento das obrigações principais e/ou acessórias do sujeito passivo, em virtude de razões de conveniência, de eficácia e de segurança do pagamento do imposto.

Logo, o *trustee* deverá fazer a retenção na fonte dos impostos sobre os rendimentos distribuídos aos beneficiários[844].

Nesse passo, também será o responsável por efectuar os pagamentos tributários que surgirem no *Trust*, em virtude de sua gestão, nos prazos legais[845].

Em havendo mais de um *trustee* como, por exemplo, nas sociedades de *trustees,* todos seriam responsáveis solidários entre si. Na prática, poderia ser nomeado um dos *trustees* que agiria na qualidade de "*trustee* activo" para tratar com as autoridades tributárias. Mas, tais actividades efectuadas pelo "*trustee* activo" seriam tratadas como acções de todos os *trustees.*

O *trustee* seria sujeito passivo propriamente dito, apenas no que se refere aos rendimentos que receber do *Trust* a título de remuneração, em troca dos serviços prestados na administração do *Trust.* Pagará, desta forma, IRS, na categoria B, sobre seus rendimentos e também estará sujeito ao imposto do artigo 2º, 1, a, do CIVA, em decorrência da prestação de serviços.

e) Residência Fiscal do *Trust*

Como sabemos, o artigo 7º da Convenção de Haia sobre o Direito aplicável aos *Trusts* e o seu reconhecimento dispõe que um *Trust* se regulará pela lei a que está mais estreitamente vinculado. Para este fim, será levado em conta:

---

[844] Devemos mencionar que a instituição do *Trust* não excepciona a normalidade das diferentes incidências tributárias concernentes aos bens constantes do património (por exemplo, o IMT, IMI, MAIS VALIAS, SELO). O *trustee* é o responsável pelo pagamento, como parte de suas obrigações inerentes à administração do património do *Trust*.

[845] A falha em um destes procedimentos poderia acarretar na sua retirada da qualidade de *trustee*, em penalidades ou, ainda, multas, como vimos no Reino Unido.

a) O lugar da administração do *Trust* designado pelo constituinte (*settlor*);
b) O lugar onde se encontrem os bens do *Trust*;
c) O lugar onde o *trustee* resida ou exerça suas actividades;
d) O lugar dos objectivos do *Trust* e os lugares onde se devam cumprir.

SECCÇÃO III

Extinção do *Trust*

1. Hipóteses de Incidência Tributária Existentes na Extinção do *Trust*

Nesta derradeira fase do instituto do *Trust*, devemos analisar as eventuais hipóteses de incidência tributária. Assim, trataremos, agora, da segunda transferência de bens ou direitos verificadas na estrutura do *Trust*, qual seja, a distribuição do capital aos beneficiários, ao término do *Trust*.

Como vimos, há casos em que o *Imposto de Selo sobre as Transmissões Gratuitas de Bens* só deve ser recolhido no momento em que os beneficiários receberem os bens e direitos por ocasião da extinção do *Trust*, e, consequentemente, da distribuição dos bens pelo *trustee*. Ressalvadas as isenções existentes em Portugal (sucessões e doações entre cônjuges, descendentes e ascendentes)[846].

Em concordância com a maior parte da doutrina da Itália e em França, consideramos que a incidência do imposto, no caso de *Trust Discretionary*, deve ocorrer apenas no momento da transferência dos bens do *trustee* aos beneficiários finais e o consequente enriquecimento (incremento patrimonial) do beneficiário. Logo, o imposto deverá incidir ao término no *Trust*, finalizado todo o incremento patrimonial dos beneficiários.

---

[846] Mesmo não sendo devido o Imposto de Selo, os beneficiários isentos devem prestar as declarações e proceder à relação dos bens e direitos, conforme alude o Código de Imposto de Selo, em seu artigo 28º.

274 *A Tributação dos Trusts*

Concordamos, veementemente, que a aplicação do imposto na transferência inicial ao *trustee* não seria fidedigna com relação à matéria colectável e ao sujeito passivo. Isto porque, em um *Trust Discretionary*, não é improvável que hajam variações, qualitativas e quantitativas da *trust property*. Neste passo, concluímos que, com excepção do *Imposto de Selo sobre as Transmissões Gratuitas de Bens*, nos casos em que são devidos, os beneficiários não devem ser tributados sobre as distribuições de capital no momento da extinção do *Trust*.

Por último, não haverá incidência de IR, que não incide sobre os incrementos patrimoniais sujeitos a imposto sobre as sucessões e doações[847].

---

[847] *Vide* artigo 12, n.º 6, do IRS. PORTUGAL. *Código do Imposto Sobre o Rendimento das Pessoas Singulares*. Disponível em: http://www.dgci.min-financas.pt.

CAPÍTULO III
Zona Franca da Madeira

Em arremate importante, urge trazer-se a contexto breve abordagem sobre o reconhecimento dos *Trusts* na Zona Franca da Madeira.

Realmente, o Decreto-Lei n.º 352-A/88 de 3 de Outubro autorizou a constituição de *Trust*, na Zona Franca da Madeira, para fins industriais, comerciais e financeiros, apenas destinados a actividades *off-shore* e para operar nos termos regulamentados[848].

O principal objectivo do Decreto-Lei seria atrair investimentos estrangeiros e tornar a Zona Franca da Madeira competitiva e atraente nos mercados internacionais, colocando para isso, instrumentos e meios jurídicos hábeis, como a permissão da constituição do "atraente *Trust off-shore*".

A referida legislação, considera existirem duas alternativas para o reconhecimento do *Trust*: o *Trust* ter sido constituído no estrangeiro (sob égide de alguma legislação que o permita) ou ter sido constituído na Zona Franca da Madeira, de acordo com os trâmites previstos na legislação[849]. O *Trust off-shore* deverá ser constituído segundo a lei designada pelo *settlor* que admita tal instituto. Poderá haver uma

---

[848] A Madeira é uma jurisdição de Direito Civil, sujeita em geral a lei de Portugal, País que não reconhece o *Trust*, tendo em vista que Portugal não ratificou a Convenção de Haia, lei de reconhecimento dos *Trust*. Porém, o *Trust* já é uma figura aceite pelo Direito português, embora apenas no âmbito da Zona Franca da Madeira. LEITE DE CAMPOS, Diogo; VAZ TOMÉ, Maria João. *A Propriedade Fiduciária (Trust), Estudo para a sua Consagração no Direito Português.* Coimbra: Almedina, 1999, p. 320; LEITE DE CAMPOS, Mónica Horta Neves. *Os Paraísos Fiscais na Comunidade Europeia.* Lisboa: Revista da Ordem dos Advogados, ANO 57, 1997, p. 156-157.

[849] BRAZ DA SILVA, José Manuel. *Os Paraísos Fiscais.* Coimbra: Almedina, 2000, p. 114; PORTUGAL. *Decreto-Lei n.º 352-A/88 de 3 de Outubro, Artigo 3.º.* Disponível em: http://www.igf.min-financas.pt. Acesso em: 31.05.2007.

276   *A Tributação dos Trusts*

sociedade ou sucursal do *Trust off-shore,* que é a entidade autorizada, através de licenciamento prévio, a exercer a actividade de *Trust off-shore.*

Por conseguinte, a lei que regula o *Trust* será a que for decidida no acto de sua constituição. Para os *Trusts* constituídos na Zona Franca, e na falta de nomeação explicita, esta previsto que a comarca do Funchal, funcione como jurisdição supletiva[850].

O *Trust* terá como base critérios de extraterritorialidade e não terá qualquer interferência no ordenamento jurídico interno.

Nesse passo, veremos em suma, algumas condições para a válida constituição do *Trust* na Zona Franca da Madeira[851]:

- O instituidor (*settlor*) e o beneficiário podem ser Pessoa Singular ou Colectiva, porém, não residente em território português; podendo, no entanto, ser entidades *off-shore* devidamente licenciadas para operar no âmbito institucional da Zona Franca da Madeira;
- O *trustee* deverá ser uma entidade autorizada em termos da legislação específica. Logo, o *trustee*, obrigatoriamente, deverá ser uma sociedade ou sucursal autorizada a operar, enquanto tal, no âmbito institucional da Zona Franca da Madeira;
- Os rendimentos afectos ao *Trust* não poderão provir de fontes locais (com excepção dos depósitos "*offshore*");
- Não poderão fazer parte da *trust property*, qualquer propriedade imóvel localizada em território português;
- O acto de constituição do *Trust* deverá estipular um prazo de vida bem determinado;
- O seu fim não seja física ou legalmente impossível, contrário à lei ou indeterminável, contrário à ordem pública ou ofensivo dos bons costumes.

O acto de constituição do *Trust* deverá ser de forma escrita e está sujeito a registo. Além disso, deverá ser assinado, e a assinatura deve ser reconhecida notarialmente. O Decreto-Lei n.º 149/94, de 25 de Maio regulamenta o registo dos instrumentos de gestão fiduciária (*trust*).

---

[850] PORTUGAL. *Decreto-Lei n.º 352-A/88 de 3 de Outubro, Artigo 5º e artigo 33º.* Disponível em: http://www.igf.min-financas.pt. Acesso em: 31.05.2007.

[851] BRAZ DA SILVA, José Manuel. *Os Paraísos Fiscais.* Coimbra: Almedina, 2000, p. 115.

A *Tributação dos Trusts em Portugal* 277

Nesse contexto, em consonância com o Artigo 7º do Decreto-Lei n.º 352-A/88, o instrumento do *Trust* deve conter:

a) O nome e identificação do *Trust*;
b) A identificação completa do instituidor, do *trustee* e do beneficiário, podendo a dos beneficiários, ou a de uma categoria deles, ser efectuada através da enunciação das circunstâncias que a permitam;
c) A identificação sumária dos *trustees* ou beneficiários substitutos, se os houver;
d) A identificação e descrição dos bens do *Trust*;
e) A classificação e distribuição dos bens do *Trust*;
f) A declaração expressa da intenção de constituir o *Trust*;
g) A designação expressa da lei que regula o *Trust*;
h) O fim e a modalidade ou tipo de *Trust*;
i) O processo de nomeação, exoneração e remoção do *trustee*, bem como os requisitos necessários ao exercício das suas funções e a transmissão das mesmas;
j) Os direitos e obrigações dos *trustees* entre si, em caso de exercício plural;
l) Os poderes do *trustee* para administrar e dispor dos bens do *Trust*, para os onerar e para adquirir outros bens;
m) Os poderes do *trustee* para efectuar investimentos e para constituir reservas com os rendimentos do *Trust*;
n) As relações entre o *trustee* e os beneficiários, incluindo a responsabilidade pessoal do *trustee* para com estes;
o) A obrigação do *trustee* de prestar contas da sua gestão;
p) As regras e restrições à acumulação de rendimento no *Trust*, caso hajam;
q) Local da constituição, data e período de duração do *Trust*.

Os nomes do *settlor* e dos beneficiários só podem ser revelados na sequência de uma decisão judicial. Aplica-se aqui as penas previstas para violação do segredo bancário.

278 A Tributação dos Trusts

A autorização de funcionamento das sociedades *"trusts off-shore"* é concedida pelo Governo Regional da Madeira. Essas sociedades poderão ser constituídas por instituições já existentes, cujo objecto seja a gestão fiduciária[852].

No caso de serem constituídas na Zona Franca, estas instituições deverão obrigatoriamente tomar a forma de sociedades anónimas. As acções deverão ser nominativas, numa percentagem não inferior a 51% do capital social[853]. É obrigatória a autorização do Governo Regional da Madeira sempre que as mesmas forem alienadas numa percentagem de 5% ou mais do capital[854].

O regime fiscal aplicável regula-se pela legislação relativa à Zona Franca da Madeira[855].

Por fim, importante mencionar, que de acordo com o artigo 32º, salvo disposição em contrário da lei designada pelo instituidor (*settlor*) para regular o *Trust*, o instrumento que o formalize poderá consignar o recurso à arbitragem, como forma de composição e resolução das questões suscitadas entre o instituidor, o *trustee* e os beneficiários ou entre o *trustee* e terceiros. Na falta de convenção da arbitragem, é competente o foro da comarca do Funchal.

---

[852] PORTUGAL. *Decreto-Lei n.º 352-A/88 de 3 de Outubro*. Disponível em: http://www.igf.min-financas.pt. Acesso em: 31.05.2007.

[853] Artigo 21º do Decreto-Lei n.º 352-A/88 de 3 de Outubro. PORTUGAL. *Decreto-Lei n.º 352-A/88 de 3 de Outubro*. Disponível em: http://www.igf.min-financas.pt. Acesso em: 31.05.2007.

[854] Artigo 22º do Decreto-Lei n.º 352-A/88 de 3 de Outubro. PORTUGAL. *Decreto-Lei n.º 352-A/88 de 3 de Outubro*. Disponível em: http://www.igf.min-financas.pt. Acesso em: 31.05.2007.

[855] Artigo 31º do Decreto-Lei n.º 352-A/88 de 3 de Outubro. PORTUGAL. *Decreto-Lei n.º 352-A/88 de 3 de Outubro*. Disponível em: http://www.igf.min-financas.pt. Acesso em: 31.05.2007.

CONCLUSÃO

Por tudo quanto analisado ao longo deste trabalho, pudemos vislumbrar que o *Trust* constitui um dos traços distintivos entre o Direito da *Common Law* e o Direito da *Civil Law*.

Por primeiro, elementar se fez a abordagem histórica do *Trust*, que tem uma origem longínqua baseada na justiça, onde o titular do direito de propriedade exerce-o em benefício de outra pessoa. O *Trust* foi passado dos ingleses aos norte-americanos assim como sua cultura jurídica e social. Hodiernamente, praticamente todos os estados norte-americanos prevêem os *Trusts*. Fenómeno semelhante vêm assistindo os países da Europa.

Com efeito, trata-se de um instituto com características particulares que vão desde a divisão da propriedade, a administração especializada exercida pelo *trustee* por conta de outrem e, ainda, a formação de um património separado. Realmente, a segregação dos activos do *Trust*, dos activos particulares do *trustee*, reflecte no facto de que o *trustee* apenas possui os activos do *Trust* para a gestão e benefício de terceiros.

Em tal contexto, observou-se sua estrutura com três sujeitos (*settlor*, *trustee* e beneficiário), com suas funções e prerrogativas peculiares, e sua edificação, onde temos a declaração de vontade do *settlor*, a concreta transmissão dos bens ou dos direitos para o *trustee* e, finalmente, a *res*.

Analisando sua estrutura, verificamos, então, que referido Instituto busca exprimir esta ideia: enquanto um sujeito possui juridicamente o bem, o outro o possui sob o aspecto económico.

Quanto à constituição do *Trust*, notamos que, normalmente, o *Trust* é constituído por um acto voluntário do *settlor*, *inter vivos* ou *causa mortis*.

Fizemos, ainda, um breve estudo sobre a classificação dos *Trusts* no que se refere à destinação dos seus propósitos. Vimos que o *Trust* pode ser classificado, quanto ao beneficiário, em *Charitable* e em *Private Trust*, e, assim, ter sua duração limitada ou perpétua, com beneficiários determinados ou não.

Foi, neste passo, essencial apreciarmos, os direitos, poderes e deveres dos sujeitos envolvidos na relação em *Trust*, pois que reflecte directamente na análise dos sujeitos passivos dos Tributos que incidem no Instituto.

Neste sentido, destacamos que ao *settlor* é permitido reservar-se de algumas vantagens ou poderes sobre os bens, inclusive o poder de revogar o *Trust*. Ainda, consente ao *settlor* definir as condições referentes ao beneficiário.

Como detidamente visto, poderá o *settlor*, ainda, designar poderes discricionários ao *trustee*, reflectindo directamente nos direitos concretos dos beneficiários.

Logo, dentro das referidas análises, é na constituição do *Trust*, de origem *inter vivos* ou *mortis causa*, que é determinado se o *Trust* será revogável ou irrevogável, discricionário ou estrito às determinações do *settlor*.

Assim, vimos por necessário, seguidamente, os principais aspectos referentes à boa administração do *Trust*.

Neste ponto, concluímos que os deveres do *trustee,* no que diz respeito aos beneficiários, são múltiplos e que, para haver uma administração adequada dos bens ou direitos constituídos em *Trust*, é fundamental que o *trustee* observe determinados critérios. Logo, averiguamos que os poderes, deveres e as responsabilidades do *trustee* encontram-se estreitamente vinculados entre si. Em outras palavras, na medida em que aumentam seus poderes, seus deveres crescem vertiginosamente.

Já no âmbito regratório dos *Trusts,* verificamos que, progressivamente, as jurisdições não familiarizadas com este inovador instituto estão sendo chamadas a lidar com tais novos desafios.

De facto, o tema vem atingindo proporções internacionais, como pudemos vislumbrar a partir da Convenção de Haia sobre o Direito Aplicável aos *Trusts* e o seu Reconhecimento.

Nesse passo, então, é que o *Trust* vem sendo aceito, gradualmente, por toda a União Europeia. Devido ao seu interesse prático e económico, a sua compreensão e aceitação vem sendo perseguida por pesquisadores em diversos países europeus.

A referida Convenção nos oferece, especialmente, um conjunto de definições e regras interessantes para compreender e assimilar o instituto do *Trust,* sendo de enorme interesse para as jurisdições que ainda não reconhecem o instituto.

Revelou-se, assim, que o devido endereçamento legal dependerá do nível de entendimento das características do instituto bem como da compreensão da necessidade de consagrar o instituto em território português, *in casu.*

Somente a partir daí, o regramento poderá ser efectivo.

Com efeito, e nesta linha, a Convenção proporcionou um passo fundamental e inovador na integração dos países da *Common Law* e da *Civil Law*, através do reconhecimento do Direito dos *Trusts*

Entretanto, como vimos, um ponto especial da Convenção se encontra em seu artigo 19º, que dispõe que nada na Convenção deverá prejudicar os poderes dos países nas matérias tributárias, de modo que este tema se regulará pela lei de cada Estado.

Foi em alinhamento a tal regra, que procuramos verificar as principais disposições regratórias fiscais no Reino Unido, na Itália e em França.

Nesta linha, a fiscalidade dos *Trusts* é um assunto que necessita um exame de perspectiva internacional, uma área em crescimento na qual emergem novos e complexos temas.

Neste espírito, buscou-se através da análise da experiência de outros países trazer uma importante contribuição na promoção e entendimento dos *Trusts*, associados com a tributação, e também auxiliar no desenvolvimento jurídico-fiscal, em particular nos países que estão menos familiarizados com os *Trusts*.

Assim, nos dedicamos à verificação das hipóteses de incidência tributária do instituto actualmente relevantes naqueles países, em suas particulares realidades.

Por necessário, inicialmente nesta parte do trabalho, nosso foco de estudos foi o Reino Unido, com o intuito de observarmos e aproveitarmos a longa experiência existente naquele país, no assunto.

282 — *A Tributação dos Trusts*

Ficou claro que, embora a utilização do Instituto seja muito antiga, a legislação fiscal dos *Trusts* no Reino Unido é bem moderna, sendo constantemente actualizada.

Com efeito, as regras tributárias variam de acordo com o tipo de *Trust*, tendo sido analisadas, pois, quatro amplas categorias principais para propósitos tributários: *Bare Trusts, Interest in Possession Trusts, Acumulation and Maintenance Trust* e *Discretionary Trusts*.

Neste contexto, concentramos nossa investigação nos principais impostos incidentes no *Trust* no Reino Unido, quais sejam, o *Capital Gains Tax*, o Imposto de Renda e o *Inheritance Tax*.

Vimos, então, que o *settlor* é o responsável por qualquer *Capital Gains Tax* devido no momento da criação de um *Trust inter vivos*, e que este tributo não incidirá na criação do *Trust testamentary*.

No caso do *Bare Trust*, os responsáveis tributários serão, sempre, os beneficiários. Assim, o *Capital Gains Tax* é cobrado como se os activos pertencessem a eles, e como se tal propriedade não fosse detida por um *Trust*.

Em todos os outros casos, vimos que, normalmente, os *trustees* são responsáveis pelo *Capital Gains Tax* nas ocorrências incidentes durante a existência e extinção do *Trust*, sendo sua carga tributária suportada pelo *"Corpus do Trust Fund"*.

Já no âmbito do Imposto sobre os Rendimentos, observamos que existem dois tipos de responsabilidades tributárias do *Trustee*: a responsabilidade definitiva e a responsabilidade representativa. Neste passo, nos casos em que os *trustees* possuírem responsabilidade definitiva sobre o Imposto de Renda, a carga tributária será suportada pelo *"Corpus do Trust Fund"*. Porém, onde os *trustees* possuem somente a capacidade representativa, a carga tributária será suportada pelo beneficiário da renda, que terá direito a um crédito tributário do imposto, já retido na fonte pelo *trustee* com capacidade representativa.

Examinamos, ainda, que no Reino Unido, a criação do *Trust*, quer seja por testamento ou *inter vivos*, é frequentemente uma transferência tributável e dará origem a um custo de *Inheritance Tax*. Contudo, para as finalidades do *Inheritance Tax*, vislumbramos a distinção entre a criação de um *Fixed Trust* e de um *Trust Discretionary*. A norma tributária, equipara as transferências para um *Fixed Trust* a uma doação *inter vivos*, de modo que o *settlor* não deve pagar o *Inheritance Tax*, sempre que sobreviver a sete anos da doação.

Conclusão 283

A seu turno, nas doações para um *Trust Discretionary*, o legislador Inglês determinou a incidência do *Inheritance Tax*, periodicamente a cada 10 anos e, sucessivamente, uma nova incidência na saída dos bens do *Trust*.

Conforme vimos, no Reino Unido, o *Inheritance Tax* é baseado sobre a diminuição da propriedade do *settlor*, e não no aumento sobre a propriedade dele. Portanto, o *settlor* é primeiramente responsável pelo pagamento do *Inheritance Tax*, o *trustee* e o beneficiário são responsáveis subsidiariamente, sobre o imposto remanescente que deveria ter sido pago e não foi.

Por fim, mencionamos algumas responsabilidades tributárias do *trustee*. Naquele espaço, o *trustee* exerce papel fundamental e determinante para a eficiência tributária do *Trust*. De facto, o acompanhamento por parte do *trustee* sobre os investimentos e sua consequente tributação é constante. Ainda, o *trustee* é normalmente responsável em efectuar as declarações de impostos de renda e ganhos de capital, além de efectuar os pagamentos tributários nos prazos legais.

Como observamos, em verdade, o Reino Unido concentra sua incidência tributária nos impostos sobre o património e sobre o rendimento e, de acordo com o tipo de *Trust* envolvido, isso tendo sido de basilar importância na terceira parte de nosso estudo.

Por sua vez, a Itália tem como característica fundamental sua definitiva participação na Convenção de Haia sobre o Direito Aplicável aos *Trusts* e o seu Reconhecimento, de 1985. No caso italiano, resultou evidente que a entrada em vigor deste importante compromisso internacional vem comportando, progressivamente, a inovação do sistema de Direito Fiscal Italiano.

Outro ponto marcante, nesta linha, é que o *Trust* encontrou o pleno reconhecimento jurídico na Itália com a introdução do artigo 2645-ter no Código Civil Italiano, em vigor desde 2006.

Tais distintivas levaram a Itália a disciplinar hipóteses jurídicas tributárias, levando em consideração as características específicas do *Trust*.

Logo, em 1º de Janeiro de 2007, o *Trust* entrou juridicamente no elenco dos sujeitos passivos "IRES" (*Imposta sul reddito delle società*). Dessa forma, sob o ponto de vista fiscal, o *Trust* é considerado um sujeito passivo IRES, à comparação de um ente.

Com referência ao rendimento produzido no *Trust*, a referida Lei prevê a imputação da tributação pela Transparência Fiscal na pessoa do beneficiário, se este for individualizado. De facto, os rendimentos produzidos no *Trust* são imputados directamente aos beneficiários individualizados na proporção de sua quota-parte indicada no acto constitutivo do *Trust*.

Em prosseguimento, a Lei *"Finanziária"* de 2007, ainda estabeleceu no seu parágrafo 75, sob o perfil fiscal, que os rendimentos obtidos pelos beneficiários, pessoas singulares ou ente não comercial, são considerados rendimentos de capitais.

Destacamos também, que no acto constitutivo do *Trust*, incide um Imposto de Registo, similarmente ao que ocorre em França.

A seu turno, os Impostos sobre as Doações e Sucessões incidem, proporcionalmente, na medida em que os bens são devolvidos ao beneficiário final do *Trust*.

Por fim, o *trustee* responde pelo acto instrumental, ou seja, pela obrigação de fazer a Declaração do Imposto de Renda na Itália, uma vez que isso implica dentre suas responsabilidades de Administração do *Trust*.

A seu turno, a França nos revelou parecer relativamente inclinada a beneficiar-se da vasta experiência anterior das administrações fiscais britânica e norte-americana sobre este assunto. Ademais, a França tem se concentrado na tributação dos *Trusts* estrangeiros de origem familiar, tendo em vista seu grande número naquele país.

Nesta sequência, a França se apoia na divisão utilizada no sistema fiscal norte-americano, que distingue, basicamente, entre o *Trust* revogável e o *Trust* irrevogável.

Realmente, o regime tributário francês é provido de pontos marcantes que possibilitam uma análise fiscal coerente da instituição do *Trust* estrangeiro, dado que o Direito Fiscal francês descansa sobre conceitos jurídicos directamente emprestados ao Direito Civil.

Por consequência, então, considerando que o *Trust*, criado por pessoa singular, não pode ser constituído em França, o próprio *Trust* não é apreciado como uma entidade tributável. Assim, só as pessoas envolvidas, ou seja, o *settlor*, o *trustee* e o beneficiário são passíveis de serem responsabilizados fiscalmente na França.

Finalmente, ponto fundamental em França foi a introdução da *Fiducie* e seu consequente tratamento fiscal.

Como visto, os actos que constatam a formação, modificação ou extinção de um contrato de *fiducie* são sujeitos a uma taxa fixa.

Como precisamente abordado, naquele país, o objectivo da lei é que a *Fiducie* tenha neutralidade fiscal. Consequentemente, a transferência dos recursos em uma *fiducie* não acarretará consequências tributárias, e as rendas geradas pelos recursos remanescerá sujeita ao Imposto de Renda de Pessoa Colectiva nas mãos do *constituant (settlor)*. A remuneração do *fiduciaire (trustee)* é tributável sob a categoria de lucro de negócio.

A seu turno, os ganhos de capital tidos no tempo da transferência dos activos e direitos para a *fiducie*, não são imediatamente tributáveis. A tributação desse ganhos é diferida até que os activos e direitos sejam vendidos pelo *fiduciaire (trustee)*.

Neste plano e por elementar, devemos enfatizar que a aprovação da Lei da *Fiducie* constitui-se em passo essencial para o breve e natural reconhecimento do *Trust* em França. Tudo isso vem a permitir a elaboração de normas tributárias cada vez mais próximas a realidade do Direito dos *Trusts*.

Neste diapasão, procuramos seguir as experiências positivas destes países para melhor amparar nossa análise portuguesa no assunto, apreciação principal de nosso trabalho.

Fundamentalmente, ao estudarmos o panorama de tais países, resultou evidente que estes procuram adaptar o Instituto do *Trust* em sua Legislação Civil e Tributária, gradualmente, buscando orientação e aprendendo com os acertos dos países que já reconhecem o *Trust* há um tempo considerável, como o Reino Unido e os Estados Unidos da América.

É nesta perspectiva, então, que buscamos, na terceira parte de nosso trabalho, tratar do desafio de cuidar da tributação dos *Trusts* em Portugal.

Nesse quadro, à semelhança do que ocorreu em Itália e em França, a consagração do *Trust* ao Direito interno português, *in casu*, revelava-se extremamente complexa. Porém, temos a certeza de que o primeiro passo para a introdução dos *Trusts* em Portugal já foi dado, pela inovadora obra escrita por Leite de Campos e Vaz Tomé (1999).

E sob tal prisma, concluímos que é perfeitamente possível adequarmos a legislação tributária portuguesa ao Instituto do *Trust*.

Em alinhamento, de facto, o maior benefício do reconhecimento dos *Trusts* é a possibilidade das autoridades estabelecerem regras que facilitem a sua tributação.

Partindo-se da essência dos pontos investigados, consideramos em nosso estudo as especificidades concretas da espécie e a extensa variedade de *Trusts* que podem existir. Assim, procuramos evidenciar os momentos fiscalmente relevantes, bem como a identificação do eventual sujeito passivo da relação jurídica em *Trust*.

Como decorrência, então, verificamos que um dos maiores desafios em identificar o sujeito passivo do *Trust* encontrava-se na tipologia do instituto, que é totalmente múltipla. Contudo, para nossa análise fiscal, consideramos o carácter revogável e irrevogável do *Trust*; os direitos concretos dos beneficiários e a própria determinação de cada momento destes e os poderes discricionários designados ao *trustee*.

Com efeito, pois, consideramos como possíveis sujeitos passivos da relação em *Trust*: o *settlor*, o *trustee*, o beneficiário e o próprio *Trust*.

Ante o examinado, em nossa análise tributária com vistas à determinação do sujeito passivo, verificamos que o *settlor* incorrerá em responsabilidade fiscal se reservou para si direitos de revogação ou modificação do instrumento do *Trust,* permanecendo, pois, relacionado aos bens em *Trust*.

Bem claro deixamos que o *trustee* possui uma propriedade aparente, não possuindo capacidade contributiva sobre os bens. Assim, o papel do *trustee* seria o de responder pelo cumprimento das obrigações principais e acessórias do sujeito passivo, em virtude de razões de conveniência, de eficácia e de segurança do pagamento do imposto. Entretanto, poderá, obviamente, o *trustee* ser sujeito passivo se ele for um dos beneficiários do *Trust*.

Diante do pertinente estudo da sujeição passiva do beneficiário, concluímos que esta deve ser imputada com notável peculiaridade, considerando seus benefícios concretos. Na prática, tal solução evitaria a tributação de situações que não revelem capacidade contributiva.

Nesse passo, fica claro que o beneficiário só será sujeito passivo dos impostos referentes aos bens ou direitos directamente a ele atribuídos.

Oportunamente, considerando as múltiplas especificidades existentes no *Trust*, avaliamos e ponderamos a possibilidade do *Trust* ser considerado sujeito passivo distinto em certas situações.

Ao nosso ver, o *Trust* terá capacidade contributiva nos casos onde não for possível considerar o *settlor*, nem o beneficiário, com titularidade e disponibilidade imediata de rendimento ou da riqueza e, portanto, sem capacidade económica para arcar com o ónus do imposto.

Depois de termos discorrido sobre a sujeição passiva dos entes do *Trust*, analisamos as possíveis hipóteses de incidência tributária do *Trust*, visando a destacar os impostos que incidem na constituição, duração e extinção de um *Express Trust*.

Neste contexto, pretendeu-se possibilitar a Tributação dos *Trusts* de uma forma simplificada e uniforme, com vistas à sua aplicação no âmbito da União Europeia. Da mesma forma que ocorre actualmente com outras áreas do Direito, a concorrência pode levar a que os residentes portugueses constituam *Trusts* em qualquer lugar da União Europeia.

Logo, não sugerimos, aqui, uma baixa tributação com vistas à constituição de *Trusts off-shore*, mas, sim, uma tributação que possibilite sua efectiva utilização em Portugal. Lembramos que tais argumentos têm carácter humildemente sugestivo.

Neste plano, sinalizamos a incidência de impostos sobre o património e sobre o rendimento da propriedade em *Trust*.

Inicialmente, à semelhança do ocorre nos países analisados, compartilhamos da posição de que na constituição ou modificação de um *Trust* poderá ocorrer a incidência de um Imposto de Registo e, em determinadas situações, do Imposto sobre as Transmissões Gratuitas.

Logo, na prática, sugerimos a incidência do Imposto de Selo Propriamente Dito e a taxa aplicável deverá ser adaptada de acordo com a natureza do *Trust*, de uma forma que não onere excessivamente e que seja harmonizada com o montante exigível nos países que reconhecem os *Trusts*.

Em prosseguimento, dentro das hipóteses de incidência tributária no *Trust*, concluímos pela incidência do Imposto de Selo sobre as Transmissões Gratuitas na transferência inicial dos bens, naqueles casos em que o *settlor* a faz de forma definitiva.

Já no caso do *trustee* possuir poderes discricionários, concluímos que deverá ser liquidado o imposto apenas na transferência final do capital, com todo o incremento patrimonial vislumbrado. Apreciamos que o enriquecimento imediato do beneficiário deve ser pressuposto para a incidência do imposto. Posto isso, parece-nos mais correcto diferenciar o momento da cobrança do imposto em consonância com o tipo de *Trust,* quanto aos direitos concretos dos beneficiários.

Contudo, devemos mencionar que, no caso de *Discretionary Trust,* consideramos conveniente a inclusão de uma taxa periódica, à semelhança do Reino Unido, que é cobrada a cada 10 anos (nos casos em que a Lei não limita a sua duração).

Em prosseguimento, na constituição do *Trust inter vivos* revogável, os bens são fiscalmente considerados pertencentes ao *settlor* e farão parte da sua sucessão no dia de seu óbito, não havendo, portanto, consequências tributárias. Por igual ocorre quando o *settlor* for o único ou um dos beneficiários do *Trust Irrevogável.* Já no caso do *settlor* se declarar como *trustee* para outros beneficiários, normalmente ocorre uma diminuição patrimonial do *settlor* e, assim, uma possível transferência tributável.

Consideramos, neste contexto, a possibilidade do *settlor* autorizar expressamente, no *trust instrument,* que a carga do imposto seja suportada pelo "*Corpus* do *Trust Fund*".

Mesmo estando ciente que em Portugal os cônjuges, descendentes e ascendentes são isentos do Imposto de Selo sobre as transmissões gratuitas de bens, não poderíamos deixar de analisar essa importante hipótese de incidência, diante da possibilidade dos beneficiários não se encontrarem entre os isentos.

Por sua vez, quanto ao Imposto sobre o Rendimento, consideramos como facto gerador as rendas obtidas pelo *trustee* em decorrência de sua gestão sobre a *trust property,* e a incidência sobre os rendimentos recebidos pelos beneficiários.

Em conclusão, alinhada ao disposto em nosso trabalho, poderá haver, a exemplo do que ocorre no Reino Unido, a incidência de taxas especiais aplicáveis aos *Trusts* Irrevogáveis.

Apreciamos que essa abordagem seria a mais pertinente em razão do "carácter único" e diferenciado do *Trust.* A nosso ver, a existência de uma alíquota especialmente aplicável sobre o rendimento global dos *Trusts* Irrevogáveis, podendo, ainda, diferenciar as alíquotas para os *Fixed e Discretionary*, evitaria eventuais conflitos tributários e simplificaria a cobrança do imposto.

Quanto a sujeição passiva do imposto em questão, consideramos que em determinados tipos de *Trust*, o sujeito passivo do Imposto de Renda será o próprio *Trust*, ou seja, a carga tributária será suportada pelo *"Corpus do Trust Fund"*.

Em primeiro lugar, o *Fixed Trust* seria considerado como fiscalmente inexistente, ao passo que todo rendimento obtido pelo *Trust* será distribuído aos beneficiários. Do mesmo modo será, quando o *settlor* reservar-se de direitos aos rendimentos no *trust instrument*. Neste caso, ele será o sujeito passivo, e a imposição de rendimentos levantados pelo *trustee* far-se-á directamente entre as mãos do *settlor*.

Quanto ao *Trust Discretionary,* ele é considerado com existência fiscal distinta, ao passo que não distribuindo todo o rendimento do *Trust* aos beneficiários, poderá o *trustee* acumular a renda no capital do *Trust*. Neste caso, o mais adequado será tributar em sede do próprio património separado, considerando o princípio da capacidade contributiva e a subjectividade existente quanto aos direitos dos beneficiários.

Ainda, concluímos que no *Trust* Revogável, o *Trust* será considerado fiscalmente inexistente. Desta forma, a carga tributária será suportada directamente pelo *settlor*.

Em prosseguimento, salientamos que o beneficiário é o sujeito passivo do imposto em razão dos rendimentos que lhe distribuir certamente o *trustee*. Os beneficiários serão tributados na fonte sobre os pagamentos de rendimentos efectuados pelo *trustee*. Neste passo, terão direito ao crédito do imposto já suportado pelo *Trust* para efeitos da sua declaração pessoal de IR.

Neste ponto, vale dizer que os beneficiários teriam a obrigação de declarar o IR, mesmo que não tenham quantia a recolher, e, ainda, podem ter direito a reembolso se o valor do imposto pago pelo *trustee* exceder a responsabilidade tributária anual do beneficiário.

Em qualquer dos casos, devemos mencionar que somos favoráveis a um tratamento tributário diferenciado nos casos de constituição de um *Trust Charitable*. Ora, considerando as finalidades deste tipo de *Trust*, sua formação e existência devem ser amplamente incentivadas, inclusive em sede tributária, pois tal *Trust* não tem ânimo de lucro, mas, sim, o de atingir determinado fim de interesse público.

Outro ponto importante a ser arrematado diz respeito à residência fiscal do *Trust*. Em consonância com a Convenção de Haia, consideramos que um *Trust* se regulará pela lei a que está mais estreitamente vinculado, levando em conta o lugar da administração do *Trust* designado pelo *settlor*, o lugar onde se encontrem os bens do *Trust*, o lugar onde o *trustee* resida ou exerça suas actividades, ou, ainda, o lugar dos objectivos do *Trust* e os lugares onde se devam cumprir.

Em sede final se fez necessário abordarmos o reconhecimento dos *Trusts* na Zona Franca da Madeira. De facto, como vimos, é permissível a constituição de *Trust*, na Zona Franca da Madeira, para fins industriais, comerciais e financeiros, apenas destinados a actividades *off-shore*.

Por todo o exposto, justifica-se o que este trabalho visou a investigar, no sentido de que o fenómeno do *Trust* tem se disseminado pelos países da *Civil Law*.

Assim, progressivamente, as jurisdições que não estão familiarizadas com este inovador instituto estão sendo chamadas a lidar com estes novos desafios.

A adequada tributação dependerá do nível de entendimento das características do instituto, bem como da compreensão da necessidade de se consagrar o instituto em território português.

Os aparentes problemas nos revelam a necessidade de identificar novas formas de tributação, de modo ágil e moderno, com uma legislação mais flexível e adaptada à natureza do instituto do *Trust*.

Somente a partir daí o regramento fiscal poderá ser efectivo.

É o que buscamos!

BIBLIOGRAFIA

ADELLE, Jean-François. *First Steps Towards the Introduction of a Fiduciary Regime.* International Law Office. Publicado em 27 de outubro de 2006. Disponível em: http://www.internationallawoffice.com. Acesso em: 20.05.2007.

BEILFUSS, Cristina González. *El Trust – La Instituición Anglo-Americana y el Derecho Internacional Privado Español.* Barcelona: Bosch, 1997.

BENNETT, Tim. *Evolution And Uses Of Purpose Trusts.* United Kingdom: Trusts & Trustees, Gostick Hall, Volume 1, Issue 8, 1996.

BERLINGUER, Aldo. *The Italian Road to the Trust.* In: Report presented on 3 May 2006 to the Committee on Legal Affairs of the European Parliament. English translation by Carolina Cigognini. Disponível em: http://www.europarl.europa.eu. Acesso em: 03.04.2007.

BLANLUET, Gauthier. *Pourquoi introduire la fiducie en France.* In: Les Echos, Publicado em 16 de Fevereiro de 2007. Disponível em : http://www.lesechos.fr. Acesso em: 23.05.2007.

BOGONI, Renato. *Panoramica degli aspetti fiscali del Trust in Itália.* Milano: Assotrust, Publicado em 10 de Março de 2005. Disponível em: http://www.assotrust.it. Acesso em: 26.03.2007.

BOLEAT, David. *Who would be a Professional Trustee?.* United Kingdom: Trusts & Trustees, Gostick Hall, Volume 2, Issue 4, 1996.

BOTTERO, Simone. *La Disciplina Fiscale Del Trust.* La Pratica Forense, Roma, Maggioli, Disponível em: http://www.lapraticaforense.it. Acesso em: 25.04.2007.

BRAZ DA SILVA, José Manuel. *Os Paraísos Fiscais.* Coimbra: Almedina, 2000.

BUSSATO, Alessia. *La Figura Del Trust Negli Ordinamenti Di Common Law e Diritto Continentale.* Rivista Di Diritto Civile, Padova, a.38, n.3, p. 310-357, Maggio-Giugno, 1992.

CARBONE. Sergio Maria. *Autonomia Privata, Scelta Della Legge Regolatrice Del Trust e Riconoscimento Dei Suoi Effetti Nella Convenzione Dell'Aja del 1985.* Rivista di Diritto Internazionale Privato e Processuale, Padova, v. 35, p. 773-788, 1999.

CARBONE. Sergio Maria. *Trust Interno e Legge Straniera.* Rivista di Diritto Internazionale Privato e Processuale, Padova, p. 355-362, Aprile-Giugno, 2003.

CASALTA NABAIS, José. *Direito Fiscal.* 4° Edição. Coimbra: Almedina, 2006.

CASTRONOVO, Carlo. *Il Trust e 'Sostiene Lupoi'.* Europa e diritto privato. Milano, n.2, p. 441- 451, 1998.

CHALHUB, Melhim Namem. *A Regularização do Trust no Direito Brasileiro.* São Paulo: Gazeta Mercantil, p. 4, 30.03.2000.

CHALHUB, Melhim Namem. *Trust.* Rio de Janeiro: Renovar, 2001.

CHIMIENTI, Maria Teresa. *Trusts Interni Disposti Inter Vivos: Orientamenti in Materia di Imposte Dirette*. Diritto e Pratica Tributaria, Bologna, v. 74, n.2, p. 303-322, Marzo-Aprile, 2003.

CRILL, James. *A trustee's perspective on investment*. United Kingdom: Trusts & Trustees, Gostick Hall, Volume 1, Issue 10, 1995.

DE ANGELIS, Lorenzo. *Trust e Fiducia Nell'Ordinamento Italiano*. Rivista Di Diritto Civile, Padova, a.45, n.3, Maggio-Giugno, p. 353-372, 1992.

DE MARCHI, Giorgio. *L' Impresa Di Investimento Mobiliare*. Rivista Di Diritto Commerciale, p. 444- 465, 1954.

DEIANA. Anna Paola. *Paradisi Fiscali: Le Isole Del Canale*. Commercio Internazionale, Milano, n.19, p. 939- 942, 1995.

DEVENPORT, Edward. *Contrasting approaches to the beneficiaries' right to know*. United Kingdom: Trusts & Trustees, Gostick Hall, Volume 2, Issue 1, 1996.

DI SALVATORE, Salvatore. *New legal provisions on trusts in Italy: back to foundations: an italian retrospective.* United Kingdom: Trusts & Trustees, Gostick Hall, Volume 13, Issue 5, p. 172-173, 2007.

DYER, Adair. *International Recognition and Adaptation of Trusts: The Influence of the Hague Convention*. Vanderbilt Journal of Transnational Law, Vol. 32, 1999.

FONSECA, Rodrigo Garcia. *Considerações sobre o Trust (fidúcia) no Direito Comparado*. Revista Forense, Rio de Janeiro, v. 334, p. 153-189, 1996.

FREIRE E ALMEIDA, Daniel. Os *Trusts – Securitization em Direito nos Estados Unidos da América*. Revista do Instituto de Pesquisas e Estudos, Bauru, v. 31, p. 315-324, 2001.

FUNDAÇÃO CALOUSTE GULBENKIAN. *Testamento de Calouste Sarkis Gulbenkian, Cláusulas Relativas À Criação da Fundação.* Lisboa, 1953.

GAILLARD, E. *Introductory Note to the Final Act of the Hague Conference on Private International Law*. In: TIMOTHY, Lyons; WHEELER, Joanna. *The International Guide to the Taxation of Trusts*. Amsterdam: IBFD, 2005.

GARDNER, Simon. *An Introduction to the Law of Trusts*. Oxford University Press, UK, 2003.

GARRIGUES, Abelardo Delgado Pacheco. *Las Entidades en Atribuición de Rentas y el Régimen Fiscal de Partnerships y Trust en España*. Manual de Fiscalidad Internacional, Madri, p.341-371, 2004.

GIULIANI, Federico Maria. *Il trust "interno" (regolato da una "legge trust") e la Convenzione dell'Aja*. Contratto e impresa, Padova, p.433-444, Anno XIX-N.1 Gennaio-Aprile, 2003.

GOLDSWORTH, John. *The Rule Against Perpetuities*. United Kingdom: Trusts & Trustees, Gostick Hall, Volume 2, Issue 1, 1996.

GOLDSWORTH, John. *Versatility Extended*. United Kingdom: Trusts & Trustees, Gostick Hall, Volume 11, Issue 2, 2005.

GOMES, Ana Cláudia Nascimento. *A Propriedade Jurídica e a Propriedade Económica no Trust*. Working Paper de Mestrado, Universidade de Coimbra, Coimbra, 2000.

GRECO, Ricardo; ROSSI, Iginio. *La Circolazione dei "Trust" Esteri in Italia*. In: Servizio Consultivo ed Ispettivo Tributário - Ministero dell' Economia e delle Finanze. Publicado em Fevereiro de 1998. Disponível em: http://www.secit.finanze.it. Acesso em: 18.04.2007.

GRETTON, L. George. *Constructive Trusts and Insolvency*. European Review of Private Law, Dordrecht, v. 8, n° 3, p. 464-465, 2000.

Bibliografia 293

GUFFANTI, Fabio. *Il trattamento fiscale del Trust in Itália.* In: Università Cattolica Del Sacro Cuore, Milano, Publicado em 17 de outubro de 2006. Disponível em: http:// asam.unicatt.it.

GUIDOTTI, Lorenzo. *La Convenzione dell'Aja del 1985 e la legge applicabile ai Trusts.* Genova: Università degli studi di Genova, 1998.

HARDY, Amanda. *The International Guide to the Taxation of Trusts – United Kingdom.* Amsterdam: IBFD, 2005.

HAYTON, D.J., *The Law of Trusts.* London: Sweet e Maxwell, 1998.

HCCH. *Convention on the Law Applicable to Trusts and on their Recognition.* Disponível em: http://hcch.e-vision.nl/index_en.php?act=conventions.text&cid=59. Acesso em 13.03.2006.

HCCH. *Hague Conference on Private International Law.* Disponível em: http://hcch.e-vision.nl/index_en.php?act=text.display&tid=26.

HOOPER, Philip. *Investing Trust Funds - a Banker's View.* United Kingdom: Trusts & Trustees, Gostick Hall, Volume 2, Issue 4, 1996.

LA NOTTE, Maria. *Il trust e la Convenzione dell'Aja del 1985 (L.364/89).* Napoli: Seconda Università degli Studi di Napoli, 2002.

LEITE DE CAMPOS. Diogo. *Cláusula Geral Anti-Abuso e Fraude Fiscal.* Lisboa: PLMJ, Nota Informativa, 2007, Disponível em: www.plmj.pt.

LEITE DE CAMPOS, Diogo. *O Sistema Tributário no Estado dos Cidadãos.* Coimbra: Almedina, 2006.

LEITE DE CAMPOS, Diogo; LEITE DE CAMPOS, Mônica. *Direito Tributário.* 2° Edição. Belo Horizonte: Del Rey, 2001.

LEITE DE CAMPOS, Diogo; VAZ TOMÉ, Maria João. *A Propriedade Fiduciária (Trust), Estudo para a sua Consagração no Direito Português.* Coimbra: Almedina, 1999.

LEITE DE CAMPOS, Mônica. *Os Paraísos Fiscais na Comunidade Europeia.* Lisboa: Revista da Ordem dos Advogados, ANO 57, p. 149-158, 1997.

LEMBO, Massimo. *Il Trust-L'orizzonte legislativo.* Rivista Di Dottrina e Giurisprudenza, Padova, Ano LXXIV, p. 427-437, Maggio-Giugno, 1999.

LENER, Raffaele. *La Circolazione del Modello del "trust" nel Diritto Continentale del Mercato Mobiliare,* Rivista delle società, Milano, a.34, n. 5, p. 1050-1073, Settembre-Ottobre, 1989.

LOVE, Victoria. *Caution Required on the Duty of Care in the UK Trustee Act 2000.* United Kingdom: Trusts & Trustees, Gostick Hall, Volume 8, Issue 2, 2002.

LUPOI, Maurizio. *Italy: independent approach to trusts in a Civil Law country.* Trusts & Trustees, Gostick Hall, Volume 9, Issue 6, 2003.

LUPOI, Maurizio. *Osservazioni sui primi interpelli riguardanti trust.* Il Fisco, Roma, n. 28/ 2003, n. 1, p. 4342-4347, 2003.

LUPOI, Maurizio. *Perché I Trust in Italia.* Il Trust nel Diritto delle Persone e della Famiglia, Milano, p. 18- 24, 2003.

LUPOI, Maurizio. *Riflessioni Comparatistiche sui Trusts.* Europa e diritto privato. Milano, n.2, p. 425-440, 1998.

LUPOI, Maurizio. *The Development of Protected Trust Structures in Italy.* In: Hayton D. Extending the Boundaries of Trusts and Similar Ring-Fenced Funds, Kluwer law International, p. 85-93, 2002.

294   *A Tributação dos Trusts*

LUZZATTO, Ricardo. *Legge Applicabile e Riconoscimento Di Trusts Secondo La Convenzione Dell'Aja del 1 º Luglio 1985*. Rivista di Diritto Internazionale Privato e Processuale, Padova, v. 35, p.5-20, 1999.

Malinconico, Giuseppe. *La tassazione dei vincoli di destinazione e dei trust*. Roma: Agenzia delle Entrate, FISCOoggi, Publicado em 16 Fevereiro de 2007. Disponível em: http://www.fiscooggi.it. Acesso em: 25.04.2007.

MARCHI, Giorgio de. *L' Impresa di Investimento Mobiliare: Investment Trust*. Rivista del Diritto Commerciale e Del Diretto Generale delle Obbligazioni, Padova, a.52, n.11-12, p. 444- 465, Novembre-Dicembre, 1954.

MARELLA, Maria Rosaria. *Il Divieto Dei Patti Successori E Le Alternative Convenzionali Al Testamento. Riflessioni Sul Dibattito Piu' Recente*. The Cardozo Electronic Law Bulletin, Torino, v. 3, 1997. Disponível em: http://www.jus.unitn.it/cardozo/Review. Acesso em: 02/05/2007.

MARKHAM, Anthony. *Remuneration for professional trustees*. United Kingdom: Trusts & Trustees, Gostick Hall, Volume 1, Issue 8, 1995.

MARTANI, Gianluca. *Il trust diventa soggetto passivo Ires*. Roma: Agenzia delle Entrate, FISCOoggi, Publicado em 11 de Janeiro de 2007. Disponível em: http://www.fiscooggi.it. Acesso em: 18.04.2007.

MARTIN, Jill E., *Modern Equity*. Fifteenth Edition. London: Sweet & Maxwell, 1997.

MASTERS, Colin. *The Powers and Duties of Trustees under English Law*. United Kingdom: Trusts & Trustees, Gostick Hall, Volume 2, Issue 1, 1996.

MAZZAMUTO, Salvatore. *The Italian Law of Trust in the Aftermath of the Hague Convention*. Europa e diritto privato, Milano, n.3, p. 781-791, 1998.

MENNEL, L. Robert. *Wills and Trusts in a Nutshell*. Second Edition, Minnesota: West Group, 2004.

MERZ, Sandro; SGUOTTI, Paolo. *La Transmissione Familiare e Fiduciaria della Ricchezza*. Padova: Cedam, 2001.

MESSANA, Graziano. *Effetti Civili e Fiscali del Trust: un'analisi comparativa*. Roma: Libera Univ. Internaz. di Studi Soc. G.Carli-(LUISS) di Roma, 2000.

MOJA, Andréa. *Trust, vincoli di destinazione, e patti di famiglia: comparazione civilística e relativo preliminare inquadramento tributário seguito della recentíssima introduzione dell'imposta sulle successioni e donazioni*. Milano: Assotrusts, Publicado em 16 de Fevereiro de 2007. Disponível em: http://www.assotrusts.it. Acesso em: 19.04.2007.

NICODEMO, Massimiliano. *Trust: spiegazioni, aspetti fiscali e giurisprudenziali*. In: Unione Consulenti- Consulenza Legale e Fiscale, Studio Legale Tributario Nicodemo : la guida utile per il privato e l'azienda. Disponível em: http://www.unioneconsulenti.it. Acesso em: 28/04/2007.

NUZZO, Enrico. *E Luce Fu Sul Regime Fiscale Del Trust*. Banca Borsa Titoli di Credito, Milano, v. 55, n. 2, p. 244-269, Marzo-Aprile, 2002.

NUZZO, Enrico. *Il trust interno privo di "flussi" e "formanti"*. Banca Borsa Titoli di Credito, Milano, v. 54, p. 427-436, Luglio-Agosto, 2004;

OPPETIT, Bruno. *Le trust dans le droit du commerce internacional*. Revue critique de droit international privé, Paris, t.62, n.1, p. 1-20, Janv-Mars, 1973.

PANICO, Paolo. *La Funzione del Trustee in Italia*. Il Trust nel Diritto delle Persone e della Famiglia, Milano, p. 75- 85, 2003.

Bibliografia

PENNER, J. E., *The Law of Trusts*. Fifth Edition, Londres: Oxford University Press, 2006.

PETTIT, Philip H. *Equity and the Law of Trusts*. London: Butterworths, 1993.

PODDIGHE, Andrea. *I Trusts in Italia Anche Alla Luce Di Una Rilevante Manifestazione Giurisprudenziale*. Diritto e Pratica Tributaria, Bologna, v. 72, n.2, Marzo-Aprile, 2001.

RESCIGNO, Pietro. *Notazioni a chiusura di un seminario sul trust*. Europa e diritto privato, Milano, n.2, p.453-462, 1998.

REUTLINGER, Mark. *Wills, Trusts, and Estates, Essencial Terms and Concepts*. Second Edition, New York: Aspen Publishers, 1998.

RICHES, John. *Modernising the Tax System for Trusts – Draft Legislation Issued*. UK: Withers LLP, February, 2006.

RICHTER JUNIOR. Mario Stella. *Il Trust Nel Diritto Italiano Delle Società*. Banca Borsa e Titoli di Credito, Milano, v.51, n.4, p. 477-487, Luglio- Agosto, 1998.

ROBILLIARD, John. *Powers of Investment in the administration of trusts*. United Kingdom: Trusts & Trustees, Gostick Hall, Volume 1, Issue 8, 1995.

SACHI, Andrea. *The Italian 'Fiscal Shield' – New Rules on Foreign Held Funds*. United Kingdom: Trusts & Trustees, Gostick Hall, Volume 8, Issue 3, p. 20-22, 2002.

SALVATORE, Vicenzo. *IL Trust – Profili di Diritto Internazionale e Comparato*. Univ. di Pavia studi nelle scienze giurid. e sociali, Padova, 1996.

SANTORO, Laura. *Trust e Fiducia*. Contratto e Impresa, Padova, Anno XI-N.3, p. 976-995, Settembre-Dicembre, 1995.

SILVA NETO, José Francisco da. *Apontamentos de Direito Tributário*. 3ª. Edição. Rio de Janeiro: Forense, 2006.

SQUEO, Francesco. *Fiscalità dei trust, norme a ostacoli- Lacune sui beneficiari individuati e sulle regole antielusive*. Milano: Italia Oggi, Venerdì 29 Dicembre 2006, p. 41. Disponível em: http://www.italiaoggi.it/. Acesso em: 04.05.2007.

STEPHENS, John. *Designing an Investment portfolio for trustees*. United Kingdom: Trusts & Trustees, Gostick Hall, Volume 1, Issue 8, 1995.

STUBER, Walter Douglas. *A Legitimidade do "Trust" no Brasil*. Revista dos Tribunais, São Paulo, v.28, n° 76, p. 103-108, Out-Dez, 1989.

TIRARD, Jean-Marc. *Tax Treatment of the New Fiducie*. International Law Office. Publicado em 17 de abril de 2007. Disponível em: http://www.internationallawoffice.com. Acesso em: 20.05.2007.

TIRARD, Jean-Marc. *The International Guide to the Taxation of Trusts – France*. Amsterdam: IBFD, 2006.

TRIPET, François. *Trust Patrimoniaux Anglo-Saxons et Droit Fiscal Français*. Paris: Litec, 1989.

TROST, Andreas. *El Trust en la Planificacion Fiscal Internacional*. Fiscalidad Internacional, Madrid, p. 595-612, 2003.

TUNDO, Francesco. *Implicazioni di Diritto Tributario Connesse al Riconoscimento Del Trust*. Diritto e Pratica Tributaria, Bologna, v. 64, n.4, Luglio-Agosto, 1993.

VAN RHEE, C.H., *Trusts, Trust-like Concepts and Ius Commune*. European Review of Private Law, Dordrecht, v. 8, n° 3, p. 453-462, 2000.

VON OVERBECK, Alfred E. *Explanatory Report on the 1985 Hague Trusts Convention*. HAIA: HCCH, 1985.

296　　　*A Tributação dos Trusts*

WALD, Arnoldo. *Algumas considerações a respeito da utilização do "trust" no direito brasileiro.* Revista dos Tribunais, São Paulo, v. 34, nº 99, p. 105-120, Julho-Set, 1995.

WORTLEY, B.A., *Le Trust et Sés Applications Modernes en Droit Anglais.* Revue Internacionale de Droit Comparé, Paris, p. 699-710, Janv-Mars, 1962.

WSBA. *Trusts.* Disponível em: http://hcch.e-vision.nl/index_en.php?act=conventions. text&cid=59. Acesso em 13.03.2006.

XAVIER, Alberto. *Direito Tributário Internacional do Brasil.* Rio de Janeiro: Forense, 2005.

DOCUMENTOS OFICIAIS

Itália

ITÁLIA. *Codice Civile.* Disponível em: http://www.lexced.it. Acesso em: 03.05.2007.

ITÁLIA. *Decreto del Presidente della Repubblica del 22 dicembre 1986, n. 917.* Testo Unico delle imposte sui redditi (TUIR). Disponível em: http://www.unipv.it Acesso em: 11.05.2007.

ITÁLIA. *Decreto del Presidente della Repubblica del 26 aprile 1986, n. 131.* Approvazione del testo unico delle disposizioni concernenti l'imposta di registro. Disponível em: http://www.assotrusts.it/. Acesso em: 09.05.2007.

ITÁLIA. *Decreto Legislativo 12 dicembre 2003, n.344. Circolari IRES/4.* Disponível em: http://www.agenziaentrate.it. Acesso em: 09.05.2007.

ITÁLIA. *Legge n. 286 del 24 novembre 2006.* Disponível em: http://www.parlamento.it. Acesso em: 10.05.2007.

ITÁLIA. *Legge n. 296 del 27 dicembre 2006 (legge finanziaria 2007).* Disponível em: http://www.parlamento.it Acesso em: 04.05.2007.

ITÁLIA. *Legge n. 364 del 16 Ottobre de 1989.* Aprovação interna da Convenção de Haia sobre o Direito Aplicável aos *Trusts* e o seu Reconhecimento. Disponível em: http://www.italgiure.giustizia.it. Acesso em: 25.04.2007.

França

FRANÇA. *Assemblee Nationale.* Disponível em: http://www.assemblee-nationale.fr. Acesso em: 23.05.2007.

FRANÇA. *Code Cível.* Disponível em: http://www.legifrance.gouv.fr. Acesso em: 20.05.2007.

FRANÇA. *Code General Des Impots.* Disponível em: http://www.legifrance.gouv.fr. Acesso em: 28.02.2007.

FRANÇA. *Loi n° 2007-211 du 19 février 2007.* Disponível em: http://www.legifrance.gouv.fr. Acesso em: 20.05.2007.

Portugal

PORTUGAL. *Código Civil, Decreto-Lei n° 47 344, de 25 de Novembro de 1966*. Disponível em: http://www.stj.pt. Acesso em: 26.06.2007.

PORTUGAL. *Código do Imposto Sobre o Rendimento das Pessoas Singulares*. Disponível em: http://www.dgci.min-financas.pt.

PORTUGAL. *Decreto-Lei n.° 352-A/88 de 3 de Outubro*. Disponível em: http://www.igf.min-financas.pt. Acesso em: 31.05.2007.

PORTUGAL. *Lei Geral Tributária*. Disponível em: http://www.dgci.min-financas.pt.

UK

DIRECT GOV. *Tax on income and gains from UK family trusts*. Publicado em 18 de Outubro de 2006. Disponível em: http://www.direct.gov.uk. Acesso em 11.02.2007.

FRIENDS PROVIDENT. *Taxation of Trusts – Rates of Tax on Income Producing Assets from 6 April 2004*. UK: Technical Factsheet n. 01/2004.

FRIENDS PROVIDENT. *Tax Tables 2006/2007*. Disponível em: http://www.friendsprovident.co.uk. Acesso em 27.11.2006.

HM REVENUE & CUSTOMS. Disponível em: http://www.hmrc.gov.uk. Acesso em 30.11.2006.

HM REVENUE & CUSTOMS. *Inheritance Tax Act 1984*. Disponível em: http://www.hmrc.gov.uk. Acesso em 04.12.2006.

HM REVENUE & CUSTOMS. *Taxation of Chargeable Gains Act 1992*. Disponível em:http://www.hmrc.gov.uk. Acesso em: 12.12.2006.

HM REVENUE & CUSTOMS. *Trusts An introduction*. Disponível em: http://www.hmrc.gov.uk/trusts/introduction.htm#interest . Acesso em 18.03.2006.

HM REVENUE & CUSTOMS. *Capital gains tax and Trusts*. Disponível em: http://www.hmrc.gov.uk/trusts/tmacapital-gains-tax-and-trusts.shtml. Acesso em 09.02.2007.

HM REVENUE & CUSTOMS. *Relief for Gifts and Similar Transactions*. Publicado em 05 de abril de 2006. Disponível em: http://www.hmrc.gov.uk. Acesso em 08.02.2007.

HM REVENUE & CUSTOMS. *Trust and Capital gains tax*. Publicado em 5 de abril de 2006. Disponível em: http://www.hmrc.gov.uk. Acesso em: 30.01.2007.

OFFICE OF PUBLIC SECTOR INFORMATION. *Income and Corporation Taxes Act 1988*. Disponível em: http://www.opsi.gov.uk. Acesso em: 13.02.2007.

ÍNDICE

INTRODUÇÃO 11

PARTE I
TRUST

1. Introdução 17

CAPÍTULO I – **Aspectos Fundamentais do *Trust*** 19
  1. A Origem do *Trust* 19
  2. Evolução Histórica 25
  3. Conceito 29
  4. Características Principais do *Trust* 31

CAPITULO II – **A Estrutura do *Trust*** 33

  SECÇÃO I – **A Estrutura Subjectiva do *Trust*** 33
    1. O *Settlor* 34
    2. O *Trustee* 36
    3. O Beneficiário (*Cestui que Trust*) 42

  SECÇÃO II – **A Estrutura Objectiva do *Trust*** 45
    1. *Trust Property* 45
    2. A Declaração de Vontade 46
    3. Transmissão dos Bens ou Direitos para o *Trustee* 47

CAPITULO III – **Constituição e Classificação do *Trust*** ... 51
  1. Constituição do *Express Trust* 53
  2. Classificação dos *Express Trust* 58
    2.1. *Trust Inter Vivos* ou *Trust Testamentary* 58
    2.2. *Trust Charitable* ou *Private Trust* 61
    2.3. *Trust* Revogável ou Irrevogável 65
    2.4. *Discretionary Trust* ou *Fixed Trust* 67

300   *A Tributação dos Trusts*

CAPITULO IV – **A Administração do** *Trust* 71

  SECÇÃO I – **Poderes e Deveres do** *Trustee* 72

    SUB-SECÇÃO I – **Poderes do** *Trustee* 73
      1. Em Geral 74
      2. Em Especial 76
      3. Poderes Discricionários e *Mandatory* 81
        3.1. Papel dos Tribunais 84
    SUB-SECÇÃO II – **Deveres do** *Trustee* 85
      1. Em Geral 87
      2. Em Especial 90

  SECÇÃO II – **Outras questões respeitantes à administração do** *Trust* 109
    1. Distribuição do Capital e Rendimento 109
    2. Despesas Decorrentes da Administração do *Trust* 111
    3. Rendas e Reservas de Depreciação 112
    4. Remuneração do *Trustee* 112
    5. Responsabilidades do *Trustee* 114

  SECÇÃO III – **A Modificação e Extinção do** *Trust* 118

CAPITULO V – **O Panorama Internacional dos** *Trusts* **e a Convenção da Haia
sobre o Direito aplicável aos** *Trusts* **e o seu reconhecimento** 123
  1. A Conferência da Haia de Direito Internacional Privado 123
  2. Aproximação ao Direito dos *Trusts* e o seu Reconhecimento 124
  3. Panorama Internacional dos Países Signatários 125
    3.1. *Status* da Convenção 125
  4. O Texto da Convenção da Haia Sobre o Direito Aplicável aos *Trusts*
    e o seu Reconhecimento 127

PARTE II
**A TRIBUTAÇÃO DOS *TRUSTS* NO REINO UNIDO,
NA ITÁLIA E EM FRANÇA**

CAPÍTULO I – **Tributação dos** *Trusts* **no Reino Unido** 137
  1. Introdução 137
  2. Tipos de *Trust* no Reino Unido 139

  SECÇÃO – **Impostos principais que envolvem o** *Trust* **no Reino Unido** 143
    1. Introdução 143
    2. Incidência do *Capital Gains Tax* 147
      2.1. Na Criação do *Trust* 148
      2.2. Na Existência do *Trust* 149
      2.3. Na Extinção do *Trust* 153
      2.4. Residência Fiscal para os Propósitos do *Capital Gains Tax* 153

Índice

3. Imposto de Renda 154
   3.1. Na Existência do *Trust* 154
   3.2. Na Extinção do *Trust* 158
   3.3. Os Tipos de *Trust* e o Imposto de Renda 158
4. *Inheritance Tax* 162
   4.1. Na Criação do *Trust* 162
   4.2. Na Existência do *Trust* 164
   4.3. Na Extinção do *Trust* 170
   4.4. Administração e Responsabilidade 171
5. Considerações Gerais – Os *Trustees* 174

CAPÍTULO II – A Tributação dos *Trusts* na Itália 177
1. Introdução 177
2. Enquadramento Civilístico 180
3. Enquadramento Fiscal – Lei *Finanziária* 2007 182
4. Imposição Indirecta 185
   4.1. Transferência dos Bens do *Settlor* ao *Trustee* 187
   4.2. Transferência dos Bens do *Trustee* ao Beneficiário .. 194
5. Imposição Directa do Imposto sobre a Renda 195
   5.1. A Residência Fiscal do *Trust* para Fins do Imposto de Renda .. 195
   5.2. Transferência dos bens do *Settlor* ao *Trustee* 196
   5.3. Rendimentos Produzidos pelo *Trust Fund* 197
   5.4. Escritas Contábeis 200

CAPÍTULO III – A Tributação dos *Trusts* em França 201
1. Introdução 201

SECÇÃO I – *De La Fiducie* 205
1. Enquadramento Civilístico 205
2. O Tratamento Fiscal da *Fiducie* 209

SECÇÃO II – França e o *Trust* estrangeiro 211
1. Introdução 211
2. Breve Análise do Direito de Propriedade no Direito Francês .. 212

  SUB-SECÇÃO – Aspectos principais da tributação do *Trust* .. 217
   1. Introdução 217
   2. Imposto Sobre Doação e Herança 218
     2.1. Na Criação do *Trust* 220
     2.2. Na Existência do *Trust* 225
     2.3. Na Extinção do *Trust* 227
   3. Imposto sobre os Ganhos de Capital 228
     3.1. Na Criação do *Trust* 229
     3.2. Na Existência do *Trust* 229
     3.3. Na Extinção do *Trust* 230
   4. Imposto de Renda 231
     4.1. Na Existência do *Trust* 231

302 *A Tributação dos Trusts*

5. Imposto de Solidariedade sobre a Fortuna (ISF) 234
5.1. Na Existência do *Trust* 235
6. Residência Fiscal do *Trust* 237

PARTE III
A TRIBUTAÇÃO DOS *TRUSTS* EM PORTUGAL

CAPITULO I – **Sujeito Passivo** 245
1. Análise Tributária dos Sujeitos do *Trust* 245
2. *Settlor* 246
3. *Trustee* 247
4. Beneficiário 249
5. *Trust* – Existência Fiscal Distinta 252

CAPÍTULO II – **As Hipóteses de Incidência Tributária no *Trust*** 255

SECÇÃO I – **Constituição do *Trust*** 256
1. Hipóteses de Incidência Existentes na Constituição do *Trust* 257
1.1. Imposto de Selo 257
1.2. Imposto de Selo sobre as Transmissões Gratuitas de Bens 258
1.3. Isenções 265

SECÇÃO II – **Existência do *Trust*** 266
1. Hipóteses de Incidência Tributária Durante a Existência do *Trust* 266
1.1. Impostos sobre Sucessões e Doações 266
1.2. A Tributação do Rendimento 268

SECCÇÃO III – **Extinção do *Trust*** 273
1. Hipóteses de Incidência Tributária Existentes na Extinção do *Trust* 273

CAPÍTULO III – **Zona Franca da Madeira** 275

CONCLUSÃO 279

BIBLIOGRAFIA 291